A Scheloumoff

AUGUST GRAF VON KAGENECK

DIE BAMBERGER REITER

DIE BAMBERGER REITER

PORTRÄT EINES AUSSERGEWÖHNLICHEN REITERREGIMENTS

VON

AUGUST GRAF VON KAGENECK

Unter Mitarbeit des Vorsitzenden der
Kameradschaftlichen Vereinigung der
Offiziere des ehem. Reiter- u. Kavallerie-
Regiments Nr. 17, Bamberg
FRANZ GRAF DU MOULIN ECKART

Geleitwort
VON S.K.H. HERZOG ALBRECHT VON BAYERN

LANGEN MÜLLER

Bildnachweis

Alle Abbildungen aus
dem Archiv

RR
17

Kameradschaftliche Vereinigung der
Offiziere des ehem. Reiter- u. Kavallerie-
Regiments Nr. 17, Bamberg

in der F.A. Herbig Verlagsbuchhandlung München
Umschlaggestaltung: Christel Aumann, München
Satz: Fotosatz-Service Weihrauch, Würzburg
Gesetzt aus: Life 11/13 Punkt, System Berthold
Druck und Binden: Wiener Verlag, Himberg
Printed in Austria
ISBN: 3-7844-2380-9

Inhalt

Denkmal für die im Ersten Weltkrieg gefallenen Angehörigen des 1. Ulanenregiments Bamberg und die im Zweiten Weltkrieg gebliebenen Angehörigen des Reiter-Regiments 17 an der Wunderburg in Bamberg.

Geleitwort

von S. K. H. Herzog Albrecht von Bayern

Mit dem Waffenstillstand vom November 1918 endete der Erste Weltkrieg. Er brachte auch das Ende der stolzen einstigen Königlich Bayerischen Kavallerie.
Zwei Ulanenregimenter, zwei Schwere-Reiter-Regimenter und acht Chevaulegers-Regimenter hatten bis zuletzt ihre Pflicht getan. Viele ihrer Angehörigen brachten das Opfer ihres Lebens.
Im Jahr 1920 entstand das Reiter-, später Kavallerieregiment 17 in Bamberg, einziges bayerisches Kavallerieregiment der neuen »Reichswehr«. Es übernahm die Tradition der zwölf ehemaligen königlichen Regimenter.
Im Zweiten Weltkrieg kämpften die »Bamberger«, in viele Abteilungen und Schwadronen aufgegliedert, an allen Kriegsschauplätzen der deutschen Wehrmacht. 3000 von ihnen ließen ihr Leben für das Vaterland.
Unter den Offizieren des Regiments waren fünf, die sich, nach tapferem Einsatz an der Front, gegen die Hitler-Diktatur auflehnten. Sie mußten den Versuch, das Regime zu stürzen, mit dem Leben bezahlen, allen voran Claus Schenk Graf von Stauffenberg. Vor der Welt haben sie Zeugnis für ein besseres Deutschland abgelegt.
Heute bewahrt das Panzeraufklärungsbataillon 4 der Bundeswehr in Roding die Tradition der Bamberger Reiter und damit der gesamten bayerischen Kavallerie.
Dieses Buch soll ein Porträt dieses in jeder Hinsicht außergewöhnlichen Regiments sein. Es wendet sich an alle, die ein Herz für die Reiterei und ihre noblen Traditionen bewahrt haben, und ganz besonders an die Jugend auf ihrer Suche nach Orientierungspunkten.
Ich wünsche den »Bamberger Reitern« einen guten Weg!

München,
im Mai 1991

Vorwort

Das Licht der Welt erblickten sie auf Bauernhöfen. Im Fränkischen, im Bayerischen Wald, im Flachland Niederbayerns oder in den Tälern der Alpen. Das Licht war düster in den Stuben, in denen die Hebamme sie holte. Die Fenster waren so klein, daß den ganzen Tag die Ölfunzel brannte. Es roch nach Kuhmist und Pferdeäpfeln, denn die Viecher standen gleich nebenan, nur durch eine dünne Wand, oder auch gar nicht, getrennt von den Menschen.

Das Schnauben der Pferde und das Mahlen der Kühe in der Nacht, das Gackern der Hühner am frühen Morgen, kein »Sono«, kein Fernseher. Die Welt brach noch nicht herein. Sie war so wie hundert Jahre zuvor. Die verschlammte Straße zum nächsten Ort. Die Kirchturmuhr für den Stundenschlag. Arbeit den ganzen langen Tag. Brot und Wasser, Kohlsuppe und Rindfleisch.

Das Pferd war der Mittelpunkt ihres Lebens, bester Gefährte und einziges Betriebsmittel. Einspannen am frühen Morgen, Füttern bei Einbruch der Nacht. Dazwischen das stundenlange Schreiten hinter dem Pflug, die Fahrt zur Mühle, der Gang zum Schmied. Ohne den »Heiter« ging gar nichts. Erst als der Motor kam, wurde alles anders.

Und als die Zeit reif war für den Barras, ging man zur Reiterei, wie man zur Schule oder zur Kirche ging. Man wurde »Kaffallerist«, wie man zur Welt gekommen war. Der zentrale Punkt, um den das Leben sich bisher gedreht hatte, blieb das Pferd. Sie wechselten nur die Montur. Aus den Kaltblütern wurden Warmblüter. Und es gab auf einmal furchtbar viele davon, Schwadronen, Abteilungen, Regimenter, Divisionen. Ein Riesenhaufen, der sich wie eine Lawine durch die Weltgeschichte wälzte.

Die Männer, die ihnen voranritten, kamen auch vom Land, hatten denselben Stallgeruch. Nur waren sie in etwas feineren Verhältnissen aufgewachsen, viele in den Schlössern des Königreichs Bayern, andere in den piekfeinen Städten. Aber das Reiten hatten sie von der Wiege an gelernt, das Reiten bei der Sauhatz, auf dem Turnierplatz, in den Hindernisrennen. Auch für sie gab es nur eine Wahl, wenn der Kaiser oder der König riefen: die Kavallerie, Hort der Noblesse und der Tradition, des ritterlichen Kampfes und des ruhmreichen Todes im Duell mit dem Gegner. Ob Ulanen, Chevauleger oder schwere Reiter – sie waren Elite der Nation, Lieblinge der Frauen, Stolz der Gekrönten.

So war es seit Jahrhunderten, und so blieb es bis weit in den Zweiten Weltkrieg hinein. Auch wenn der Motor unwiderstehlich seinen Triumphzug von der Mitte der zwanziger Jahre dieses Jahrhunderts an antrat – die Kavallerie hat er, zumindest bei den Deutschen und den Russen, erst endgültig verdrängen können, als die Waffen schwiegen. Deutsche Reiterregimenter marschierten noch 1945 geschlossen in englische Kriegsgefangenschaft, und russische Kosaken waren dabei, als der letzte große Angriff der Sowjets auf Berlin im Frühjahr des letzten Kriegsjahres einsetzte.

Seitdem ist das Pferd als Fortbewegungs- und Kampfmittel aus dem Militärischen verschwunden. Es nimmt nur noch repräsentative Aufgaben wahr, überwältigend stark und schön bei der englischen Household Cavalry, weniger umfangreich und republikanisch bei der französischen Garde Républicaine, aber selbst bei den Kanadiern der Neuen Welt mit ihrer »mounted police« zu finden, zu schweigen von so alten und stolzen Reiternationen wie Spanier oder Italiener mit ihrem Pferdegetrappel bei offiziellen Anlässen.

Daß dies in Deutschland verstummt ist, ist ein beklagenswerter Zustand. Versuche, eine reiterliche militärische Tradition wieder aufzuwecken, werden an der ungeheuren Rationalität scheitern, mit der die neue deutsche Armee nach dem Schicksalsjahr 1990 weiterentwickelt werden wird. Während das Pferd im Leben vieler junger Deutscher wieder den Mittelpunkt einnimmt, der ihm in früheren Jahrhunderten gebührte, wird es nicht wieder Eingang ins Militärische finden. Stiefel und Sporen müssen am Kasernentor abgegeben werden.

Wir wollen der alten deutschen Kavallerie daher ein kleines Denkmal setzen. Und zwar da, wo es schon das schönste deutsche Reiterdenkmal gibt: in Bamberg. Denn »die Bamberger Reiter« waren, von 1920, dem Jahr des Aufbaus der Reichswehr nach dem verlorenen Ersten Weltkrieg, bis 1945, Jahr der größten deutschen Niederlage, eines der nobelsten und berühmtesten deutschen Kavallerieregimenter. Im Krieg haben sie nicht weniger ihren Mann gestanden als ihre Kameraden der anderen Regimenter. Aber aus ihren Reihen gingen auch fünf Offiziere hervor, die ihr Leben im Widerstand gegen Hitler verloren, allen voran Oberst Claus Schenk Graf von Stauffenberg. So ist das Bamberger Kavallerieregiment 17 in seiner nur 25jährigen Geschichte ein Spiegel der Zerrissenheit, die das nationalsozialistische Regime über Deutschland und auch über seine Soldaten gebracht hatte.
Aber es ist auch Beispiel für ehrenhaften Dienst am Vaterland in Krieg und Frieden, für fröhliches Reiten und Jagen in einer der schönsten Landschaften Deutschlands, für das herzliche Verhältnis zwischen Soldaten und Bürgern in einer Stadt, die wie keine zweite ihrem Regiment zur Heimat wurde. Von all dem wollen wir berichten, und es sollen viele zu Wort kommen, die dabei waren oder heute noch unter uns sind. Dies soll kein anachronistisches Buch werden, und auch kein von der »Moderne« überholtes. Denn die Ideale des Reitertums, wie sie Jahrhunderte in allen Nationen hervorbrachten, die Ritterlichkeit, die Ehrenhaftigkeit, die Liebe zum Mitmenschen und zu den Geschöpfen Gottes, sind ja nicht untergegangen. Sie werden nur überdeckt von der seelenlosen Technik und der Libertinage unserer Tage. Sie in der Erinnerung aufleuchten zu lassen, soll der Zweck dieses Buches sein.

Im Frühjahr 1991 — *August Graf von Kageneck*

Kapitel 1

Von der deutschen Kavallerie

Am 1. August 1914, zu Beginn des Ersten Weltkrieges, gab es 110 deutsche Kavallerieregimenter. Eine unvorstellbare Zahl. Gehen wir davon aus, daß ein Kavallerieregiment vor 1914 etwa 5 Schwadronen zu je 170 Mann und Pferden hatte, dann ergäbe das eine Zahl von rund 95000 Reitern. Hinzu kamen im Mobilmachungsfall mehrere Reserve- und Landwehr-Regimenter. Alles in allem machte das etwa 150000 Mann, die Hälfte mehr als das Hunderttausendmann-Heer, das die alliierten Sieger den Deutschen nach 1918 zugestanden. Ein ungeheurer trippelnder Heerwurm von fast 125 Kilometern Länge.

Sie waren das letzte große deutsche Aufgebot in einer langen Reihe von berittenen Truppen, die sich durch die militärische Geschichte Deutschlands zieht. Der brandenburgisch-preußische Große Kurfürst, Begründer eines einheitlichen, disziplinierten deutschen Heeres, hatte wohl als erster den schlachtenentscheidenden Wert einer starken Kavallerie erkannt. Ein Oberstleutnant von Arnim begründet in seiner Schrift, die in den dreißiger Jahren erschien und Bestandteil des Archivs der Bamberger wurde, dies wie folgt: »Für seine Kriegszüge zur Verteidigung seines Landes in Ost und West brauchte er eine schnell

bewegliche Truppe. So schuf er vor allem die Dragoner, eine Waffengattung, die Schnelligkeit mit Feuerkraft in sich vereinigte.«
Hier öffnen wir eine Klammer: Schnelligkeit und Feuerkraft in sich vereinigen – das ist noch heute die Hauptforderung an alle schnell beweglichen Truppen, repräsentiert durch die modernen Panzerarmeen. In der französischen Armee heißen übrigens die schweren Panzerregimenter die »Dragons« oder die »Cuirassés«, man hat mit der Beibehaltung dieser Bezeichnungen aus der alten Kavallerie bewußt daran erinnern wollen, daß der Panzer ebenso wie der Reiter die Entscheidung in der Schlacht durch Feuer und Bewegung zu suchen hat.
Die Nachfolger des Großen Kurfürsten, fährt unser Chronist fort, wandten sich mehr der Infanterie und ihrem starren Exerzierreglement zu, das die Bewegung der Kavallerie einschränkte. Erst Preußens größter König, Friedrich II., entdeckte in seinen Kriegen, die er wie keiner seiner Vorgänger führte, den Wert der schlachtenentscheidenden Kombination wieder. »Im Reglement von 1734, durch unausgesetzte gründliche Ausbildung im Frieden, wobei ihm Männer wie die Generale von Ziethen und von Seydlitz zur Seite standen, wies er der Kavallerie den Weg zum Siege«, schreibt von Arnim. »Namen wie Hohenfriedberg, Roßbach, Zorndorf klingen in der Geschichte auf als stolzeste Siege friederizianischer Kavallerie.«

Ein friederizianischer Dragoner in großer Parade-Uniform.

Nun, wir Älteren haben das alles noch in der Schule auswendig gelernt. Unsere Lehrer erzählten uns weiter, daß die preußisch-deutsche Kavallerie in den Folgejahren, gekennzeichnet durch die Napoleonischen Kriege, keine ganz so glorreiche Rolle mehr spielte. Der Korse stürmte wie ein Orkan durch Europa, und alles, was sich ihm entgegenstellte, wurde hinweggefegt. Gewiß, es gab mutige Kleinverbände, wie die Schill'schen Husaren, die dem Eroberer das Leben in seinen rückwärtigen Verbindungen schwer machten. Aber sie konnten ihn nicht aufhalten. Erst, als sich die Schicksalswaage gegen den Franzosenkaiser neigte, gab es wieder eine ruhmreiche Waffentat deutscher Reiter, in der berühmt gewordenen Verfolgung fliehender französischer Garderegimenter durch märkische und mecklenburgische Dragoner und Ulanen bei Waterloo, der Schlacht, die das Schicksal des Korsen besiegelte. Unter der Führung des Chefs des Generalstabs der Blücher-Armee, des österreichischen Wahlpreußen August Neithardt von Gneisenau – so Chronist von Arnim – durchbrachen und zersprengten sie die Garde des Marschalls Grouchy bei Belle-Alliance und verfolgten sie so lange, bis der Sieg der englisch-preußischen Koalitionsarmee endgültig gesichert war.
Bis zum deutsch-französischen Krieg von 1870/71 war dann für deutsche Reiterregimenter Stalldienst angesagt. An den Düppeler Schanzen im deutsch-dänischen Krieg von 1864 schlug sich nur Fußvolk, und

Bayerischer Chevauleger des Regiments »Kurfürst«, 1799.

die Schlacht von Königgrätz, zwei Jahre später, wurde ebenfalls von sächsischer und bayerischer Infanterie bestritten, sieht man von einer »Bereinigungsoffensive« von acht preußischen Reiterregimentern gegen berittene Österreicher am Abend des Gefechts bei Stresetitz ab. Nur vier Jahre später, im heißen Sommer von 1870, kam es aber dann knüppeldick für die Franzosen. Auf beiden Seiten war massiv Kavallerie aufgezogen, und zum letzten Mal in der Kriegsgeschichte kam es zu mehreren kurz aufeinander folgenden Begegnungen von Reiter gegen Reiter, Säbel gegen Säbel, Lanze gegen Lanze. Ein fürchterliches Gemetzel für Mann und Roß. Aber der Ruhm war ein Jahrhundert lang stärker als das Grauen. Namen, die wie Siegesfanfaren klangen: Mars-la-Tour, Vionville, Ville-sur-Yron, St. Privat, Gravelotte, und schließlich Sedan mit dem Ende von Napoleon III. Begegnungen von unvorstellbarer Intensität, alle auf engstem Raum ausgetragen, auf einem Hochplateau der östlichen Champagne, westlich von Metz, da, wo die Straßen nach Verdun und zur Maas führen, eine alte und blutgetränkte Trasse germanischer Invasionen nach Frankreich. Einmal die französische Kavallerie zerschlagen, gewannen die eigenen Heere Raum für die große Zangenbewegung nach Nordwesten, zur unteren Maas, nach Sedan, der Festung, in die sich der Franzosenkaiser zurückgezogen hatte und in der er letztlich kapitulierte. Was danach kam, war für die Kavallerieregimenter nur noch Aufklärung, kühner, späherischer Vorstoß in die Weiten des französischen Herzlandes, nobelste und aufregendste Aufgabe für den Reiter und sein Pferd. Der Krieg war entschieden, der erste gesamtdeutsche Sieg der Geschichte gegen einen gemeinsamen Gegner. Mit ihm war der Weg für die Gründung des Bismarckreiches frei. Die Kavallerie hatte entscheidenden Anteil daran.

Wieder folgten lange Jahre Stalldienst und intensive Ausbildung mit Platzpatronen auf den Übungsplätzen zwischen Nordsee und Alpen. Neigte sich das Zeitalter der Kavallerie dem Ende zu, seit im russisch-japanischen Krieg von 1904 das Maschinengewehr eingeführt worden war? War die Reiterei noch eine schlachtenentscheidende Waffe im Zeitalter der kleinkalibrigen Schnellfeuer-Kanone und der waffenstarrenden modernen Forts? Stand nicht schon das erschreckende Bild der »Materialschlacht« am Horizont der militärischen Planer, die mit Unmassen von Feuer und Eisen die Heere an den Boden fesselten und jede Bewegung auf dem Schlachtfeld unmöglich machten? Das waren die Fragen, die die Generalstäbler in Berlin, München und Dresden zu beantworten hatten, wenn sie über die Physiognomie des Heeres des 20. Jahrhunderts nachdachten.

Daß schon der nächste Krieg die Materialschlacht bringen würde, konnten sie indes nicht ahnen. So kam es zu dem phantastischen Aufgebot zu Beginn des Ersten Weltkrieges, das wir eingangs erwähnten. 110 Regimenter, gegliedert in elf Kavallerie-Divisionen zu je sechs Regimentern, standen den Gegnern in Ost und West gegenüber, nachdem es der politischen Führung nicht gelungen war, den Zweifrontenkrieg

2. Ulanen beim Ausrücken aus ihrer Ansbacher Kaserne, 1905.

Die Fähnriche der 8 Königlich-Bayerischen Chevaulegers-Regimenter defilieren zu Fuß vor dem bayerischen Prinzregenten Luitpold, 27. Mai 1913.

zu vermeiden. Wieder galt es, wie 44 Jahre zuvor, Frankreich als den ersten und wichtigsten Gegner schnell entscheidend zu schlagen. Deshalb waren von den elf Divisionen zehn im Westen aufmarschiert. Nur eine einzige stand in Ostpreußen den Russen gegenüber. Was nicht in Divisionen und Korps gegliedert war, stand als Einzelregiment bei jeder der 44 Infanteriedivisionen.

Zu einer größeren Entfaltung von Kavallerie ist es dann im Westen nur in den allerersten Monaten des Krieges gekommen. Die Reiter rückten im heißen August 1914 auf breiter Front den Heeresverbänden voraus, deren Aufmarsch verschleiernd und, durch Aufklärung und Sicherung, lose Verbindung mit den zurückweichenden Franzosen haltend. Das auf dem äußersten rechten Flügel marschierende II. Kavallerie-Korps aus preußischen Garderegimentern rückte dabei in Eilmärschen durch Belgien und Nordwestfrankreich bis fast vor die Tore von Paris vor. Würde sich 1870 wiederholen und der Krieg in einer schnellen Schlacht der Reiter kurzfristig entschieden werden? Die Geschichte wollte es anders. Sie hielt für die Franzosen das »Wunder an der

3. Eskadron 6. Chevaulegers-Regiment »Kress« beim Einrücken in ihre Bayreuther Kaserne 1912. Im Vordergrund Fahnenjunker, später General Kurt Hübner.

Deutsche Kavallerie zu Beginn des Ersten Weltkrieges im Westen.

Marne« bereit, eine Lücke im deutschen Aufmarsch, in die einige entschlossene Heerführer, wie Joffre und Galieni, nur hineinzustoßen brauchten, um die nordwestliche deutsche Paris-Zange aufzurollen. Es begann der Wettlauf zum Meer, der mit der Erstarrung der Fronten in den Schützengräben endete. Der Reiterkrieg im Westen war zu Ende. Statt Säbel und Lanze bestimmten von nun an Maschinengewehr, Minenwerfer, Handgranate und Bajonett das Schlachtfeld, das nun mehr als je zuvor seinen Namen verdiente. Nicht mehr in weitausgreifenden Attacken über Kilometer hinweg, über Angriff und Gegenan-

Kaiser Wilhelm II., Inhaber des 1. Ulanenregiments Bamberg, in Ulanenuniform an der Spitze der deutschen Bundesfürsten, hinter ihm, im Damensitz, Kaiserin Augusta Viktoria, daneben der König von Sachsen und Kaiser Franz Joseph von Österreich, in der Uniform eines preußischen Kürassier-Offiziers. (Gemälde aus der Infanteriekaserne in der Nürnberger Gustav-Adolf-Straße).

griff, sondern über wenige hundert Meter erschöpfte sich das militärische Denken und Handeln.
Nur am anderen Ende des europäischen Krieges, in den Weiten Polens und Rußlands, gab es nun noch ein Betätigungsfeld für die Reiterei. Ostpreußische Husaren und Ulanen waren es, die Hindenburg den verschleierten Aufmarsch seiner 8. Armee gegen Rennenkampf und damit den Sieg bei Tannenberg ermöglichten. Ein halbes Jahr später, im Frühjahr 1915, zogen deutsche Reiterregimenter auf den Spuren ihrer kreuzritterlichen Vorfahren nach Kurland hinauf und schlugen den großen Bogen nach Osten und Süden, um den fliehenden Russen der Zentralfront in den Rücken zu fallen. Fünf Kavalleriedivisionen, aus dem Westen herbeigekarrt, besiegten die Russen bei Wilna. 1916, weit im Süden der 2000 km langen Ostfront, schlugen sich bayerische und sächsische Reiter unter dem Grafen Schmettow in Rumänien und besetzten das Land schneller, als der nachfolgende Armee-OB Falkenhayn es sich erträumt hatte. Reiter kämpften noch aufgesessen in der Ukraine und in Ostpolen, als der Krieg schon für das Reich verloren war. Sie kämpften gegen die Bolschewiki der Roten Armee, nachdem der Friede von Brest-Litowsk das Ende der Zarenarmeen besiegelt hatte, und sie kämpften in Schlesien, als die Polen nach den Kohlebecken um Beuthen und Hindenburg griffen. Und sie kämpften in den Freikorps, als es darum ging, das Restreich gegen den Zugriff der Roten zu schützen.
Am 9. November 1918 kapitulierte die Armee des Kaiserreiches. Der Kaiser floh nach Holland, die besiegten Truppen zogen sich in guter Ordnung hinter den Rhein zurück, in Berlin rief Philipp Scheidemann die Republik aus. Ein Jahr später diktierten die Sieger den Deutschen den Frieden von Versailles. Von dem Millionenheer, das 1914 in den Krieg gezogen und diesen vier Jahre lang durchgestanden hatte, blieben noch 100 000 Mann übrig. Sie nannten sich von nun ab Reichswehr, und sie waren eine Armee ohne Flugzeuge, ohne schwere Geschütze, ohne Panzer und ohne Festungen. Eine Armee zum Vorzeigen, der die alliierten Sieger auf die Finger schauten und die nicht einmal zur Verteidigung des Vaterlandes gereicht hätte.
Der Kavallerie war es bei diesem brutalen Zusammenstutzen noch relativ gut gegangen. Die Sieger glaubten wohl, daß nach den Erfahrungen der letzten vier Jahre von einem Reiterhaufen nicht viel Gefahr ausgehen könnte. So genehmigten sie den Deutschen 18 Kavallerie-Regimenter, die man in drei Divisionen zusammenfaßte. Das waren 16,4 Prozent der Gesamtstärke des neuen deutschen Heeres. Aber die 97 Schwadronen, die nun in ihre alten und neuen Garnisonen einzogen, waren kümmerlich schwach bewaffnet. Der Reiter trug Karabiner und Säbel. Leichte Maschinengewehre gab es zunächst nicht und

mußten später von der Infanterie ausgeliehen werden. Pro Regiment gab es nur vier schwere Maschinengewehre, und an Artillerie standen pro Division nur 12 Feldkanonen vom Kaliber 7,5 cm zur Verfügung. Erst Ende der 20er Jahre kamen sogenannte Kavalleriegeschütze hinzu, kleine bewegliche Waffen mit kurzem Rohr und gleichem Kaliber, die dann auch in die Regimenter, und zwar in die »schweren Schwadronen« eingegliedert wurden. Die künftigen Kavallerie-Artilleristen hatte man zuvor an Papp-Attrappen ausgebildet und damit viel Zeit eingespart.

So wandelte sich die erneuerte Kavallerie allmählich, und unbemerkt

Das neu aufgestellte 17. (bayerische) Reiterregiment beim Einzug in seine Garnison Bamberg, 1920. Der Jubel der Bamberger hält sich – zwei Jahre nach Kriegsende und nach einer Zeit revolutionärer Wirren – in Grenzen.

von den Alliierten, in eine moderne schlagkräftige Angriffstruppe mit hoher Feuerkraft und Beweglichkeit. Ausgebildet wurde auf Teufel, oder besser, Ziethen komm heraus. Der neue Oberbefehlshaber der Reichswehr, General von Seeckt, machte sich die Ausbildung der Reiterregimenter zum persönlichen Anliegen. »Die Tage neuzeitlich geführter und ausgerüsteter Reiterei sind nicht gezählt«, ließ er seine Kommandeure wissen, »sie darf noch immer zuversichtlich ihr Fähnlein im Winde der Zukunft flattern lassen.«

Die Zukunft für sie hatte spätestens mit der Ernennung Adolf Hitlers zum Reichskanzler im Januar 1933 und der sofort beginnenden

Wiederaufrüstung begonnen. Zwar meldete sich nun dröhnend das Zeitalter der Motoren an, aber der Geist, der die künftigen motorisierten Heere zu beflügeln hatte, er war in der Kavallerie der Reichswehr behütet und weitergezüchtet worden. Es genügte, die alten Traditionen des reiterlichen Kampfes auf die neuen Generationen der entstehenden Panzerwaffe zu übertragen: den schnellen Entschluß, den »Sattelbefehl«, wie ihn die Generale Friedrichs des Großen praktiziert hatten, das geschmeidige Heranreiten an den Feind, die individuelle Aufklärung, das Spähen und Beobachten, das schnelle Überwinden von Hindernissen, die Ausnützung des Geländes und der Nacht, Tarnung, Verschleierung, Angriff aus dem Rückzug, Angriff aus der Flanke, Verfolgung und Vernichtungsschlag.
Gewiß, die Zeiten großer Reiterschlachten waren endgültig vorüber. Aber wie ein sterbender Organismus seine schöpferische Kraft an das nach ihm Kommende weiterreicht, so hatte die Kavallerie ihr Wesen an die neuen Kavalleristen im Panzer weitergegeben. Was in den nun entstehenden Panzerdivisionen in Gliederung und Ausbildung experimentiert wurde, war in der Kavallerie der Reichswehr unter tüchtigen Inspekteuren zur Perfektion entwickelt worden. Das Zusammenwirken von Pferd und Reiter zum beweglichen Schützen, der nach langen Märschen absitzen und ausgeruht ins Gefecht ziehen kann, fand sich nun im »mot. Schützen«, später dem Panzergrenadier oder dem Kradschützen, wieder. Die Aufklärung im Rahmen des kleinen Reitertrupps wurde nahtlos an die Panzerspähtrupps weitergegeben. Die Verquickung von hoher Feuerkraft und schneller Bewegung realisierte sich ideal im Panzer selbst, kam aber auch in der »Beigabe« von Artillerie, Panzerabwehr, Steilfeuerwaffe und Pionieren zum Ausdruck. Sogar die traditionsreiche goldgelbe Waffenfarbe gaben die Reiter an die Panzermänner weiter, allerdings nicht an alle. Nur die Panzeraufklärungsabteilungen durften sie sich an die Litzen nähen. Die schweren Panzerregimenter erhielten rosarot als Kennzeichen ihrer Waffe. Aber die 18 Reiterregimenter, die der Vertrag von Versailles Deutschland gelassen hatte, blieben bestehen, bis der Sommer 1939 einen neuen Krieg brachte. Dreizehn von ihnen waren preußische Regimenter und standen zwischen Rhein und Memel. Eines, das 17., war ein bayerisches, und wir werden uns in diesem Buch mit ihm beschäftigen. Eines, das 12., war sächsisch, und die drei restlichen hatten keine besondere landsmannschaftliche Zuweisung, sieht man von den »18ern« in Cannstatt bei Stuttgart ab, und den 14ern im mecklenburgischen Ludwigslust.
Mit Kriegsbeginn lösten sich alle diese Regimenter auf. Keinem von ihnen war es beschieden, den Vorfahren gleich wie 1914 oder 1870 in geschlossenen Haufen gegen einen ebenfalls »pferdebeinigen« Gegner

Der motorisierte Spähtrupp des Leutnants Helmut Schmidt von der Reiterschwadron Aufklärungsabteilung 27 im Frankreichfeldzug (siehe sein Bericht auf Seite 21). Der Motor war schneller als die Pferdebeine.

anzureiten. Als Einzelschwadronen den Aufklärungsabteilungen der Infanterie-Divisionen zugeteilt, zogen sie ins Feld. Im Westen gab es vorerst nichts zu tun. Aufklärung zwischen Westwall und Maginot-Linie wurde zu Fuß vorgetrieben, und es herrschte der »drôle de guerre«, der komische Krieg, in dem statt der Gewehre und Kanonen die Lautsprecher sprachen. Im Osten aber, in den Weiten Polens, konnte sich Reitermut und Reiterwitz noch einmal bewähren wie 25 Jahre zuvor. Kavalleristen ritten nicht nur Aufklärung, und das praktisch rund um die Uhr und den Kompaß, sie saßen auch ab und griffen in den Infanteriekampf ein, und in einigen wenigen Fällen ist es sogar zu Reitergefechten mit polnischer Kavallerie gekommen.
Ein Jahr später zogen die Reiter im Frankreichfeldzug fast ausschließlich hinter den vorausstürmenden Panzerdivisionen her, hin und wieder in den Flanken aufklärend, ganz selten auch im Abteilungsrahmen infanteristisch eingesetzt. Erst der Rußlandfeldzug ab Sommer 1941 gab den berittenen Schwadronen wieder Möglichkeiten zur Entfaltung, wie vorher in Polen. Wo mahlender Sand in der Sommerglut, bodenloser Schlamm im Herbst und klirrender Frost im Winter dem König Motor sehr schnell seine Grenzen setzten, sorgte das jahrtausendealte Fortbewegungsmittel Pferd immer wieder für ein Weiterkom-

Staub lag auf Nase und Nüstern von Mann und Pferd. Die Reiterschwadron der Aufklärungsabteilung 113 (Major Boxberger) auf dem Marsch durch die Kalmücken-Steppe im Sommer 1942.

men. Den deutschen Warmblütern gesellten sich bald die einheimischen russischen »Panje«-Pferdchen bei, deren unerschütterliche Durchstehkraft in Eis und Schnee bei bis zu 50 Grad Frost vielen deutschen Soldaten das Leben gerettet hat.
Solange aber die deutschen Ost-Armeen im Vormarsch waren, gab es für die Reiter über Aufklärungs- und Sicherungsaufgaben bei den langsamer vorrückenden Infanteriedivisionen hinaus keine Betätigung. Die Lage änderte sich erst, als sich das Waffenglück von den Deutschen abwandte und nach der Niederlage in Stalingrad der große Rückzug von Wolga und Kaukasus einsetzte. Ein Rückzug, der bis zum Ende in

Offiziere der 4. Kavalleriedivision am Morgen der Kapitulation vor den Engländern, am 11. Mai 1945, südlich des Tauernpasses in der Steiermark. In der Mitte des Bildes, mit Reitgerte, Rittmeister Freiherr Erne von Cramm.

der Reichshauptstadt zwei Jahre später nie mehr ganz zum Stillstand kommen sollte.
Armeen auf dem Rückzug aber haben es an sich – gerade in einem so weiten Land wie Rußland –, in Unordnung zu geraten und große Lücken zwischen einer Marschsäule und der anderen aufreißen zu lassen, in die ein entschlossener Gegner immer wieder hineinstößt und noch größere Unordnung stiftet. Die Russen hatten den Blitzkrieg von den Deutschen gelernt, und ab Juli 1943, nach dem Scheitern des letzten deutschen Versuchs, in der Panzerschlacht zwischen Orel und Kursk, das Gesetz des Handelns noch einmal an sich zu reißen, praktizierten sie ihn mit der Grausamkeit des lange Gedemütigten, dem Lehrmeister etwas heimzuzahlen. Was den Russen 1941 und 1942 zwischen Bug und Don widerfahren war, erlebten nun die Deutschen: wandernde Kessel, zersprengte Divisionen, desorganisierten Nachschub und ständige Ungewißheit über den Verbleib eines Gegners, der jederzeit hinten, vorne oder in den Flanken auftauchen konnte.
In dieser Lage überzeugten entschlossene Kavallerieführer, wie ein Georg von Boeselager oder ein Rudolf von Pannwitz, die höheren Führer, vor allem den Oberbefehlshaber der Heeresgruppe Mitte, von Kluge, die versprengten Schwadronen in den Infanteriedivisionen zu sammeln und zu geschlossenen Reiterverbänden zu machen. Pannwitz organisierte zugleich eine kleine Kosaken-Privatarmee, die der vorzüglich russisch sprechende Balte aus den zahlreichen Überläufern der Roten Armee im Sommer 1942 zusammenstellte. So gab es zunächst in der Mitte, später auch im Norden und Süden der weichenden Front, regelrechte Reiter-Regimenter, Brigaden und sogar Divisionen, die in unübersichtlicher Lage und unwegsamem Gelände auf- oder abgesessen kämpften und der Führung als bewegliche Eingreifreserve von hohem Nutzen waren. Diese Verbände, Anfang 1944 sogar zu einem »I. Kavallerie-Korps« zusammengeschlossen und damit an die Tradition von 1914 anschließend, kämpften mit ihren tapferen Rössern bis zum Ende, im Baltikum ebenso wie am äußersten südlichen Ende der einstigen »Ostfront«, am Plattensee in Ungarn. Von dort aus rückte einer ihrer Verbände in einem eindrucksvollen Rückmarsch, nachdem er sich nach den Usancen einer vergangenen Epoche den Engländern ergeben hatte, in das Reichsgebiet zurück.
Es war das Ende. Man saß ab und ging in Gefangenschaft. Die Pferde holten sich Bauern und die Flüchtlingstrecks, oder sie wurden, in der großen Hungersnot, zu Wurst verarbeitet. Keiner hat ihnen je ein Eisernes Kreuz angehängt. Verdient hätten sie es zehntausende von Malen. Aber viele von ihren ehemaligen Herren im Sattel haben ihnen in Büchern ein Denkmal gesetzt. Bücher, die allesamt ein Abgesang auf den »Kamerad Pferd« sind.

Oberstleutnant und Eichenlaubträger Georg Freiherr von Boeselager als Kommandeur des Reiterregiments Mitte im Sommer 1943 in Rußland.

Einheiten des Kavallerie-Korps General Harteneck beim letzten geschlossenen Vorbeimarsch vor der Auflösung, 9. Juni 1945, Steiermark.

Denn von nun an sollte es ihn nicht mehr geben, den vierbeinigen Gefährten in tausend Schlachten. Zunächst einmal kam die soldatenlose und die schreckliche Zeit über Deutschland herein. In den vier Zonen herrschten die Sieger, unter Hammer und Sichel, dem Union Jack, dem Sternenbanner und der Trikolore. Deutsche Farben gab es nirgends mehr, man trug Einheitsbraun, in das man das verpöhnte Feldgrau umgefärbt hatte. Und als 1956, unter dem Druck der Umstände, in die die Kriegskoalition der Sieger geraten war, wieder eine deutsche Armee ins Leben zurückgerufen wurde, kam niemandem die Idee, etwa wieder berittene Verbände aufzustellen. Man hätte sie indes an den Grenzen, die der Kalte Krieg durch Europa gezogen hatte, ganz gut brauchen können. Aber nein: der Motor hatte, bei Siegern wie Verlierern, den Krieg gewonnen. Pferde gab es nur noch zur Repräsentation von staatlicher Macht und Würde. Vom Schlachtfeld waren sie ein für allemal verschwunden.

Die Geschichte der Kavallerie als eigenständige Waffengattung endet also mit dem Jahr 1945. Aber in dieser Geschichte gibt es ein eigenes Kapitel, das wir in einem Buch, das einem bayerischen Regiment gewidmet ist, nicht übergehen sollten: das Kapitel von der Geschichte der bayerischen Kavallerie. Sie ist eine Ruhmesgeschichte, begonnen vor über tausend Jahren mit den Kämpfen schwer gerüsteter bajuwarischer Haufen gegen die Madjarenheere der Ungarn, die als unruhige Nachbarn ständig Beutezüge nach Westen unternahmen. Die Kämpfe

wogten bis 955 hin und her, dem Jahr, in dem König Otto der Große von Bayern das Ungarnheer auf dem Lechfeld bei Augsburg so entscheidend schlug, daß den Eindringlingen die Lust an Abenteuern ein für allemal verging.
Es kam die Zeit der Ritterheere. Bayerische Reiter begleiteten deutsche Kaiser auf ihren Zügen nach Italien, sie kämpften am Donnersberg, bei Gammelsdorf, auf der Ampfinger Heide, sie überritten die Hussiten bei Hiltersried – alles Orte mit guten bajuwarischen Namen, was darauf hinweist, daß die Bayern keine Aggressoren waren, sondern nur die Eindringlinge von ihrem heimischen Boden vertrieben. All das passierte zwischen dem 13. und dem 15. Jahrhundert. Und dann kam der 30jährige Krieg. Da ging es gegen Gott und die Welt, gegen den teutonischen Landsmann ebenso wie gegen Schweden und Franzosen, und alles um den rechten Glauben. Kein deutscher Teilstaat hat in diesem Krieg so viel, und vor allem so gut gegliederte Kavallerie in das Gemetzel geschickt wie Bayern.
Die Bayern waren die ersten, die eine regelrechte, nach Regimentern zählende Kavallerie aufstellten. Kein Reiterheer war größer als das bayerisch-ligistische des Herzogs Maximilian I. von Bayern. Das berühmteste Regiment, das Fleckenstein'sche, blieb sogar den ganzen Krieg über zusammen, was bei den damaligen Söldnerheeren mit rasch wechselnden Herren eine Seltenheit war. Man trug einen Küraß vom Hals bis zum Oberschenkel, wenn man Kürassier war, oder einen Lederkoller mit leichter kugelsicherer Weste vorne und hinten, damit die Hände frei waren zur Bedienung der Arquebuse, die man vom Pferd aus abfeuerte. Die Dragoner saßen ab und kämpften zu Fuß, als schnell bewegliche Eingreiftruppe. Alles, was bis heute Bestand hat in der Taktik des schnellen Feuerkampfes, wurde im Dreißigjährigen Krieg erdacht und erprobt, und die kurbayerischen Regimenter unter der Rauten- und der Löwenstandarte hatten ihren Anteil daran. Und wenn der katholische Oberbefehlshaber Wallenstein, laut Schiller, 1632 bei Leipzig seine beunruhigten Generäle mit dem Wort tröstete: »Ich kenne meine Pappenheimer«, so meinte er damit den berühmtesten unter Bayerns Reiterführern, den Grafen Gottfried-Heinrich von Pappenheim, der mit seinen Kürassieren so manche Schlacht, darunter die am Weißen Berge, für Kaiser und Herzog entschieden hat. Pappenheim, den seine Soldaten den »Schrammheinzl« nannten und der ein Franke war, verfolgte die Franzosen damals bis vor die Tore von Paris und tränkte seine Pferde in der Seine. 1637 wurde er bei Lützen in Sachsen tödlich verwundet. Er war der erste moderne Reiterführer der deutschen Geschichte.
Es kam die Zeit des Kurfürsten Max-Emmanuel und der Türkenkriege, 28 glorreiche Feldzugsjahre mit wilden Prügeleien gegen die fanati-

Bayerische Kavallerie

im siebzehnten und achtzehnten Jahrhundert.

Kürassiere vom Regiment Beauvau mit Gefangenen (1683).

Dragoner vom roten Regiment, plänkelnd (1683).

Dragoner (1777)
vom Regiment La Rosée. vom Regiment Leiningen und Wahl.

Kürassiere (1793.) Dragoner
vom Regiment Pfalzgraf Ludwig August. vom Regiment Taxis.

schen Eroberer unter dem Halbmond, bei Wien und bei Mohacs in Ungarn, oder später, 1704 bei Höchstädt, wo es gegen die Füsiliere des alten Dessauer aus Preußen ging. 1778 kam die jüngere, die bayerische Wittelsbacher Linie an die ältere, kurpfälzische, und das gab der bayerischen Kavallerie großen Auftrieb. Denn nun kamen zu den Bajuwaren die Pfälzer hinzu und die Leute vom Neckar, die Leiningenschen Dragoner vom Odenwald, ja sogar Rheinländer aus Jülich und Düsseldorf. Und es wurde der schöne, von den Franzosen entlehnte Name der »Chevaulegers« eingeführt, der wörtlich »leichten Pferde«, womit man natürlich nur die Reiter meinte. Bayerische Chevaulegers sind von nun ab unter den meistzitierten Truppenteilen, wenn es um die Verteilung von Ruhm geht. Diese »Leichtreiter« haben sich schon wenige Jahre

Offizier des Kurfürstlich-Bayerischen Chevaulegers-Regiments »Bubenhofen« in Bamberg 1804.

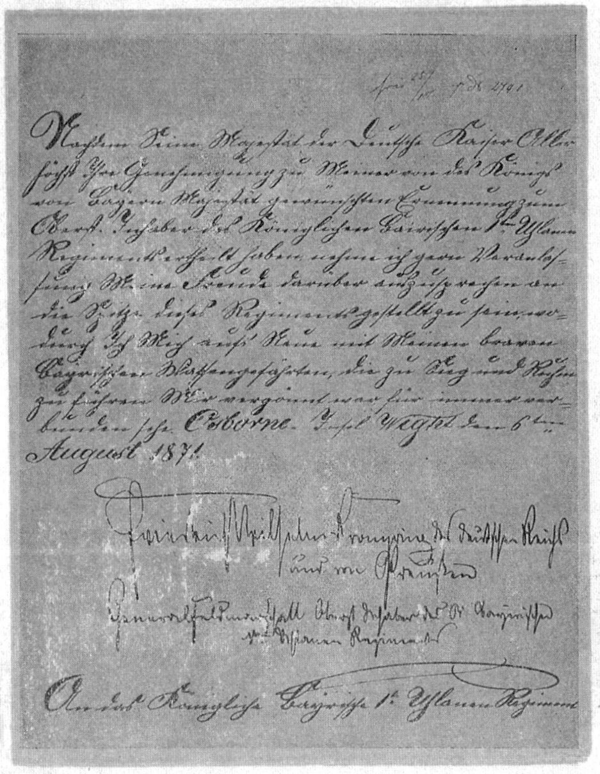
Nachdem Seine Majestät der Deutsche Kaiser Allerhöchst Ihre Genehmigung zu der von des Königs von Bayern Majestät gewünschten Ernennung zum Oberst-Inhaber des Königlichen Bairischen 1ten Ulanen Regiments ertheilt haben, nehme ich gern Veranlassung Meine Freude darüber auszusprechen an die Spitze dieses Regiments gestellt zu sein, wodurch Ich Mich aufs Neue mit Meinen braven Bayerischen Waffengefährten, die zu Sieg und Ruhm zu führen Mir vergönnt war für immer verbunden sehe. Osborne Insel Wight den 6ten August 1871.

Friedrich Wilhelm Kronprinz des Deutschen Reichs und von Preußen
General Feldmarschall Chef Oberst Inhaber des 1t Bayerischen Ulanen Regiments

An das Königlich Bayerische 1te Ulanen Regiment

Oberstleutnant Freiherr von Seckendorff-Aberdar, der erste Kommandeur des Königlich-Bayerischen 1. Ulanenregiments Bamberg, auf einer Urkunde, die die Übernahme seines Regiments in den Besitz des preussischen Kronprinzen Friedrich Wilhelm, des späteren Königs Friedrich Wilhelm IV., beurkundet. Auch Bamberger Ulanen zogen mit Napoleon nach Rußland.

später bewähren müssen gegen die französischen Sanskülotten der Revolutionsarmeen, und als sie einmal bei Kaiserslautern besonders »innig auf den Franzmann dreinhauten«, rief ihnen der preußische Marschall Blücher, unter dessen Oberbefehl sie kämpfen mußten, zu: »Ihr Leut seid ausgezeichnet brav, aber zu eifrig, Ihr haut die Rackers ja alle zusammen.« Das Wort Rackers mag der Marschall Vorwärts dem französischen »racaille« entlehnt haben, was bis heute soviel wie »Sauhaufen« heißt.

Daß es die Bayern aber mit niemandem wirklich verderben wollen, haben sie schon ein paar Jahre später gezeigt, als sie mehr oder minder begeistert unter Napoleon in den Krieg zogen. Bei Borodino an der Moskwa schlugen sie 1812 den russischen General Kutusow in die Flucht und öffneten dem Franzosenkaiser den Weg nach Moskau, und als von den 36 Schwadronen aus Dragonern und Chevaulegers, die der frisch gebackene Bayernkönig dem Korsen auf den Weg nach Moskau mitgegeben hatte, nur noch eine übrig war, ritten bayerische Reiter, von Napoleon immer wieder hoch gelobt, neben der Kutsche her, die den Geschlagenen und Entmachteten nach Westen zurücktrug. Mehr als 4000 bayerische Reiter hatten in russischer Erde ihr Grab gefunden.

Es folgten die drei großen europäischen Kriege von 1870, 1914 und

1939. Überfliegen wir sie im Zeitraffer. 1870 war bayerische Kavallerie im deutschen Bundesheer mit einer Kürassier- und einer Ulanenbrigade sowie vier einzelnen, auf Divisionen verteilten, Regimentern vertreten. Sie war, nach den Mängeln, die sich 1866 gegen die Österreicher gezeigt hatten, in vier Friedensjahren energisch modernisiert, umgegliedert, mit Ersatzschwadronen und einer Reitanstalt in München versehen worden. Bayern waren bei den entscheidenden Reiterschlachten zu Beginn des Krieges, die wir oben erwähnten, nicht beteiligt. Aber sie haben nach Moltkes Grundsatz »Kavallerie weit nach vorne« am rechten Flügel phantastische »raids« in nahezu moderner Fernaufklärung geritten: Nach dem Urteil des preußischen Generalstabschefs der verbündeten Reichsarmeen lieferten sie der operativen Führung die entscheidenden Unterlagen für die große Umfassungsschlacht bei Sedan, die zum Untergang des französischen Feldheeres führte.

Prinz Eduard von Sachsen-Anhalt, Herzog von Leuchtenberg, an der Spitze seines 6. Chevaulegers-Regiments in Bamberg 1839.

Betrachten wir diese bayerischen Reiter noch ein wenig in ihrer bunten Vielfalt, ehe sie, zu Beginn des Ersten Weltkriegs, im Einheitsgrau des kaiserlichen deutschen Heeres verschwinden. Altmetzgermeister und ehemaliger Chevauleger Wilhelm Neumeister aus Ansbach hat sich die Mühe gemacht, uns das farbenprächtige Bild der Uniformen seiner ehemaligen Reiterkameraden aufzuzeichnen. Das bayerische Königreich stellte dem Reich 1914 an Kavallerie zwei schwere Reiter-Regimenter, ehemals Kürassier-Regimenter genannt, acht Chevauleger-Regimenter, zwei Ulanen-Regimenter und zwei Eskadronen Jäger zu Pferde zur Verfügung. Hinzu kamen noch zwei Kavallerie-Ersatz-Regimenter aus Chevaulegers und Ulanen. Eine stattliche Streitmacht, die etwa 12 Prozent der Gesamtstärke der deutschen berittenen Truppen zu Beginn des Weltkriegs ausmachten.

Kesselpauker des Königlich-Bayerischen 1. Ulanenregiments »Kaiser Wilhelm II., König von Preußen« in Bamberg. Die silbernen Kesselpauken wurden dem Regiment von Kaiser Wilhelm II. zum Geschenk gemacht und nach Auflösung der 1. Ulanen 1918 an das 17. (bayerische) Reiterregiment weitergegeben. Seit 1945 sind sie verschollen.

Damals aber unterschied man sich fein säuberlich nach Waffengattung von anderen Truppenteilen, und zwar bei Freund wie Gegner. Schon von weitem erkannte das geübte Auge, ob man es bei einem anreitenden Verband mit Ulanen, Kürassieren, Dragonern oder Husaren zu tun hatte, und ein preußischer Ulan wußte sehr sorgfältig zwischen einem sächsischen und einem bayerischen zu unterscheiden. Wie putzten sich nun die bayerischen Reiter heraus?

Die »Krone« der Waffe, die Kürassiere, später schwere Reiter, trugen einen hellblauen Waffenrock mit rotem Besatz und roten Achselklappen, schwarze Reithosen, Stiefel bis zum Knie hinauf und einen Lederhelm, der zur Parade mit einem weißen Helmbusch geziert wurde. Außer Dienst durften die »Schweren« ihre schwarze Reithose gegen eine hellblaue, lange mit breiten roten Streifen tauschen.

Die Chevaulegers, Hauptstreitmacht der Bayern, trugen grüne Waffenröcke, deren Schnitt den Ulankas der Ulanen ähnelte und deren Besatz rot oder weiß war, dazu eine grüne Reithose. Die Ulanen wieder waren blau gekleidet, sie trugen die von den Polen erfundene »Tschapka« auf dem Kopf und dazu sehr breite Epauletten. Um den Leib hatten sie eine breite Binde, und eine Fangschnur zierte ihre rechte Schulter. Die Jäger schließlich trugen graugrün mit hellgrünen Aufschlägen und verschiedenfarbigen Borten, eine graugrüne Reithose und einen schwarzen Helm. Dafür waren ihre Stiefel manchmal gelb, was sie gegenüber allen anderen Waffenbrüdern hervorhob.

So also zogen die bayerischen Reiter neben ihren Kameraden mit den Nordlichtern noch in den Krieg gegen die Franzosen im Sommer 1870, so übten und paradierten sie zu Zeiten Wilhelms II. im Frieden, bis die große Heeresreform von 1910 das Tragen einer einheitlichen feldgrauen »Felduniform« im Kriegsfall anordnete.

Eine gemischte Formation aus allen 12 ehemaligen Königlich-Bayerischen Kavallerieregimentern bei einer Paradeaufstellung in den alten Uniformen 1932 in Bamberg.

Vier Jahre später war der »Kriegsfall« da, und er brachte der bayerischen Kavallerie gleich zu Beginn Gelegenheit, ihren Mut und Angriffsschwung unter Beweis zu stellen.

Der 11. August 1914 ist als einzige Ruhmestat ihrer Waffe in die Geschichte eingegangen, zugleich als der letzte große Einsatz eines geschlossenen Kavallerieverbandes in offener Feldschlacht. An diesem Tag ritten Kaiser- und Königsulanen, unterstützt von bayerischen Jägern, französische Infanterie und Artillerie bei Lagarde am Rhône-Marne-Kanal nieder, erbeuteten Geschütze und Maschinengewehre, machten weit über tausend Gefangene und rissen den gesamten französischen Aufmarsch im südlichen Lothringen und in der Champagne auseinander.

Noch 1936 zollte ein französischer Kavallerieoffizier den Bayern in einem Fachblatt der Kavallerie Achtung für diese Waffentat. Aber an diesem Tag mußten 16 Offiziere, 219 Ulanen und 290 Pferde ihr Leben lassen.

Regiments=Kommandeure des K. Bayer. 1. Ulanen=Regiments

Die letzten Kommandeure des 1. Königlich-Bayerischen Ulanen-Regiments Bamberg (1910–1919):

Maximilian Braun (1910–1911)

Eduard Frhr. v. Crailsheim (1911–1915)

Bertold Frhr. v. Bibra (1918–1919)

Prinzregent Luitpold von Bayern,
Chef 2. Ulanenregiment.

Ab 1915 fochten bayerische Reiter dann nur noch an der Ostfront, wo die Unendlichkeit des Horizonts ihrem Draufgängertum weiten Spielraum ließ. Die Aufzählung der Orte, an denen sie auftauchten, steckt den Riesenraum ab, in dem die Operationen stattfanden: Galizien, die Ukraine, die Krim, der Kaukasus und der Don, und, weit im tiefen Süden, der Balkan bis Albanien und zur griechischen Grenze. Zum Abschluß des großen Mordens dann ein vorbildlicher Rückzug aus allen Himmelsrichtungen in die heimatlichen Garnisonen.

Dragoner des Dragonerregiments 15 bei einer Marschpause in Rumänien im Winter 1916. Die Gruppe der Offiziere mit Rücken zur Umzäunung (v.l.n.r.): Leutnant Grundmann, Rittmeister Crevenna (gef.), Leutnant Becker.

Offiziere und Mannschaften der Freiwilligen-Schwadronen Speidel, Perfall und Schaetzler im Mai 1919 vor dem Münchner Rathaus bei der Feier des Sieges über die rote Räte-Republik.

Vom Einsatz einzelner Reiterschwadronen bei der Niederwerfung von Aufständen, die die Geburt der ersten deutschen Republik begleiteten, sprachen wir schon. Auch Bayern in der Landeshauptstadt München waren dabei, wenngleich fast immer nur abgesessen. Es ging nicht mehr gegen den Franzmann oder den Tommy, sondern den eigenen Landsmann, und das war bitter. Verklungen waren auch die Lieder, die sie nach Lagarde gesungen hatten, wie etwa den Marsch der Bayerischen Kavallerie-Division, dessen erste Strophe fast nostalgisch klingt: »Was braust dort übers Feld daher, wie ein rasendes Ungewitter? Was dröhnet die Erde so schwer, was macht sie so erzittern? Wer jagt den Feind in eilige Flucht, daß er schleunigst seine Rettung sucht? Das war'n die bayerischen Streiter, Ulanen und Chevaulegers, Reitende Fünfer, schwere Reiter, das war die B.K.D.«
Nun, es war Vergangenheit. Was von den einst 12 bayerischen Reiterregimentern blieb, war ein einziges Regiment, das »17. (bayerische) Reichswehr-Kavallerie-Regiment«, später »Reiterregiment 17«, auf dessen einzelne Eskadronen – später Schwadronen – verteilt über die drei Standorte Bamberg, Ansbach und Straubing, die Tradition aller 12 ehemaligen Regimenter übertragen worden war. Mit ihm werden wir uns in diesem Buch beschäftigen. Das Regiment, nun Träger der ruhmreichen Überlieferung der bayerischen Kavallerie, kämpfte, in viele Einzelschwadronen und Abteilungen zerrissen, an allen Fronten des Zweiten Weltkrieges, und dies nicht weniger ruhmreich als seine einst königlichen Vorgänger. Und als auch dieser Zweite Weltkrieg mit einer deutschen Niederlage endete, hatte die Stunde nicht minder für die bayerische Kavallerie geschlagen.
Heute trägt das Panzeraufklärungsbataillon 4 der Bundeswehr im bayerischen Roding die Tradition der 17er Reiter, und es trägt sie mit Stolz und Würde. Da aber, wo einst die Pferde der 17er schnaubten und stampften, in der Lagarde-Kaserne am Südostausgang der alten Kaiserstadt Bamberg, dröhnen bis zur Stunde die Motoren der schweren amerikanischen Abrams-Panzer, die dort 45 Jahre lang, vom Untergang des Nationalsozialismus bis zur Wiedererlangung der deutschen Einheit, Wache für die Freiheit der Westdeutschen standen.

Faksimile des von Oberst Dr. Ernst Kupfer verfaßten und von Stabsmusikmeister Heinlein ▷ vertonten »Bamberger Reiter«-Liedes.

Bamberger Reiterlied 1936
von Oberleutnant Ernst Kupfer
vertont von Stabsmusikmeister Heinlein
Reiter-Regiment 17
Im Marschtempo
Und brausen auch Motoren ringsum ihr dröhnend Lied, Wenn auch manch stolzer Flieger durch blaue Lüfte zieht: Für uns ist Pferdeschnauben der schönste Sang der Erde, Uns bleibt das Paradies der Rücken unserer Pferde.
Wer jemals im Galoppe mit übers Feld gebraust, Und seines Pferdes Kräfte spürt in der Zügelfaust, Wer je im kühnen Sprunge ein Hindernis bezwang, der wird ein Reiter bleiben sein ganzes Leben lang.
Und sollt' einmal entschwinden die Reiterherrlichkeit, Es wird doch eines bleiben in alle Ewigkeit, Das frische frohe Wagen, das alles mit sich reißt, So wird sich allzeit zeigen der deutsche Reitergeist.

KAPITEL 2

Von den Geburtswehen eines Reiterregiments

Am 9. November 1918 – dem Tag, der sich nach den Vorstellungen Hitlers niemals mehr in der deutschen Geschichte wiederholen sollte, und der 71 Jahre später den Mauersturz in Berlin und damit die Wiedervereinigung der Deutschen nach zwei unglücklichen Kriegen brachte – kapitulierte das kaiserliche deutsche Reich und mit ihm das kaiserliche deutsche Heer an allen Fronten. Der große Rückmarsch in die Friedensgarnisonen, in eine von Hunger, Demoralisierung und Aufruhr gezeichnete Heimat, begann.
Die zwölf bayerischen Kavallerieregimenter waren zu fast gleichen Teilen an den Fronten im Westen und Osten verteilt, als der letzte Schuß fiel. Nun ging es zurück. Einige von ihnen, wie die Ersten Schweren Reiter aus München oder die Ersten Ulanen aus Bamberg, mußten bei 30 Grad Kälte lange und abenteuerliche Landmärsche aus der südlichen Ukraine auf sich nehmen. Bei den ständigen Scharmützeln mit einer sich auflösenden russischen Armee und ersten Gruppierungen einer noch chaotischen »Roten Armee« der Bolschewiki, fiel am 8. Januar 1919 bei Zaslaw der Ulanenleutnant Max Freiherr von Lerchenfeld, »einer unserer Besten«. 2000 Kilometer ritten die Bam-

berger Ulanen damals ununterbrochen zurück, und erst am 10. Februar 1919 konnten sie in ihrer alten Bamberger Kaserne von ihren ermüdeten »Heitern« absitzen.
Andere bayerische Regimenter, wie die Zweiten Chevaulegers des Fürsten Thurn und Taxis, die im Westen gekämpft hatten, brauchten nicht ganz so lange, um in ihre Friedensgarnison Regensburg zurückzukehren. Aber ihr Schwesterregiment, die Dritten Chevaulegers, ebenfalls im Westen eingesetzt im Rahmen der Bayerischen Kavallerie Division, hatten nicht einmal mehr eine Heimat. Ihr Standort Dieuze in Lothringen – 1871 an Deutschland gefallen – war mit dem Friedensschluß wieder französisch geworden. So mußten die »Dreier« über Mosel und Rhein und Donau zurück nach Staffelstein in Oberfranken, um sich dort aufzulösen. Ähnlich ging es den Fünften Chevaulegers, die nicht mehr in ihre Garnisonen im Westen des Reiches, Saargemünd und Zweibrücken, zurückkonnten, weil da schon die Franzosen saßen und sich als Sieger breitmachten. Die Fünfer mußten mit Lichtenfels vorliebnehmen.
Dabei hatten die Soldaten dieses Regiments, zusammen mit ihren Kameraden von den vierten Chevaulegers, ein besonders schweres Los tragen müssen. Sie waren, im Rahmen der 7. Kavallerie-Brigade, im Kaukasus eingesetzt gewesen und noch in den letzten Monaten des Krieges, im Herbst 1918, per Bahntransport auf den Balkan geworfen worden, um dort die zusammenbrechenden Fronten in Rumänien und Bulgarien zu stützen. Sie gerieten in die Auflösung aller politischen Strukturen, die nach dem Zusammenbruch der Mittelmächte Deutschland und Österreich einsetzte, und konnten sich gerade noch der Internierung entziehen. Die Zweiten Schweren Reiter, ebenfalls im Osten eingesetzt, rückten am 2. Februar 1919 in ihre Garnison Landshut ein.
Den übrigen bayerischen Kavalleristen erging es weniger schlimm. Die Sechsten, Siebten und Achten Chevaulegers hatten an der Westfront gekämpft und kamen reibungslos in ihren Standorten Bayreuth, Straubing und Dillingen an, wenn auch nicht immer freundlich empfangen von einer kriegsmüden, verunsicherten Bevölkerung. Glück hatten die Zweiten Ulanen, die nur bis Lyck an der ostpreußischen Grenze zu marschieren brauchten und dann mit der Bahn in ihr heimatliches Ansbach fahren konnten. Weniger gut erging es den Ersten Chevaulegers, dem ältesten Kavallerieregiment Bayerns, gegründet im Jahre 1682 und mit dem stolzen, inzwischen wehmütig stimmenden Namen »Kaiser Nikolaus von Rußland« versehen. Sie mußten sich aus Wolhynien in der Westukraine ins Reich durchschlagen, immer wieder aufgehalten von bewaffneten Haufen, die ihnen den Heimweg verlegen wollten. Dabei gab es bis weit über den Friedensschluß hinaus noch schmerzliche Verluste unter den Reitern.

Drei Königlich-Bayerische Ulanen bei Kriegsbeginn 1914: der Major Ludwig-Maximilian Freiherr von Lerchenfeld und seine beiden Söhne Max und Rudolf. Max fiel als Leutnant am 8. Januar 1919, zwei Monate nach der Kapitulation des kaiserlichen Heeres, bei den Rückzugskämpfen gegen die Bolschewisten in Zaslaw in Polen. Rudolf führte als Major im zweiten Weltkrieg die Aufklärungsabteilung 27 des Kavallerieregiments 17.

Angehörige des 1. Ulanenregiments rücken im Frühjahr 1919, umgeben von der Bevölkerung, in die Garnison Bamberg ein.

Anfang Mai 1919 waren alle zwölf Regimenter wieder in ihren Garnisonen eingetroffen. Und was nun? Die Friedensverhandlungen in Versailles hatten eben erst begonnen, und schon die ersten Schlagabtausche zwischen den ungleichen Parteien hatten erkennen lassen, welche Forderungen die Sieger nun an die geschlagenen Deutschen stellen würden. Totale Demobilmachung in den Garnisonen, Reduzierung der Stärke des deutschen Heeres auf eine Art Schutztruppe mit zunächst 200 000 Mann, Ablieferung der Flotte, der Flugzeuge und aller schweren Waffen, Abtretungen von Gebieten in West und Ost, Süd und Nord. Die Soldaten des Feldheeres, also auch der bayerischen Kavallerie, mußten massenweise in äußerst unsichere zivile Verhältnisse entlassen werden, in ein Umfeld höchst explosiver sozialer Spannungen, in eine Republik, um die sich Ansätze von politischen Parteien stritten, und in der Arbeiter- und Soldatenräte, Kommunisten, Spartakisten, Linkssozialisten, das ganze untermischt mit bolschewistischen Agenten aus Moskau, sich in Wahrheit die Macht teilten. Überall herrschte Chaos, und in München war nach dem Mord an dem kommunistischen Usurpator Kurt Eisner die Räterepublik ausgerufen worden.

Nicht alle wollten gehen. Die Kameradschaft in den vier Jahren Unglück war ein gewaltiges Bindeglied zwischen Mann und Offizier geworden, bei vielen stärker als der Drang zum heimischen Herd. Und das Vaterland war im Unglück. Schon hatten sich erste militärische Verbände aus nicht-demobilisierten Soldaten, sogenannte Freikorps, gebildet, die unter Führung ihrer ehemaligen Frontoffiziere den Kampf gegen die »Roten« aufnahmen, nicht immer mit Genehmigung der gewählten Volksregierungen. Aber wer wußte schon in dem Chaos, wer demokratisch legitimiert war und wer nicht? Die bayerische Regierung hatte sich nach Bamberg geflüchtet und dem ehemaligen General Epp das Feld in München überlassen. Epp sollte die Ordnung wiederherstellen.

Inzwischen hatte die Reichsregierung am 6. März 1919 das Gesetz zur Bildung einer »vorläufigen Reichswehr« erlassen. Nach ihm hatten die beiden Rittmeister Freiherr von Perfall und Freiherr von Speidel, beide aus dem 1. Schweren Reiterregiment in München, aus den Resten ihres und des 2. Schweren Reiterregiments eine Freiwilligen-Eskadron und eine MG-Abteilung aufgestellt, die noch im gleichen Jahr zum neu aufgestellten »Kavallerie-Regiment 21« in Straubing stießen. Dort aber kamen sie nicht gleich an. Zunächst gingen die beiden schneidigen Rittmeister mit ihren Reitern und ihren Maschinengewehr-Schützen nach München, stellten sich unter das Kommando des Freikorps Epp und kämpften die bayerische Landeshauptstadt frei. Dabei fiel am 2. Mai 1919 Leutnant Schöttl von den ehemaligen 2. Schweren Reitern, Sohn eines früheren Regimentskommandeurs, und es gab auch sonst erhebliche Verluste.

In Bamberg hatte sich bei den Ersten Ulanen eine Eskadron unter Rittmeister Freiherr von Schaetzler gebildet. Noch ehe sie als Stammtruppe das Kavallerie-Regiment 23 in Bamberg aufstellte, zog sie ebenfalls nach München, nachdem sie zunächst zwei Wochen lang die in die Stadt geflohene freigewählte bayerische Regierung Hoffmann gesichert hatte. Nun kämpften schon drei bayerische Rittmeister mit ihren Männern um die Freiheit der Landeshauptstadt. Als vierter stieß Freiherr von Leoprechting aus Ansbach mit seinen Zweiten Ulanen dazu, und er brachte sogar ein eigenes Trompeter-Corps auf Schimmeln mit, um, wie er sagte, den »Roten anständig den Marsch zu blasen«.

Unter einem Wald von Lanzen – die Kavallerie der Reichswehr von ihrer Neugründung 1919 bis zur Abschaffung der Lanze im Jahre 1927.

Das tat er dann auch. Am 2. Mai 1919 stürmten Bayern, Württemberger und Preußen die Stadt und drangen siegreich zum Odeonsplatz durch. Der Rätespuk war vorüber. »Das Trompetercorps aus Ansbach spielte als erste Militärkapelle nach der Befreiung Münchens vor der Feldherrnhalle, bejubelt von den befreiten Münchner Bürgern«, berichtet eine zeitgenössische Chronik.
Damit waren die Kämpfe um das Reich nicht beendet. In der Ruhr war es zu schweren Arbeiteraufständen und Bildung von Räteregierungen gekommen, die niedergeworfen werden mußten. Auch hier waren im Rahmen des Freikorps Epp die Einheiten Perfall und Speidel, teilweise auch Freiwilligeneskadronen aus ehemaligen Ulanen und Chevaulegers beteiligt. Wieder gab es tragische Verluste im Kampf Deutscher gegen Deutsche. Erst im Sommer 1919 kam die Ruhr zu vorübergehender Ruhe, ehe sie, vier Jahre später, von den Franzosen zur Eintreibung deutscher Reparationen besetzt wurde.
Für die Bayern aber hieß es, Rückmarsch in die nun endgültigen Friedensgarnisonen Bamberg, Ansbach und Straubing. Noch war alles Improvisation. Niemand wußte, wieviel Soldaten Deutschland nun wirklich haben würde. Ausgehend von der alliierten Vorgabe von 200 000, hatte die neue Reichswehrführung die Aufstellung von 24 Kavallerieregimentern angeordnet, darunter drei für Bayern: das 21. in Straubing, das 23. in Bamberg, und das 24. in Ansbach. In diese drei Kadereinheiten wurde nun hineingepreßt, was sich aus Niederlage, Rückzug und Freikorpskämpfen an brauchbarem Bestand an Reitern hinübergerettet hatte in die neue Zeit. Auf sie verteilte sich, was von den zwölf einstigen Regimentern, den Schweren Reitern, den Ulanen und den Chevaulegers übriggeblieben war.
Nun ging es darum, Traditionen zu bewahren, die Spreu vom Weizen zu trennen, auch in den Köpfen, aus der »guten alten Zeit« das überzubringen, was für den Neuaufbau gebraucht werden konnte. Das Neue brauchte Korsettstangen, und die konnte nur das bewährte Alte liefern.
So gingen die Schweren Reiter nach Straubing zum 21., die Ulanen verteilten sich auf das 23. in Bamberg und das 24. Regiment kam nach Ansbach, und Schwadronen aus den acht Chevaulegers-Regimentern gingen in allen drei Regimentern auf. In Straubing kommandierte Rittmeister Freiherr von Seefried, in Bamberg Rittmeister Freiherr von Waldenfels, und in Ansbach Rittmeister Freiherr von Bibra. Es war die Stunde der Rittmeister und der Barone. Sie alle waren erfahrene Haudegen und Truppenführer. Sie hatten nach dem Friedensschluß gezeigt, daß sie da waren, wenn Not am Mann war, und sie boten alle Gewähr, die neue, die republikanische Kavallerie mit dem Geist für einen guten Neuanfang zu erfüllen.

Aber kaum waren die ersten Befehle für die Mannschaftsaufstellung, für Remontenbeschaffung und Ausbildung ergangen, kam alles schon wieder anders. Inzwischen hatten die Alliierten die Stärke des neuen deutschen Heeres weiter heruntergeschraubt und waren, über eine »Übergangszahl« von 150 000 Mann, schließlich auf einen endgültigen Soll-Bestand von 100 000 gekommen. Für die drei bisherigen bayerischen Stamm-Kavallerieregimenter war nun kein Platz mehr im deutschen Reichsheer. Bayern mußte sich mit einem einzigen Regiment zufriedengeben, und dieses wurde am 11. Mai 1920, eineinhalb Jahre nach Kriegsende, unter dem Namen »17. (bayerisches) Reiterregiment« mit Sitz des Stabes in Bamberg und weiteren Garnisonen in Ansbach und Straubing feierlich gegründet. Nun war man wenigstens sicher, in Ruhe, wenn auch unter dem wachsamen Auge der Sieger, an den Aufbau eines neuen, modernen Reiterregiments gehen zu können.

Zum Kommandeur des Regiments wurde Major Zürn ernannt, ein ungewöhnlich beliebter Offizier, der im Krieg drei Jahre und drei Monate lang die Bamberger Kaiser-Ulanen geführt und heil wieder nach Hause gebracht hatte. Zürn hatte auch die Freiwilligen-Verbände der alten Regimenter in den Wirren des Bürgerkrieges geführt und dabei besondere Umsicht bewiesen. Er kam aus Bamberg, wo er den kurzfristig führenden Waldenfels an der Spitze des kurzlebigen Kavallerie-Regiments 23 abgelöst hatte. Und nun konnte er seine Energie dem Aufbau des neuen Regiments widmen, in einer Zeit voller Unsicherheit, in der alles improvisiert werden mußte, und in der das anwachsende Regiment auf drei Standorte, Bamberg, Ansbach und Straubing, verteilt war. Die Entfernung zu den beiden Schwadronen in Straubing betrug allein 220 Kilometer.

Dafür hatten die »Siebzehner« allerdings die drei schönsten und

Oberst Max Zürn, der ungewöhnlich beliebte erste Kommandeur des 17. (bayerischen) Reiterregiments in Bamberg.

1. Eskadron 17. Reiterregiment (Rittmeister Luz) 1920 in Übungsaufstellung auf dem Exerzierplatz Lagardekaserne in Bamberg.

Ansicht vom Bug des Sturzkampfbombers »Ju 87« des Obersten Kupfer mit dem Abbild des »Bamberger Reiters« und dem persönlichen Wahlspruch des Kommodore.

ältesten Garnisonen zugeteilt bekommen, in denen jemals bayerische Reiter gestanden haben. Bamberg, die Stadt »des Reiters« schlechthin, die Stadt, deren Name bei den Menschen geradezu reflexartig die Figur des mittelalterlichen Reiters im Dom vor Augen führt, jener noblen Gestalt, die, anonym bis heute, seit 800 Jahren das staufische Königtum und alles Edle versinnbildlicht, das das Hochmittelalter für die deutsche Kultur und die deutsche Ethik hervorgebracht hat. Der Mann auf seinem Pferd, den Gottfried von Straßburg an der Wende zum 13. Jahrhundert in seinem »Tristan« bereits zu beschreiben scheint: »Da war das Bild erst wonnesam, da war der Ritter kampfgewärtig, im Sattelsitz zum Bild erst fertig. Kraftvoll war der Arme Weite, machtvoll war der Schultern Breite ...« Später, im Zweiten Weltkrieg, hat ein Angehöriger des Bamberger Reiterregiments, der zur Luftwaffe gestoßene Oberst Dr. Kupfer, die Sturzkampfflugzeuge seines Geschwaders mit dem Symbol des »Bamberger Reiters« versehen, ehe er, Träger des Ritterkreuzes mit Eichenlaub und Schwertern, tödlich verunglückte.

Die neuen Bamberger Reiter standen also auf einem Boden, der buchstäblich von Geschichte getränkt war. Hier hatten, wie gesagt, seit 1867 die berühmten »Kaiserulanen« gestanden, »Kaiser« deshalb, weil Bayerns König das Regiment 1888 Kaiser Friedrich zum Geschenk gemacht hatte. Bamberg, schon im 10. Jahrhundert Sitz der Babenberger, nach deren großer Fehde an das Reich und später Bayern gefallen, war durch Jahrhunderte hindurch Standort für berittene Truppen, die mal dem Herzog von Bayern, mal dem Fürstbischof, mal auch dem Bürgermeister gehörten und sich, wenn sie nicht gerade ritterliche Turniere ausfochten, meist ganz fürchterlich mit irgendwelchen Gegnern rauften. So sollte, berichtet eine Chronik aus dem Jahre 1568, die Stadt entsprechend der »Reiterbestallung des Fränkischen Kreises« ein Fähnlein von »300 Pferde stark unter einem Rittmeister« dem Reich für seine Händel im 30jährigen Krieg zur Verfügung stellen, darüber hinaus eine Kreismiliz aus 800 Reitern und 800 Hakenschützen. Bamberg gehörte damals zum fränkischen Kreis des Reiches, der außer der alten Babenbergerstadt und ihrem Bistum die Bistümer Würzburg und Eichstätt, fünf freie Reichsstädte sowie sechs große Fürstentümer umfaßte. Hundert Jahre später, im »Reichskrieg« gegen Frankreich, bestanden die berittenen Truppen des fränkischen Kreises schon aus einem Kürassier- und einem Dragonerregiment. Das letztere rekrutierte sich hauptsächlich aus Bambergern. Wieder hundert Jahre später, im ersten modernen Reiterkrieg von 1871, der wieder gegen Frankreich ging, waren die Bamberger Ulanen, wie wir schon schilderten, unter den kühnsten Fernaufklärern, die bis Sedan und Paris vorstießen.

Soweit zu Ruhm und Ehr. Aber es gab ja auch, gottlob, eine ganze Anzahl von Friedensjahren, in denen übrigens zu Zeiten der Fürstbischöfe von Bamberg immer nur sehr wenig Soldaten als »feste Truppen« in der Garnison standen. So waren 1749, als die Bamberger Kürassierkompanie mit der Leibgarde zu Pferde vereint wurde, beide Teile zusammen nur noch 54 Mann stark. Die hatten dann, wie alle ihre Nachfahren, Zeit, die Schönheiten des Lebens in einer der schönsten Garnisonsstädte des Reiches auszukosten. »Alt, ehrwürdig, romantisch und einfach schön – das ist Bamberg« beschreibt eine zeitgenössische Chronistin die Stadt an der Regnitz, und sie nennt ihren Bericht über einen »Bummel durch Bambergs Barock« eine Liebeserklärung. Eine Stadt auf sieben Hügeln, eine Stadt zum Träumen. Der Dom, die Hofhaltung, das Alte Rathaus, das Böttingerhaus in der Judengasse, das ostheimische Haus mit seiner pompösen Treppe – überall die Lust der verschwenderischen Fürstbischöfe zum Bereichern und Restaurieren, und die Romanik, die Gotik und die Renaissance, die dann einmündet in den Triumph des Barock.

Wir dürfen vermuten, daß die rauhen Bamberger Reiter auch für diese Schönheiten Blicke hatten, wenn sie mal nicht ins Feld ausrücken mußten. Ihrem Herzen näher aber wird das Land rundherum gewesen sein, wo sie sich mit ihren Pferden tummelten, sei es beim morgendlichen Ausritt, beim fröhlichen Jagen am Wochenende oder bei der harten Ausbildung auf dem »Stoex«, dem Standortexerzierplatz. Bamberg hatte und hat heute noch wunderschöne Wälder zum Ausreiten, meist Kiefernwälder mit dem sandigen Boden, den Pferde so lieben. Der Rittmeister und spätere Panzergeneral Helwig Luz bedauert, als er 1934 zu einer anderen Verwendung nach Weimar versetzt wird, die »herrlichen Ausritte und das ideale Reitgelände in Bamberg« in seinem

Die im Kriege in einem Bombenhagel untergegangene Kavallerieschule Hannover, zu der auch viele Offiziere aus Bamberg abgestellt worden waren. Die Elite der deutschen militärischen Spring-, Renn- und Military-Reiter wurde hier geformt.

Tagebuch. Und wieder ein anderer, der damalige Rittmeister Leuze, schreibt in einer 1932 verfaßten Regimentschronik: »Bamberg, die Garnison der Kaiser-Ulanen. Welchem Reitersmann lacht da nicht das Herz im Leibe. Ein frischer Galopp gleich hinter der Kaserne, von der Moosgasse aus beginnend, durch den Hauptsmoorwald, in flottem Sprung über den Sendelbach, vorbei am Marterl unseres unvergeßlichen ersten Regimentsadjutanten (der dort 1921 bei einer Reitjagd tödlich verunglückt war), zurück über den Exerzierplatz – das von Altenburg, Dom- und Michelsberg gekrönte Dächermeer der Siebenhügelstadt vor sich im morgenerfrischten Reiterauge ...«
Aber auch die beiden anderen Garnisonen des Regiments konnten sich neben der alten Kaiserstadt sehen lassen. Ansbach, Standort der 2. und 3. Eskadron des neuen Reiterregiments, Standort vor allem auch des Trompeterkorps des Regiments, auf seinen Schimmeln, die die Ansbacher Ulanen 1919 beim Rückzug von der Ostfront den Russen abgenommen hatten. Ansbach also war nicht ganz so pompös-barock und fürstbischöflich wie Bamberg, aber es war gut markgräflich und viel gemütlicher. »... die Stadt, in der jeder Stein von vornehmer, verträumter Markgrafenzeit widerklingt, wenn die Hufe unserer Eskadronen durch die Straßen schallen, vorbei an der ehrwürdigen Johannis- und Gumbertuskirche, vorbei an dem wundervollen Schloß und hinaus auf den

Das Unteroffiziers-Korps der 3. Eskadron 17. Reiterregiment 1926 auf dem Truppenübungsplatz Grafenwöhr.

Urlas zu frischem und fröhlichem Jagen«, schreibt Rittmeister Leuze, und er fügt stolz hinzu: »... begrüßt im Überschwang von der militärbegeisterten Bevölkerung.« Der Urlas war der Übungsplatz der Ansbacher, und er hatte einen mißlichen Nachteil: Da er aus Lehmboden bestand, war er knallhart bei Trockenheit und glitschig, wenn es regnete. Aber das wird den Reitern, die später in der Ukraine kämpfen mußten, zugute gekommen sein, denn da waren ähnliche Bodenverhältnisse.

In Straubing, Heimat der 4. und 6. Eskadron, gab es keine Wälder und keinen richtigen Exerzierplatz, dafür aber weite flache Felder mit herrlichen Wiesen entlang der grünen Donau, auf denen die Pferde ordentlich ausholen und die Reiter ihr Spiegelbild im Wasser genießen konnten. Zum Üben mußte man einen halben Tag weit reiten, bis man am Rand des Bayerischen Waldes Wald und Hügel für die volle Deckung fand. Aber die Kaserne war eine der modernsten Bayerns, und die behäbige alte Herzogstadt am Eingang in die niederbayerische Tiefebene ließ, was Geschichte und Tradition anging, nichts zu wünschen übrig. »Der vielhundertjährige Stadtturm mit seinen Kindertürmchen«, verzeichnet Rittmeister Leuze, »hat manches gesehen von deutschem Stolz und Glanz, von deutschem Zwist und Niedergang.« Und mit Dankbarkeit verweist der Offizier im Jahre 1932, als er die erste Regi-

Ein Beritt der 6. Eskadron Reiterregiment 17 auf dem Truppenübungsplatz Grafenwöhr 1925. Links mit Ausgeh-Mütze der Fähnrich Hugo Freiherr von Süsskind-Schwendi, am Ende des Wweiten Weltkrieges Oberst i.G. und bei der Kapitulation von Königsberg in russische Gefangenschaft geraten.

Reiter der 6. Eskadron auf Spähtrupp-Übung in den Wäldern von Grafenwöhr.

mentschronik verfaßte, auf die ausgezeichneten Beziehungen zwischen Bevölkerung und Soldaten, zwischen den Behörden der drei Garnisonsstädte und ihrem Reiterregiment, einen Zustand schildernd, dem man in Deutschland am Ende dieses Jahrhunderts nur wehmütig nachhängen kann. Besonderen Dank schuldet, so Rittmeister Leuze, das Regiment den drei Stadtoberhäuptern von Bamberg, Ansbach und Straubing in jenen ersten Nachkriegsjahren, den Herren Weegmann, Dr. Borkholder und Dr. Höchtl.

Das Regiment verfügte auch über ein vorzügliches »media«, um sich in die Herzen der Bamberger, Ansbacher und Straubinger einzuschleichen: die drei Musikkorps, deren Aufstellung Regimentskommandeur Major Zürn mit Nachdruck betrieben hatte. Von den Ansbacher Trompetern auf ihren russischen Beuteschimmeln sprachen wir schon. Hier hatte Musikmeister Brathuhn die Voraussetzungen geschaffen, häufig angewiesen auf die Spargroschen seiner Musiker oder Spenden aus der Bevölkerung. Später folgte ihm der Musikstudent Willy Dometshauser, ein »baumlanger Unteroffizier, allgemein ›Domi‹ genannt«, berichtet eine Chronik. Signaltrompeter wurden gleichmäßig auf die beiden Eskadronen verteilt. Und wenn die Wache aufzog, war immer ein Bläser dabei, der das damals übliche Signal »Zum Gebet!« blies. Am

Offiziere des 17. bayerischen Reiter-regiments posieren 1922 im Garten des Offiziersheims von Grafenwöhr. In der oberen Reihe, von links nach rechts gehend, konnten wir noch folgende Herren identifizieren: Oberleutnant Luz, Oblt. Frhr. von Thüngen (3., nach dem 20. Juli 1944 hingerichtet), Rittmeister Frhr. von Speidel (5.), Lt. Rodt, Olt. Hübner, Rittm. Fehn, Olt. Leuze, und als vorletzter in der Reihe Rittm. Dessloch, später General der Luftwaffe. Sitzend v.l.n.r.: Abteilungskommandeur Oberstleutnant Frhr. von Bibra, Regimentskommandeur Oberst Zürn, Stabsarzt Dr. Vogel, Rittm. Frhr. von Schaetzler, Rittm. Winkels-Harding, Rittm. Frhr. von Perfall. Unterste Reihe: Die Leutnante Harteneck (1945 Kmdr. General Kav.-Korps in Ungarn), Rübsam und von Bressensdorff.

Abend gab es den Zapfenstreich und am Morgen das Wecken. Für das Beschaffen der teuren Kesselpauken sorgten großherzige Ansbacher Bürger, die auch recht blauäugig darum angegangen wurden. Die Musik in Ansbach war schließlich so beliebt – es gab regelrechte symphonische Konzerte an den Sonn- und Feiertagen –, daß Oberst Zürn seinen Musikern ab 1924 das Tragen von »Schwalbennestern«, rot-weiß-gestreiften Kappen am Oberarm, zur Unterscheidung von gewöhnlichen Troupiers – gestattete.

In Bamberg hatte sich ab 1921 die eigentliche Regimentsmusik etabliert. Sie stand unter dem Kommando eines sagenumwobenen Mannes: des Obermusikmeisters Heinlein, des »Trompeters von Lagarde«, des Mannes also, der im August 1914 bei Lagarde in Lothringen zur Attacke gegen die Franzosen geblasen hatte. Sein Pferd hieß Siegfried, und es galt als der ruhigste Gaul im Regiment. Die Bamberger Musiker durften sogar im noch jungen bayerischen Rundfunk aufspielen, ein Zeichen dafür, wie militärfromm die vielgeschmähte Weimarer Republik und der erzrepublikanische bayerische Freistaat waren.

In Straubing schließlich hatten sich die Unteroffiziere Rauh und Goldschmitt um die musikalische Begleitung des militärischen Alltags ver-

Der legendäre Ober-, später Stabsmusikmeister Georg Heinlein, Schöpfer und Dirigent des Musikkorps des 17. (bayerischen) Reiterregiments mit Sitz in Bamberg. Heinlein war bei der Attacke der bayerischen Ulanen bei Lagarde in Lothringen im August 1914 dabei und blies das Signal zum Angriff. Bis weit nach dem Zweiten Weltkrieg konnte er sich seines Ruhmes und seiner Beliebtheit bei der Bamberger und Zirndorfer Bevölkerung erfreuen. Als einziger des Musikkorps ritt er stets einen Schimmel.

14. FN-Portät - Bekannte Zirndorfer: Stabsmusikmeister Georg Heinlein

Sein Leben: die Militärmusik

Bei der letzten klassischen Reiterattacke auf Lagarde im August 1914 blies er das Angriffssignal — In Zirndorf denkt man noch gerne an seine Großkonzerte zurück

dient gemacht. Die Trompeter kamen aus den Schwadronen, und der Umgang mit Pauke und Trompete mußte ihnen in langen Abendstunden nach Dienstschluß beigebracht werden.

Das Regiment, wenn auch auf drei Standorte verteilt, mußte zu einem einheitlichen, vom gleichen Geist beherrschten Verband zusammengeschweißt werden. Das fiel dem vorzüglichen Oberst Max Zürn nicht schwer. Führungskraft, Autorität, Einfühlen in die Belange seiner Offiziere und Soldaten, väterliche Fürsorge für die Bedrückten – das alles hatte er als Regimentskommandeur im Krieg in der denkbar härtesten Schule gelernt. Über den Umgang mit seinen Männern vom 1. königlich bayerischen Ulanenregiment im Felde gibt es ein schönes Zeugnis aus der Feder des Ludwig Freiherr von Gebsattel, der unter ihm gedient hatte: »Stolze und frohe, schöne, erinnerungsreiche wie sorgenvolle Tage und Nächte hat er mit ihnen verlebt, Sonnenschein und Regen, Schnee und Frost, Kampf und Sieg, Not und Gefahr kameradschaftlich mit ihnen geteilt... eine echte, prachtvolle Soldatennatur, mit ganzem, warmem Herzen an seiner Truppe hängend. Ritt er im Stabsoffizierstrab oder in hellem caracho an der Marschkolonne entlang, dann folgten ihm die Augen seiner Ulanen voller Vertrauen.«

Von solchem Zeug war also der Mann, dem nun das einzige bayerische Kavallerieregiment anvertraut war. Er war nicht allein. Um ihn herum standen Offiziere, die wie er durch die harte Schule des Krieges und des Bürgerkrieges gegangen waren, die um die Gebrechlichkeit der jungen Republik wußten und um die Verantwortung, die sie für die ihnen an-

Ein Bamberger Kesselpauker.

1924 führt Regimentskommandeur Oberst Zürn (links m. Stahlhelm) auf dem Truppenübungsplatz in Münsingen dem kommandierenden General des VII. Korps, General der Infanterie Ritter von Möhl, sein Regiment vor.

vertrauten Männer zu tragen hatten. Diese kamen meist aus ländlich-bäuerischen Familien und waren noch nicht angesteckt vom Bazillus des triumphierenden Marxismus. Es gab keine rot angehauchten Schreihälse unter ihnen, abendliche Dispute auf den Kammern fanden nicht statt, und Politik war im wie außer dem Dienst strengstens untersagt. Die Reichswehr stand als neutrale Schutztruppe im Dienst der Republik, unter dem Befehl des Kavalleristen von Seeckt, dessen blitzender Monokel strikt auf den »Dienst« und auf sonst gar nichts gerichtet war. Und die ihm untergeordneten Korps-, Divisions- und Regimentskommandeure gingen für ihn durchs – gesellschaftliche – Feuer.
In Bamberg, Ansbach und Straubing wurde Ausbildung gemacht. Geritten, geschossen, marschiert, wieder geritten, Waffen gereinigt, Pferde

Hoher Besuch auf dem thüringischen Truppenübungsplatz Ohrdruf im Herbst 1921: ein Jahr nach seiner Gründung besichtigt Reichswehrminister Dr. Gessler (in Zivil und abgesessen) das in Paradeaufstellung angetretene 17. (bayerische) Reiterregiment. Von links: Rgt.Kmdr. Zürn, Rittm. Kress von Kressenstein, der Minister Lt. Rodt, vor der Front der 2. Eskadron (Ansbach).

Zwei, die die Kavallerie über alles liebten: Generaloberst Frhr. von Fritsch, zu seiner Rechten der spätere Oberbefehlshaber des Heeres, General von Brauchitsch. Zeit und Ort der Entstehung des Photos sind nicht überliefert.

geputzt, Waffen vorgezeigt, Pferde vorgetrabt, zum Appell angetreten, Kaffee geholt und Zeug geflickt. Abends um acht war Zapfenstreich, früh um fünf Wecken, beides zum Trompetensignal. Um zehn gab's eine Brotzeit und zu Mittag eine Stunde zweite Brotzeit. Der Kaffee hieß Negerschweiß, auf den irgendwann einmal der Schatten einer Kaffeebohne gefallen sein sollte, und das Kommißbrot war nur mit dem Beil zu schneiden. Im Winter war der Schnee auf dem »Stoex« so tief, daß er in die kniehohen Reitstiefel eindrang, und die Socken wurden bis zum nächsten Morgen nie trocken. Der Stalldienst nahm ein Drittel der Ausbildungszeit in Anspruch, fast so viel wie der technische Dienst bei der motorisierten Bundeswehr und begann morgens um halb sechs. Um ein Pferd nach militärischen Kategorien sauber zu bekommen, mußte man vierzig Striche auf die Stallgasse klopfen, schön sauber jeweils einer auf einen Stein der Pflasterung vor der Matratze des Pferdes. Ein »Strich« war der Inhalt einer Kartätsche, an deren scharfen Kanten man dreimal die Bürste abgestreift hatte, nachdem man mit dieser vorher dreimal, hin- und herfahrend, über Hals, Rücken oder Kruppe des »Heiters« gestrichen war.

Stalldiensttuende Rekruten der 5. (Ausbildungs-)Eskadron vor einem Stalltor 1929 in Bamberg.

Wenn es dem diensthabenden Wachtmeister nicht zackig genug, auf kommißdeutsch »zu lahmarschig« herging, wurden die Striche nach Pfiff geklopft, und wehe dem, der nachklopfte. Die Stallwache in der Nacht dauerte vier Stunden pro Wachgang, und wehe dem, der der Versuchung nicht widerstand und auf einem Heuhaufen einschlief. Erwischt werden brachte drei Tage »geschärften Mittelarrest«.
Ein Reiterregiment war damals keine Truppe, mit der man einen Krieg gegen eine modern gerüstete Armee hätte gewinnen können. So wollten es ja auch die Alliierten. Das 17. Kavallerieregiment bestand bei seiner Gründung aus den schon erwähnten sechs Eskadronen und einem Regimentsstab und zwei s.M.G.-Halbzügen, den einzigen also, die man

Rekruten bei Säbelübungen 1929 in Bamberg.

als »schwere Waffen« hätte ansprechen können. Eine der sechs Eskadronen, die fünfte in Bamberg, war Ausbildungs-Eskadron, die erste, ebenfalls in Bamberg, nannte sich »Feldeskadron«, die vier anderen (die 2. und 3. in Ansbach, die 4. und 6. in Straubing) nannten sich »Divisions-Eskadronen«, da sie nach dem Mobilmachungsplan im Kriegsfall als berittene Aufklärung an Infanterie-Divisionen abgestellt werden sollten. Die Gesamtstärke des Regiments betrug 1002 Mann. Davon waren 36 Offiziere, 11 Veterinäre, Ärzte oder Beamte, 48 sogenannte Portepee-Unteroffiziere (auch wieder so ein Ausdruck, den wir uns von Napoleon entliehen haben, will heißen »Schwerttragende Unteroffiziere«), also Unteroffiziere vom Wachtmeister aufwärts, 131 Unteroffiziere, 1 Sanitäts-Unteroffizier, 769 Mannschaften und sechs Sanitätssoldaten, im Soldatenjargon »Pisspottschwenker« genannt. Etwas ganz Feines war der Portepee-Unteroffizier. Er war der Aristokrat unter seinesgleichen, vielfach mit einem Offizier gleichgesetzt, diesem häufig auch in der Beherrschung des militärischen Handwerks überlegen, und fast immer »altgedient«, d.h. er hatte sich auf mindestens 12 Dienstjahre verpflichtet, deshalb im Jargon auch »Zwölfender« genannt. Fachleute wissen, daß eine Armee immer so gut ist wie ihre Unteroffiziere. Die Unteroffiziere der Reichswehr waren hervorragend geschulte Männer, hart in der Schale, aber weich im Kern, voller Besorgtheit um das Wohl ihrer Soldaten, den »Laden« mit eiserner Faust zusammenhaltend, vorbildlich in Pflichterfüllung, Korpsgeist und Prinzipien. Ihnen allein war der rasche Aufbau (heute sagt man »Aufwuchs«) der Wehrmacht in den dreißiger Jahren zu danken. Sie waren der grundgesunde Stamm, auf den man ein zehnmal größeres Volksheer aufpfropfen konnte.

Die 1. (Feld-)Eskadron des 17. Reiterregiments zieht 1928 in Wasserburg über den Inn.

Man trug, zu grauem Tuch und grauem Stahlhelm, einen Karabiner, einen Säbel und, bis 1927, eine Lanze. Eine furchtgebietende Waffe aus grauer Vorzeit, die sich erstaunlich lange im Arsenal moderner Armeen gehalten hat. Auch mit der Pistole mußte ein Reiter vorzüglich schießen können, denn bei der Attacke galt es, rechts mit dem Säbel dreinzuhauen und links mit der Pistole, zwischen den Pferdeohren hindurch, zu schießen. Das wurde wieder und wieder geübt. Die Reiterzüge, Unterabteilung der Eskadron oder Schwadron, waren wieder in »Abmärsche« zu je vier Mann unterteilt. Warum Abmärsche? Weil der moderne Reiter nicht nur zu Pferde, sondern auch zu Fuß zu kämpfen hatte. Das ging so: vier Reiter und Pferde preschten vor, hielten irgendwo in voller Deckung, drei Mann saßen ab und stürmten zu Fuß weiter,

Die 3. Eskadron (Ansbach) übt 1924 in Münsingen den Vorbeimarsch im Trab.

Remontenschulung bei der 5. Eskadron in Bamberg 1925.

Die Bamberger pflegten stets die ihnen von den 12 ehemaligen Königlich-Bayerischen Kavallerieregimentern überkommende Tradition. So feierte man im September 1921 den »Regimentstag« des königl. bayer. 7. Chevaulegers-Regiments »Prinz Alfons«.

der vierte führte die vier Pferde am knappen Zügel wieder in Deckung zurück. Ob sich das jemals im Krieg so ereignet hat, entzieht sich der Kenntnis des Chronisten. Aber geübt wurde es »bis zur Vergasung«, zur großen Pein des Rekruten und zur Freude des ausbildenden Unteroffiziers, denn hier konnte er das ganze Repertoire seiner »Anschisse«, von Generationen überkommen, loswerden.

Eilen wir in der Chronik voran. Harte Arbeit war das Kennzeichen der frühen 20er Jahre. Aber man hatte Zeit, einen »Regimentsruf« einzuführen, an dem sich die Bamberger untereinander zu erkennen hatten. Und man führte eine einheitliche Namensgebung für die Pferde, das wichtigste »Material« des Regiments, ein. Vierjährige erhielten Namen mit dem Anfangsbuchstaben »A«, und man achtete dabei darauf, mit den Namen irgendwelche ruhmreichen Waffentaten oder Daten aus der deutschen Geschichte zu verbinden. Schon im Geburtsjahr des Regiments, 1920, wurde der 11. August, der »Lagardetag«, zum »Tag des Regiments« erhoben. Und am 18. Januar feierte das Regiment den Tag der Gründung des Deutschen Reiches, »bezeichnend für die Gesinnung des Regiments«, wie eine Chronik verzeichnet. Die 17er waren zwar Bayern, aber sie waren stramm großdeutsch und reichsfromm.

Neben der Ausbildung gab man sich im Offizierskorps den Freuden des Reitsports hin, und der scharfe Wettbewerb zwischen den einzelnen Reiterregimentern stachelte förmlich dazu an, es immer noch besser zu machen. Schon im Gründungsjahr ihres Regiments trugen die 17er eine begehrte Trophäe nach Hause: Eine Patrouille der 1. Eskadron unter Führung des damaligen Leutnants, späteren Generals Harteneck machte bei einer Vielseitigkeitsprüfung am 25. August in Berlin den ersten Preis. In der Gesamtwertung von Reiten und Schießen er-

Jagdspringen 1925 in Bamberg, rechts im Jagddress und in »englischem Sitz« der Rittmeister Hans Frhr. von Pechmann.

Rittmeister Otto Deßloch beim Pfingst-Turnier 1924 in Bad Kissingen.

Rechts:
Oberleutnant von Bressensdorff 1928 in Ansbach. Auch er kämpfte sich auf vielen Turnieren in den zwanziger und dreißiger Jahren in die Spitzengruppe der erfolgreichsten Bamberger Turnierreiter.

Leutnant Harteneck bei der Vielseitigkeitsprüfung 1920 in Berlin.

Links:
Alfred Sachenbacher, einer der besten und tollkühnsten Reiter des Regiments, als Leutnant beim Ausritt auf den Donauwiesen bei Straubing, 1930.

Adolf Freiherr von Seefried, Rittmeister Chef 4. Eskadron, auf »Kalypso« bei der Dressurprüfung 1935, Bamberg.

Rechts und gegenüber:
Einer der erfolgreichsten deutschen Turnierreiter, Oberstleutnant Kurt Hasse, Sieger im olympischen Jagdspringen bei den olympischen Spielen 1936 in Berlin. Er fiel am 9. Januar 1944 in Paleiewka in Rußland.

Links:
Rittmeister Luz, später Generalleutnant, bei einem Turnier 1930 in Nürnberg.

Rechts:
Rittmeister Fink auf »Adamar« im S-Springen 1935.

oberte das Regiment den Spitzenplatz unter den achtzehn Reiterregimentern des Reichsheeres und »stand damit an der Spitze der deutschen Kavallerie« (Chronist). Später gab es dann viele ruhmreiche Turniersiege im Galopp- und Hindernisrennen, und die Sieger hießen, um nur die bekanntesten unter den vielen zu nennen, Kratzer, Sachenbacher, Deßloch, Lotzbeck, Seefried, oder Claus Stauffenberg, der sich als Dressurreiter einen Namen machen konnte.

Die bei weitem beliebteste Kurzweil aber waren die alljährlich organisierten herbstlichen Reitjagden, zunächst in allen drei Standorten, ab 1924 nur noch in Bamberg. Das fröhliche Jagen auf echtes Wild, wie es heute noch in Frankreich und England praktiziert wird, hatte die Re-

Hubertusjagd in Döberitz 1935. Hier fochten alle deutschen Reiterregimenter um die verdiente Trophäe.

publik 1919 untersagt. So erfand man ein »simulacre«, bei dem ein Offizier, der vorher den Lauf der Jagd im Gelände ausgekundschaftet hatte, dem Feld als »Fuchs« weit vorausritt, aus einer am Sattel befestigten Flasche eine der Fuchs-Witterung ähnliche Flüssigkeit träufelnd, dem die »Meute« aus bis zu 50 Hunden zu folgen hatte. Man ritt in zwei »Feldern«, einem aus Offizieren, einem zweiten aus Unteroffizieren, und es ging mehrere Stunden lang über Stock und Stein, bis nach dem letzten Hindernis »Halali« geblasen wurde.
Auch wenn kein Wild auf der Strecke lag, erhielt jeder Teilnehmer einen »Bruch« aus der Hand der »Kommandeuse«, der Frau des Regimentskommandeurs, der der Jagd stets weit vorausritt. Für die Meute sorgte der »Master«, unterstützt von zwei »Piqueur-Unteroffizieren«. Der langjährige damalige Master, Oberleutnant Alfred Sachenbacher, erzählt, daß es nicht selten vorkam, daß die Hunde während der Jagd auf die Fährte eines echten Hasen oder Rehs stießen und dann in eine nicht festgelegte Richtung davonbrausten, bis sie, mühsam und zeitraubend, wieder auf die »richtige« Trasse gebracht werden konnten.

Sennelager 1927, in der Mitte Major Hirschberg, der im gleichen Jahr von Oberst Zürn, unter Beförderung zum Oberstleutnant, die Führung des 17. Reiterregiments übernahm. Zu seiner Linken Rittm. Frhr. von Speidel. Links außen der Inspekteur der Kavallerie, Gen.Lt. von Kayser.

Hubertusjagd 1937 in Bamberg. Major Fink, links im Vordergrund, führt das Feld an.

Leutnant Sachenbacher in den dreißiger Jahren in Bamberg mit einem Paket Meute-Hunden. Man beachte das Hunde-Baby zu Füßen des Apfelschimmels, der dem Hundetreiben fassungslos zuschaut.

Ende der Jagd, kurz vor der »Curée«. Regimentskommandeur Oberstleutnant Frhr. von Perfall, seit 1932 an der Spitze der Bamberger, belobigt die Meute. Im zivilen Reitdress Alfred Sachenbacher. Wir schreiben das Jahr 1934.

Offiziere des 17. Reiterregiments bei einer Vielseitigkeitsprüfung in Bamberg. Der dritte von links auf weißer Schabrake ist Leutnant Graf Stauffenberg.

Der Ausklang war dann ein ausgelassener Abend mit den Damen des Regiments.

Es gab einen Wanderpreis aus einer Abwurfstange eines Hirsches mit eingelassenem Trinkbecher, aus dem Ströme von Champagner in rauhe Reiterkehlen vergossen wurden. Wer ihn dreimal gewann, durfte ihn behalten. Zwei Offiziere des Regiments kostete das Vergnügen das Leben: Rittmeister Oskar Schaefer (1921) und Oberleutnant Lautenschlager (1931). Ein »Marterl« im Bamberger Hauptmoorwald erinnert an ihren tragischen Tod mitten im Frieden.

Ein Bild aus den Anfängen des Regiments. Es zeigt die vollständige 1. Eskadron des 17. (bayerischen) Reiterregiments in Bamberg (der Mann am äußersten linken Flügel ist nur noch zur Hälfte zu besichtigen). In der Mitte im Vordergrund die Eskadrons-Offiziere Rittmeister Deßloch, Major Frhr. von Schaetzler, Leutnant Frhr. von Waldenfels (von links).

Immer noch war das Regiment in drei Teile zerrissen. Das war dem Zusammenhalt und dem Korpsgeist abträglich. Deshalb freuten sich

alle auf die herbstlichen Übungsplatz-Aufenthalte, wo die Bamberger, die Ansbacher und die Straubinger endlich einmal zusammenkamen. Man übte nicht nur im Regimentsrahmen. Manchmal lagen zwei, drei Regimenter gleichzeitig auf demselben Platz, und dann schoß und ritt man im Brigade- oder Divisionsverband, und es flogen die Fetzen und wirbelten die Staubwolken wie einst bei Gravelotte und Lagarde. Manche der Plätze, auf denen man sich dem Kriegsspiel hingab, dienen noch heute der Bundeswehr, wie Munsterlager, Münsingen, die Senne bei Paderborn, oder das nahe Grafenwöhr. Andere lagen im Osten des Vaterlandes, Königsbrück bei Dresden, Ohrdruf im Thüringischen oder Altengrabow in der Magdeburger Börde. Die Offiziere nutzten das Wiedersehen, um sich bei »Herrenabenden« näher kennenzulernen und Karrierebeschwerden auszutauschen. Reserveoffiziere des Regiments, die irgendwo ihrem zivilen Beruf nachgingen, ließen sich während einer Übungszeit zu ihrem »Haufen« kommandieren, um fröhliche Urständ mit ihren Kameraden zu feiern und die steif gewordenen Hinterteile wieder geschmeidig zu machen. Das förderte ungemein den Zusammenhalt. Regimenter waren damals große Familien, zu denen die Frauen und Kinder der Offiziere und Unteroffiziere ebenso zählten wie die einfachen Männer. Man hatte keine Geheimnisse,

Leutnant Graf Stauffenberg, ein nicht identifizierter weiterer Leutnant und Rittmeister Frhr. von Speidel bei einer Marschpause auf dem Truppenübungsplatz Ohrdruf 1930. Im Hintergrund zwei pferdebespannte Kavalleriegeschütze auf Holzrädern, deren Schutzschilde schon denen der späteren Pak 3,7 ähneln. Es war die höchste Bewaffnung, die die Alliierten einer Reichswehr-Kavallerieeinheit zubilligten.

Truppenübungsplatz Munsterlager, 1931.
3 Bamberger (von links) im Arbeitsgalopp:
Leutnant Sachenbacher, Rittmeister Luz,
Leutnant Graf Stauffenberg.

teilte sich alles mit, es gab keinen Futterneid, es sei denn unter den vierbeinigen Kameraden, und man empfand einen ungeheuren Stolz, einer »Elite« anzugehören, die ein bißchen herablassend auf die »armen Schweine« von der »Fußfanterie« herunterblickte.
Wenn Soldaten ausgebildet werden, geht es in keiner Armee der Welt mit Samthandschuhen zu. »Gelobt sei, was hart macht«, hieß der Wahlspruch, und er grenzte ein weites Feld ein. Wenn eine Truppe nicht »spurte«, wurde sie »geschliffen«, bis sie »stand«. Der Nachkriegsfilm »08/15«, dessen Titel in seiner knappen Kürze den ganzen Kommiß trefflich wiedergab, hat diesem Schliff im alten deutschen Heer ein schönes Denkmal gesetzt. Niemand ist daran zugrunde gegangen, man war, im Gegenteil, gefeit gegen die schweren Anforderungen, die die unmittelbare Zukunft für jeden bereithielt. Es ist vorgekommen, daß Fahnenjunker-Jahrgänge in Bamberg sich freiwillig einem »Strafexerzieren«, der härtesten Form des Schliffs, aussetzten, um die Grenzen ihrer Belastbarkeit zu finden. Sie lagen etwa da, wo das Schweißwasser in der Gasmaske an Mund und Nase zu reichen begann.
Es gab Verletzte, und es gab auch Tote. Bei der 4. Eskadron verunglückte Wachtmeister Behr 1921 tödlich bei einer Handgranatenübung. Wir

wissen nicht, ob es sich bei dem Opfer um jenen legendären Ausbilder handelte, der, um seinen Rekruten die Angst vor dem Wurf einer entschärften Handgranate zu nehmen, sich eine solche auf den Stahlhelm band und sie über seinem Kopf zündete, dabei »jedesmal nur leicht in die Knie gehend«, wie spätere Ausbilder mit Stolz berichteten. Ein Jahr später kam Unteroffizier Reindl von derselben Eskadron bei einer Lanzenübung ums Leben. Die Lanze war eine gefährliche und vorsintflutliche Waffe, aber man blieb ihr noch fünf weitere Jahre lang treu, da man sich höheren Orts über die Rolle der Kavallerie in einer neuzeitlichen Armee wohl noch nicht endgültig klar war. Geschlossener Angriffskörper in der Tradition der großen Reiterschlachten Mann gegen Mann und Pferd gegen Pferd, oder Aufsplitterung in kleine bewegliche Aufklärungstrupps zur fächerhaften Erspürung des Feindes und nadelstichartigem Zuschlagen da, wo man überlegen ist? Mit einer Lanze aber kann man keine Nadelstiche versetzen, dazu genügt die Pistole und bestenfalls der Säbel. 1927, als die Lanze verschwand, um hinfort als Dekoration an Kasernentoren und Ministeriumszäunen zu dienen, hatte der unaufhaltsame Vormarsch des Motors dem kavalleristischen Träumen von glorreichen Jahrhunderten endgültig den Garaus gemacht.
Es war das Jahr, in dem die 17er Abschied nehmen mußten von ihrem Gründervater, dem ungewöhnlich beliebten Obersten Max Zürn, der von Oberstleutnant Freiherr von Hirschberg abgelöst wurde. Man feierte den alten Ulanen drei Tage lang, und am Schluß stand eine Parade der Bamberger Schwadronen im Galopp mit aufgestellter Lanze auf dem sandigen Kavallerie-Exerzierplatz, an der, man höre und staune und verschließe die Augen vor den Alliierten, ein Flugzeug der Münchner Messerschmittwerke teilnahm. »Er hatte die bayerische Rei-

Ein Bild aus dem Jahre 1920. Reiter des 17. Reiterregiments überwinden ein Hindernis mit der Lanze im Schaft. Die Lanze war damals noch, wie hunderte Jahre zuvor, die schärfste Waffe des Reiters. Drei Jahre später wurde sie abgeschafft. Aber das ging vielen Kavalleristen gegen den Strich. In einem als »Geheime Kommandosache« eingestuften Bericht des Rittmeisters Hübner an seinen Regimentskommandeur Oberstleutnant Hirschberg empfiehlt der Offizier dringend die Beibehaltung der Lanze als gefechtsentscheidende Waffe. Der Bericht fußt auf den Kriegserfahrungen des ehemaligen Chevaulegers-Offiziers Hübner und schließt mit den Worten: »Ich bin der Überzeugung, daß dieses mein Urteil über die Bewährung der Lanze von allen ehem. Offizieren der Bayer. K.D. geteilt wird«.

Schießausbildung auf dem Bamberger Stoex im Winter 1939/40. Leutnant Then, 1942 in Rußland gefallen, gibt dem Fahnenjunker Graf Kageneck, Autor dieses Berichts, einen Befehl.

Der General-Inspekteur der Kavallerie, Generalleutnant Kayser, wohnt 1928 den Manövern des Regiments im Chiemgau bei. Hier unterhält er sich mit dem Regimentskommandeur Oberstleutnant Frhr. von Hirschberg (rechts).

terei aus den Wirren der Revolution gerettet und in das 17. (bayerische) Reiter-Regiment den Geist und das Können der alten bayerischen Kavallerie hineingetragen«, berichtet ein Chronist aus jenen Tagen.
Die Politik jener turbulenten Jahre klopfte zuweilen an das Kasernentor, aber sie mußte, wie gesagt, draußen bleiben. »Sonst steht das Jahr unter dem Druck der innenpolitischen Verhältnisse und der Inflation«, vermerkt der Chronist militärisch knapp unter dem Jahr 1923. Er vermerkt nicht, daß es jungen, unverheirateten Offizieren immer schwerer wurde, mit ihrem schmalen Lohn dem galoppierenden Geldwertverfall die Stirn zu bieten. Trotz der drückenden Geldsorgen der Männer sammelt das Regiment im gleichen Inflationsjahr 154 000 Mark für die notleidende Ruhrbevölkerung und bringt nebenher noch 17 000 Mark für die Regimentskapelle auf.
»Der Hitlerputsch vom 8. und 9. November ging trotz Vereidigung des bayerischen Teils der Reichswehr auf den Kommandeur der 7. Division ohne besondere Zwischenfälle am Regiment vorüber«, berichtet, etwas rätselhaft, der gleiche Chronist ein paar Zeilen weiter. Man denke: Der noch gänzlich unbekannte Chef der »nationalsozialistischen deutschen Arbeiterpartei« hatte an den beiden Tagen versucht, die bayerische Regierung auszuhebeln und mit einem Marsch seiner Anhänger auf die Münchner Feldherrnhalle die Macht in Bayern und im Reich an sich zu reißen. Der Versuch war kläglich im Feuer der Münchner Landespolizei zusammengebrochen. Aber die Reichswehr war offensichtlich alarmiert und vorsichtshalber in ihren bayerischen Teilen auf einen simplen Divisionskommandeur, anstatt auf den Reichspräsidenten, vereidigt worden, und das im vierten Jahr der Weimarer Republik. Fürchtete man in Berlin, den Überblick zu verlieren

Die 4. Eskadron des Reiterregiments 17 defiliert in München vor dem bayerischen Kronprinzen Rupprecht. Der Hitlerputsch lag ein Jahr zurück, in die Reichswehr war wieder Ruhe eingekehrt. Es ist November 1924. Der Fahnenreiter trägt die Standarte des 1. Schweren Reiterregiments, dessen »Regimentstag« gefeiert war. Kronprinz Rupprecht war der Chef des 1. SRR.

Feldmarschall von Mackensen, lebendes Symbol der Tradition der deutschen Kavallerie, vom nationalsozialistischen Regime immer wieder zur Schau gestellt, ihm innerlich zutiefst abgeneigt, gleichwohl Faktor der »unpolitischen Armee«. Mackensen starb 96jährig im November 1945.

und die Verantwortung für eine Niederschlagung des Putschversuchs auf den Kommandeur der Münchner Garnison abzuschieben? Der Chronist gibt aus seinem Bamberger Blickwinkel keine Auskunft auf diese zeitgeschichtlich anregende Frage.

Die Alliierten hatten, wie gesagt, die Oberhoheit über die neue deutsche Armee, und sie befahlen anscheinend bis in die Schwadronen und Züge hinunter, was zu tun sei. »Infolge des Friedensvertrages von Versailles hatten die Eskadronen damals leihweise von der Infanterie sechs leichte Maschinengewehre (lMG) erhalten«, berichtet die Chronik. Das waren, wohlgemerkt leihweise, zwei Schnellfeuerwaffen pro Zug. Im Zweiten Weltkrieg verfügte eine Infanterie-Gruppe über zwei lMGs, also das dreifache. In der ersten Schwadron des Bamberger Regiments gab es auch etwas Denkwürdiges: den Holzkanonenzug, also eine wirkliche militärische Einheit aus 30 bis 40 Mann und einem Offizier, deren Aufgabe darin bestand, mit Attrappen schwere Bewaffnung vorzutäuschen und sie bei Übungen entsprechend einzusetzen. Auch das verlangten die Alliierten von den Deutschen. Aber so dumm und so nachteilig war das gar nicht mit den Attrappen, ob sie nun die Form von Kanonen, von Panzern oder von Flugzeugen hatten. Sie erlaubten es, ihre Bedienungen auch unter den gestrengen Augen der alliierten Kontrollkommissare an ihnen auszubilden, und als dann, ein paar Jahre und einen politischen Umschwung später, aus Holz und Pappe Eisen und Stahl wurde, waren die wirklichen Systeme sogleich feuerbereit. Etwas anderes war es mit den Rasseln, die von Maschinengewehrschützen geschwenkt wurden, wenn es gegen den bösen Feind

Oberstleutnant Freiherr von Hirschberg, Kommandeur 17. Reiterregiment von 1927 bis 1929.

Oberst Koch, der dritte Kommandeur des Regiments seit seiner Gründung.

ging. Der häufige Mangel an Platzpatronen zwang dazu, das Dauerfeuer aus einem Maschinengewehr akustisch mit einem Ersatz darzustellen.

So waren die Zeitläufte, und so dümpelte man der »großen nationalen Erhebung« der frühen dreißiger Jahre entgegen. Seeckt und sein Monokel gingen, es kam der General der Infanterie Heye als neuer Chef der Heeresleitung. Auch an der Regimentsspitze gab es einen Wechsel: Oberstleutnant Koch löste Freiherrn von Hirschberg ab, der das Regiment nur zwei Jahre lang geführt hatte. Beide waren alte bayerische Kavalleristen und landsmännisch nicht entfremdet. Das war 1929. Ein Jahr später durfte das Regiment bei Haßfurt vor den Augen des greisen Feldmarschalls und Reichspräsidenten Paul von Hindenburg üben. Es war die größte »Rahmenübung«, an der es bisher teilgenommen hatte, und sie war mit tage- und nächtelangen Märschen in die Bereitstellungsräume der 3. Kavallerie-Division verbunden, die an den Kräften von Mann und Pferd zehrten. »Wie groß aber war die Freude, und wie leuchteten die Augen, als der Ruf längs der Marschkolonne erscholl: ›Der Feldmarschall kommt vorbeigefahren!‹«, berichtet die Chronik weiter. Zum Abschluß gab es einen Paradegalopp in Schwadronslinie vor dem Reichsoberhaupt beim Städtchen Römhild in Thüringen. »Wenn auch die Eskadronen in Linie nicht mustergültig vorbeikamen, da dies seit Jahren nicht mehr geübt war, so bleibt es doch ein unvergeßliches Erlebnis«, schließt unser Chronist.

Die 17er wurden nicht müde, sich in die Siegerlisten der militärischen Wettbewerbe innerhalb der Reichswehr einzutragen. Und sie errangen ihre Triumphe nicht nur im Sattel. 1930 war auch das Jahr, in dem Eskadronen des Regiments beim Schießen mit Gewehr und lMG als erste der 3. Kavallerie-Division abschnitten, in dem sie den Divisions-Handballwettkampf gewannen und in dem der Gefreite Schönfelder von der 6. Eskadron Waldlaufmeister der Division und ein Jahr später »Heeresmeister« wurde. Das tat er zweimal in Folge und wurde dafür bevorzugt zum Unteroffizier befördert.

Münsingen in der Schwäbischen Alb in Schnee und Eis – 60 Jahre später von dort übenden französischen Nato-Kameraden als das »Sibirien Deutschlands« bezeichnet –, das war das Los des Regiments im harten Winter 1931/32. Dafür durfte man in Friedrichshafen am Bodensee den »Zeppelin« besichtigen, Deutschlands ersten bedeutenden Vorstoß in die Lüfte nach der Niederlage von 1918. Als man in die Kasernen zurückkehrte, fand man Flugblätter linker Organisationen, die inzwischen durch die Tore geschmuggelt worden waren, aber auch Blätter in flammendem Rot mit dem Hakenkreuz auf weißem Grund, die für eine Partei warben, die im Frühjahr 1932 schlagartig überall Stimmen in den deutschen Ländern gewonnen hatte und Anspruch auf die totale Macht im Staate erhob: die NSDAP Adolf Hitlers. »Bezeichnend für die damalige Zeit«, befand der Chronist zum Auftauchen dieser merkwürdigen Vögel, die man schnell wieder verbannte. Denkwürdiger noch ist, daß zum gleichen Zeitpunkt die Anordnung des Regimentskommandeurs Koch an alle Regimentsangehörigen erging, als »Führer alleinfahrender Wehrmachtsfahrzeuge Schußwaffen zu tragen, um sich gegen Überfälle zu sichern«. Es waren politisch ungewisse und spannungsreiche Zeiten, in denen die Straße den Schlägertrupps der Rechten und der Linken gehörte, politische Versammlungen oft im Blut endeten und immer wieder versucht wurde, Soldaten als Vertreter der neutralen Wehrmacht in die ideologischen Auseinandersetzungen hineinzuziehen. Im Mai hatte der wiedergewählte Reichspräsident von Hindenburg einen glücklosen Kanzler Brüning entlassen und bereitete das konservative Kabinett Papen vor. Aber auch dieses sollte sich, so war schon im Ansatz erkennbar, gegen das Aufkommen der braunen Flut nicht durchsetzen können.

Natürlich diskutierte man nun die politische Entwicklung in den Stuben und Kasinos an der Pödelsdorfer Straße, aber sie blieb strikt getrennt vom Dienstbetrieb. Und dieser stellte unverändert die höchsten Anforderungen. Die Offiziersanwärter mußten damals, nach ihrer Grundausbildung in den Eskadronen, die eineinhalb Jahre dauerte, ein Jahr Infanterieschule in Dresden und ein Jahr Kavallerieschule in Hannover absolvieren, ehe sie, mit den begehrten vier silbernen Plattschnüren des Leutnantranges auf den Schultern, wieder ins Regiment zurückkehrten. Vier Jahre waren also vom Fahnenjunker bis zum Offizier zu durchlaufen, und der Mann, dem man die Truppe anvertraute, war dann topfit in Handwerk und Militärwissenschaft.

Einer der besten Offiziere des Regiments, der damalige Regimentsadjutant Oberleutnant Sauerbruch, hat das in einer Chronik der Zwischenkriegszeit so dargestellt: »Sie (die Kommandeure) setzten alles daran,

Peter Sauerbruch, Rittmeister und Chef 1. Schwadron Aufklärungsabteilung 27, im Sommer 1940 im Park seines Quartiers im Dörfchen Champcenest bei Paris. Zur Linken des letzten Friedensadjutanten des Regiments sein Vater Geheimrat Sauerbruch, der damals berühmteste Chirurg Deutschlands.

Können und Verantwortungsfreude der Offiziere, Unteroffiziere und Mannschaften zu fördern. Hatten die Siegermächte geglaubt, die Reichswehr durch einen hohen Anteil an Kavallerie stumpf zu halten, trat gerade das Gegenteil ein. Schon jetzt wuchs eine Führungselite heran, die die traditionellen Stärken der Kavallerie auf moderne Verhältnisse zu übertragen verstand. Der schnelle Entschluß, der ›Sattelbefehl‹, das ›den Feind nie aus den Augen lassen‹, ›überraschendes Zupacken‹, ›geschicktes Hinhalten des Gegners‹, und schließlich das ›Durchstoßen in die Tiefe des Feindgebiets ohne das Aufrücken der Nachbarn abzuwarten‹ bildeten die Grundlagen für die späteren Siege der deutschen Waffen.« In der Tat: Wer die Ausbildung der damaligen Jahre am eigenen Leib erlebte, erinnert sich, wie diese Grundsätze des selbständig denkenden und handelnden Kavallerieoffiziers immer und immer wieder gelehrt und geübt wurden. Sie bildeten, wie Sauerbruch richtig bemerkt, die Grundlagen für die überraschenden Erfolge der deutschen Truppen in den ersten drei Kriegsjahren, Grundlagen, die nach 1945 von den Siegern übernommen wurden.

Im Oktober 1932 ging Oberst Koch, und es kam Oberstleutnant von Perfall, ein Freiherr aus urbayerischem Hause, schmal wie eine Raubkatze, mit dem Sattel verwachsen, den Monokel fest in der Klemme,

Die Offiziere des 17. (bayerischen) Reiterregiments am 3. November 1932 in Straubing. Sei umringen ihren neuen Regimentskommandeur Freiherr von Perfall. Es ist der Hubertustag.

brillanter Reiter und Causeur, Liebling der Damen der Garnison. Vor allem aber ein Offizier, der als Schwerer Reiter im Krieg seinen Mann gestanden, eine Freiwilligeneskadron seiner alten Mannschaft durch die Revolutionswirren geführt und die ersten Schritte des neuen Regiments als Rittmeister und Schwadronschef begleitet hatte, ehe er ins Reichswehrministerium nach Berlin versetzt wurde. Nun war er wieder in Bamberg und wurde mit Jubel begrüßt. Er blieb ebenfalls nur zwei Jahre, bis zum Herbst 1934, und als er ging, war das alte Regiment nicht mehr wiederzuerkennen.

Denn inzwischen war der Sturm der nationalsozialistischen Machtergreifung über Deutschland hinweggegangen und hatte auch die Armee in seinen Strudel gerissen, einen Strudel, den viele, vor allem jüngere Offiziere erwartet und erhofft haben mochten. Vorbei war es nun mit der »nationalen Erniedrigung«, der »Schande von Versailles« und ihren Folgen für die Soldaten, vorbei mit dem ewigen politischen Gezänk in den Straßen und Kneipen, vorbei mit der Herabsetzung des Soldatenstandes in den Gazetten der Linken. Daß dies alles mit Terror und »Gleichschaltung«, mit Verhaftung Zehntausender und ihrer Einkerkerung in die ersten Konzentrationslager erkauft wurde, wußte man nicht oder sah man nicht. Die Ketten von Versailles waren gefallen, der Aufbau einer neuen, modernen Armee konnte beginnen, es würde Wirbel geben und Ärmelaufkrempeln und Abschied von vielen lieben Kameraden, mit einem gewissen langweiligen Routinebetrieb würde Schluß sein, aber man gab sich dem allen mit Freude hin. Denn es konnte ja nun alles nur noch besser werden, die Karriere, der Komfort und das Selbstwertgefühl.

Der Chronist berichtet militärisch knapp, aber nicht ohne innere Erregung, in der Sprache der damaligen Zeit, über das Ereignis. »Es kam das Jahr 1933. Dieses brachte die Berufung Adolf Hitlers als Reichskanzler durch den greisen Generalfeldmarschall von Hindenburg (daß dieser hauptamtlich Präsident der Republik war, wird immer verschwiegen), und hicrmit die nationale Erhebung.« Später stellt er fest, daß es »Hauptziel des Führers war, die Wehrhaftigkeit des deutschen Volkes wiederherzustellen«, und daß »das Heer nun zeigen konnte, wie es als echtes Führerheer die Stämme für das Volksheer stellen konnte«. Die Umwälzung im Staat hätte sich, auf diese glänzende Truppe gestützt, in Ruhe und Ordnung vollziehen können.

Und hier endet auch schon der kurze Ausflug der Regimentschronik in die Politik. Das Regiment kehrt wieder zum militärischen Alltag zurück, und es hatte damit alle Hände voll zu tun. Denn nun begann der große »Aufwuchs« vom Hunderttausend- in ein Millionenheer, der praktisch in fünf Jahren bewältigt wurde. Einheiten mußten abgestellt, andere aufgenommen, wieder andere verdünnt werden, um als Kader-

Oberstleutnant Freiherr von Perfall, der 4. Kommandeur. Als Rittmeister hatte er 1919 zusammen mit seinem Regimentskameraden Speidel das kurzlebige Reiterregiment 21 in Straubing aufgestellt. Vorher war er an der Niederschlagung der Räterepublik in München beteiligt.

»Führers Geburtstag«, 20. April 1939 in Bamberg. Die Fahne des Kavallerieregiments 17 bei der Parade, eskortiert zu ihrer Rechten von Oberleutnant von Hößlin, ihrer Linken von Oberleutnant Frick, dem Sohn des damaligen Innenministers. Die beiden eskortierenden Offiziere waren am selben Tag zum Oberleutnant befördert worden.

truppe zu Neuaufstellungen zu dienen. Offiziere und Unteroffiziere wurden reihenweise versetzt, Kasernen neugebaut, so die Stallungen und die Reitbahn in der alten Infanteriekaserne an der Pödelsdorfer Straße. Es herrschte die Hektik eines großen Aufbruchs und Umzugs, meisterlich gezügelt von dem erfahrenen Freiherrn an der Spitze, dessen Monokel mal hier, mal da auftauchte im Blitzen der Morgensonne. 1934 war das Jahr der Wiedervereinigung des Regiments, die Standorte Ansbach und Straubing wurden aufgelöst, die dort bisher stationierten vier Eskadronen kamen zur Hälfte nach Bamberg und hatten somit das Glück, beritten bleiben zu können. Die beiden jeweils anderen Eskadronen mußten ihre vierbeinigen Kameraden abgeben und gingen nach Eisenach im benachbarten Thüringen, um dort den Stamm für ein Kradschützen-Bataillon zu bilden. Die Kradschützen, nach einer alten, etwas abgewandelten Reiterweisheit, waren »nicht Mensch noch Vieh, aufs Motorrad gesetzte Infanterie« (»Krad« von »Kraftrad«, wie die ersten Motorräder im 19. Jahrhundert hießen). Aber sie kamen nicht nur von der Reiterei, sie kämpften auch wie die Reiter, nämlich abgesessen, nachdem sie vorher von einem Vehikel, hier Motorrad, zum Einsatzort gebracht worden waren.

Damit hatte im neuen deutschen Heer die Motorisierung, energisch vorangetrieben von Männern wie Lutz, Thomale und vor allem Guderian, eindeutig die Oberhand über die beweglichen Verbände vergangener Zeiten gewonnen. Auch im Regiment selbst griff sie um sich. Man schuf eine »Stabseskadron«, die aus einem Nachrichtenzug, einem Panzerabwehrzug und einem Kavallerie-Pionierzug bestand. Bei der anschließenden 1. Eskadron gab es einen Maschinengewehr- und einen Minenwerferzug, letzterer ein Überbleibsel aus dem Grabenkrieg des Ersten Weltkrieges, später in »Granatwerferzug« umbenannt. Das alles waren motorisierte Soldaten, und diese, verächtlich »Benzinesel« genannten Teile des Regiments, hatten, wie jedermann wußte, die Tendenz, immer weiter um sich zu greifen und den berittenen Teil, der sich schon von den »Radfahrschwadronen« eingeengt fühlte, immer weiter zurückzudrängen. Wer aber das Glück hatte, bei den berittenen Eskadronen zu bleiben, war sich des Neides seiner Kameraden bewußt. Bis zuletzt, als längst die »Panzerspähwagen« die letzten Pferde abgelöst und sich die feldgrauen Reiter in schwarz gekleidete Panzermänner verwandelt hatten, blieb es so. Reiter und Panzerspähmänner hatten die »feinen Hausnummern« in den Aufklärungsabteilungen, sie waren die ersten Schwadronen, die anderen, nicht weniger tapfer, hatten das Nachsehen.
»Der Herbst 1934 stellt einen Wendepunkt in der Entwicklung (des Regiments) dar«, notierte der damalige Regimentsadjutant Sauerbruch, »von nun an beginnt der Heeresaufbau. Aus der personellen Substanz fließen wertvolle Kräfte an Neuaufstellungen ab.« Hinter dem nostalgischen Satz steckt die Trauer um den Abzug vieler lieber Kameraden. Bis zu 40 Prozent des aktiven Offizierskorps und weit über die Hälfte der altgedienten Unteroffiziere des Regiments, mußten damals den Standort wechseln. Fast alle gingen sie zu motorisierten oder teilmotorisierten, neu aufgestellten Verbänden. Hier vollzog sich die Blutübertragung, von der wir weiter oben sprachen. Was an »kavalleristischem Gedankengut« mehr als ein Jahrzehnt lang eingebleut und eingeübt worden war, floß nun in das neue deutsche Heer und beeinflußte die Führungsgrundsätze der künftigen großen Panzerführer. So führt eine gerade Linie von den Ziethens und den Seydlitzens und den Kleists des »Alten Fritz« zu Guderian, Rommel und Model im Zweiten Weltkrieg und darüber hinaus zu den Panzermännern der Bundeswehr. Das Scharnier aber lag in jenem Jahr 1934, als im Bamberger Reiterregiment, wie in allen 17 anderen Regimentern der alten Reichswehr, die Zellteilung zwischen Pferd und Motor vollzogen wurde.
Im Herbst 1934 ging auch »Gustl« Perfall, um dem neuen Kommandeur, Oberst Fremerey, den Platz im Sattel zu überlassen. Der Baron blieb Bayern treu und übernahm das Kommando über die 6. Kavalle-

rie-Brigade, zu der das Regiment gehörte und die ihren Sitz sogar in Bamberg hatte. Zu seiner Verabschiedung am 20. September 1935 hatten sich noch einmal alle Offiziere des alten Regiments im Kasino eingefunden, und der scheidende Kommandeur verabschiedete gleichzeitig 18 von ihnen in ihre neuen Dienststellungen. Es gab eine Abschiedsparade und einen Großen Zapfenstreich, und es flossen Tränen und Champagner. Das Regiment hieß jetzt nicht mehr 17. (bayerisches) Reiterregiment, sondern »Kavallerie-Regiment 17«, wobei es auch bleiben sollte. Die »Eskadronen« wurden in »Schwadronen« umbenannt, was den Abschied brachte von einer der schönsten militärischen Bezeichnungen, welche die Deutschen von den Franzosen, ursprünglich den Italienern (von squadrone, viereckiger Haufen) übernommen hatten. Der neue Kommandeur war der erste Nicht-Bayer in der Geschichte des Regiments. Aber er hatte sich bei seiner vorherigen Verwendung im Stab der 3. Kavalleriedivision gut akklimatisiert und wurde wohl gelitten, zumal er ein hervorragender Reiter war und dies gleich auf der ersten Reitjagd auf den Regnitzwiesen von Strullendorf nach Bug der Bevölkerung vor Augen führte. Auch gründete Oberst Fremerey, aus altem hugenottischem Geschlecht und in Köln geboren, den »Militärsportverein Bamberger Reiter«, der sich bis 1945 großer Beliebtheit erfreute und zu beachtlichen sportlichen Leistungen im Regiment, auch auf nichtreiterlichen Feldern, führte. Kurz vor Übernahme seines Kommandos war das nunmehr in Bamberg vereinigte Regiment übrigens zum ersten Mal geschlossen vor der Bevölkerung seines nun endgültigen Standorts aufgetreten: Am 6. August 1934 nahm es in feierlicher Aufstellung an den Trauerfeierlichkeiten zum Ableben des Reichspräsidenten von Hindenburg teil. Wenig später wurden die Soldaten dann auf den neuen »Führer und Reichskanzler Adolf Hitler« vereidigt.

Oberst Fremerey bei der Übernahme des Regiments 1934 in Bamberg. Neben ihm Rittmeister Rübsam.

Bei all der Hektik und dem ständigen Personenkarussell war es nicht immer leicht, auch noch Ausbildung zu betreiben. Es gab immer wieder Umzüge. Die alte Kaserne des Ulanenregiments wurde von einer Artillerie-Abteilung belegt, die Reiter mußten in die alte Infanteriekaserne umziehen, aber das erst, als die dort einquartierte Polizeischule Bamberg ausgezogen war. Für die 17er wiederum gab es dort zunächst nur ein einziges Mannschaftsgebäude, in die übrigen zog wieder Infanterie ein und zwar das I. Bataillon des Nürnberger Infanterieregiments. Im Jahr 1935 entfiel sogar die übliche Rekruteneinstellung am 1. Oktober, weil einfach kein Platz da war für die jungen Männer. Auf der anderen Seite fehlte es bald empfindlich an Unteroffizieren zur Ausbildung, man mußte sie sich von anderen Truppenteilen im Wehrkreis ausleihen. Schließlich wurde in Bamberg noch ein Panzerregiment aufgestellt, das dritte seines Zeichens, später abgelöst durch »Panzer 35«, und hier leisteten die 17er wieder einmal Geburtshilfe, indem sie einen Panzerabwehr- und einen Pionierzug als Stammtruppe abgaben. Kurz, es war eine Titanenaufgabe für Regimentskommandeur Fremerey, den ständig auseinanderlaufenden Haufen beisammenzuhalten, und nur sein norddeutsches Kaltblut wird sie ihm ermöglicht haben.

Das neue Regime machte sich bald überall bemerkbar. Die Truppe wurde politisiert, der Nachwuchs kam bald aus der Hitlerjugend, die Wehrmacht, wie sie nunmehr hieß, war nicht mehr »Staat im Staate«, sondern als »Waffenträger der Nation« fest in das Leben des Volkes eingebunden, und dieses Volk war gleichgeschaltet mit ausgestrecktem rechten Arm und linker Hand auf dem Koppelschloß. Jedermann trug Uniform, und marschiert wurde schon längst nicht mehr nur in den Kasernen. Die Wehrmacht wurde auch in das Leben der Partei einbezogen. Nur eine Pferdeseuche, auf dem Truppenübungsplatz Grafenwöhr eingefangen, bewahrte das Regiment davor, 1934 als Paradetruppe auf dem »Reichsparteitag« in Nürnberg aufzutreten – obwohl der Befehl dazu, wie die Chronik weiß, »im Regiment freudig begrüßt wurde«. Dafür durfte das Trompeterkorps ein halbes Jahr später »an einer Konzertreise durch die Pfalz, eingeladen von der NS-Volkswohlfahrt und ›Kraft durch Freude‹«, teilnehmen. Ältere Offiziere sahen das mit Mißfallen, jüngere fanden es ganz natürlich. »Soldat im Volk« hieß die Parole, und wenn nach 1956 eine »Ohne-mich«-Bewegung den mühsamen Aufbau einer neuen deutschen Armee begleitete und die Politik den Streitkräften lange mit Mißtrauen begegnete, so auch wegen der forcierten Politisierung der Truppe im 3. Reich.

Aber es gab auch »klinisch rein« militärisches Schauspiel, wie die immer wieder begeistert von den Bambergern aufgenommenen Paraden auf dem Infanterieexerzierplatz oder das Zapfenstreichen auf dem

Schönleinsplatz. Und es gab immensen Bedarf an Besichtigungen bei der höheren Führung bis hinauf zum Oberbefehlshaber des Heeres, Generaloberst Freiherr von Fritsch, oder zum Chef des VII. Armeekorps Freiherr von Weichs, oder dem Generalinspekteur der Kavallerie, von Pogrell, der bei einer Besichtigung einmal so schwer stürzte, daß er wochenlang den Dienst aussetzen mußte. Ein Heer in rapidem Aufbau mußte streng in Augenschein genommen werden, denn wer konnte sicher sein, daß bei der 1936 eingeführten allgemeinen Wehrpflicht und zweijährigen Dienstzeit (gegen zwölf in der alten Reichswehr) die Qualität der Ausbildung immer den Ansprüchen entsprechen würde. »Statt 10 bis 15 Rekruten kamen bei den Schwadronen nun plötzlich bis zu hundert an, und man wußte nicht immer, wo die Pferde und die Waffen für diesen Zuwachs herholen«, vermerkt der Regimentschronist in jenem Jahr.

Aber am Ende einer rastlosen zweijährigen Aufbauarbeit stand das Regiment, nunmehr »Kavallerieregiment« genannt wie zu Zeiten der bayerischen Könige, wie ein Block auf soliden Pferdebeinen und Gummireifen. Ein stolzer großer Haufen aus ganzen elf Schwadronen, von denen immer noch fünf beritten waren, drei weitere geräuschlos auf Fahrrädern daherkamen und der Rest, motorisiert, aus Panzerabwehr, Kavalleriegeschützen, Panzerspähwagen und Nachrichten-(Funk)wagen bestand. Das wurde zwar immer wieder geändert, aber der Rahmen blieb erhalten – bis zum Kriegsfall.

Und der wurde, je rascher die Zeit voranschritt und je abenteuerlicher die Politik des neuen deutschen Reiches wurde, bald von niemandem mehr ausgeschlossen. Selbst unser zuweilen so euphorischer Chronist berichtet, daß am »großen Tag des Einmarsches in das entmilitarisierte Rheinland« mancher Regimentsangehörige »der Meinung war, daß es nun ernst werden würde«. Das war im März 1936. Hitler hatte eine weitere Klausel des Versailler Vertrages gebrochen und war auf das militärisch neutrale linke Rheinufer vorgedrungen. Unbezweifelbar ein Freudentag für alle Deutschen. Aber wie würden die Alliierten, vor allem die Franzosen, reagieren? Sie reagierten gar nicht, und Hitler konnte sich von nun an zurecht als einen brauchbaren Pokerspieler betrachten. Aber Oberst Fremerey hatte das Regiment alarmiert, und nach dem Mob-Plan waren Reiterzüge für die Infanterieaufklärungsabteilungen aufgestellt worden, die aber nicht ausrückten. Nun aber wurde allen bewußt, daß, wenn es wirklich zum Krieg kommen würde, wieder einmal das große Abschiednehmen voneinander als erstes bevorstand. Denn das Regiment würde im Mob-Fall nicht zusammenbleiben und als geschlossener Verband eingesetzt, sondern in fünf voneinander getrennte Aufklärungsabteilungen auseinanderfallen, in alle Himmelsrichtungen und an alle Fronten zerstreut. Man nannte diese

Eine Aufnahme aus dem Jahre 1938, dem Jahr der Sudetenkrise und des Beinahe-Schießkrieges, in dem in Frankreich bereits mobilgemacht wurde und der britische Premierminister Chamberlain nach Godesberg flog, um den Streit mit Hitler gütlich beizulegen. In Bamberg wurde ausgebildet und der Eventualfall ins Auge gefaßt. Das Bild zeigt die 5., die Ausbildungs-Schwadron des Kavallerieregiments 17, mit dem Schwadronschef Fürst Castell in der Mitte der untersten Reihe, umgeben von seinen Schwadronsoffizieren (v.l.n.r.) Leutnant Frhr. von Schrottenberg, Oberleutnant Geipel, Rittmeister Hasse, Rittmeister Momm (die beiden letzteren zur Schwadron kommandiert), Leutnant Frhr. von Perfall. Auf der dazugehörigen »Legende« führt der Chronist der damaligen Zeit 134 Männer auf, von denen er nur 13 nicht identifizieren konnte.

Abteilungen »t-mot« (teil-motorisiert), weil sie aus einer Reiter-, einer Radfahr- und einer »schweren« Schwadron (mit schweren Waffen) bestanden, ganz offensichtlich zum Spähen, Sichern, Umgehen, kurz, Aufklären bestimmt, wie ihr Name es sagte.

Der nächste »Ernstfall« kam genau zwei Jahre später, im März 1938. Der Österreicher Hitler wollte sich seine alte Heimat wiederholen, die er 1914 mit seinem Eintritt in ein Münchner Infanterieregiment verlassen hatte, und sie seinem Reich einverleiben. Das nahmen ihm nicht einmal die alliierten Präzeptoren Germanias übel, denn sie reagierten wieder nicht und ließen den »böhmischen Gefreiten«, wie Hindenburg ihn genannt hatte, gewähren. Wieder gab es einen Triumphzug, wieder Blumen in den Läufen der Gewehre und endlosen Jubel, und diesmal waren die Bamberger mit fünf kriegsstarken Aufklärungsabteilungen dabei. Und sie waren dabei, als es ein paar Monate später, unter Führung der Majore Freiherr von Waldenfels und Scholl ins Sudetenland ging. Der »Führer« hatte es in München, im Beisein von Mussolini, Chamberlain und Daladier, fein säuberlich aus dem tschechoslowakischen Staatsverband herausoperiert. Aber irgendwie fühlten die beteiligten Reitersmänner und ihre Offiziere, daß das Maß nun bald voll sein würde, und der Jubel der Sudetenländer konnte daran nichts ändern.

Im Frühjahr 1939 – noch schneite es im Süden Deutschlands und im angrenzenden Böhmen und Mähren – brach Hitler das Münchner Abkommen und marschierte in die »Rest-Tschechei« ein. In anstren-

genden tage- und nächtelangen Landmärschen waren auch Bamberger Reiter an dieser »Marschübung« beteiligt. Wir kennen die Bilder der zornig die Fäuste ballenden und vor Wut weinenden Prager, um zu wissen, daß der Chef des großdeutschen Reiches hier den fatalen Schritt zu weit gegangen war. In den europäischen und amerikanischen Hauptstädten glaubte man ihm von nun an nicht mehr. Hieß es nun: »Bis hierhin und nicht weiter.« Hitler erklärte Böhmen und Mähren zum »Reichsprotektorat«, die Slowakei wurde in einen Vasallenstaat Deutschlands verwandelt. Damit war Deutschland international geächtet. Europa taumelte dem Abgrund zu.

Nun war das Regiment topfit. Es hatte seine endgültige Form für den bevorstehenden großen Einsatz gefunden. Jeder kannte seinen Platz. Immer und immer wieder wurde geübt, und mehr als zuvor im Abteilungsrahmen, wie es die kommenden Aufgaben erfordern würden: Reiter, Radfahrer, Panzerspäh- und Panzerabwehrmänner, Pioniere, Kavalleriegeschütz-Bedienungen und Funker. Der letzte Rekrutenjahrgang vor dem Krieg war im November 1938 eingezogen worden. Zum ersten Mal waren auch »Ostmärker« dabei, die neuen Landsleute aus dem angeschlossenen Österreich. Im Sommer 1938 war sogar eine geschlossene Schwadron des ehemaligen österreichischen Heeres ein paar Wochen zu Besuch in Bamberg gewesen, und man hatte sie um ihren Namen beneidet. Sie hießen »Prinz-Eugen-« und »Montecuccoli-Dragoner« und verbreiteten, auch in ihrer Art sich zu geben und im Kasino mit exquisiten Manieren aufzuwarten, einen Hauch von Barock und 17. Jahrhundert. Doch die Österreicher mußten auf deutschen Standard angehoben und an den moderneren deutschen Waffen ausgebildet werden. Man paukte ihnen die deutsche »HDV«, die Heeres-Dienstvorschriften ein, deren – von einigen Witzbolden herausgegebene – »00«-Nummer das Verhalten des Reiters auf der Toilette festlegte. Aber was Reiten und Tradition anging, konnten sich die »Alt«- oder Reichsdeutschen von ihnen eine Scheibe abschneiden. Zwischen »Schnürschuhkameraden« und »Piefkinesen« kam es dann auch bald zu guter Kameradschaft, die sich im Krieg bis zum Ende 1945 bewährt hat.

Die Einsätze in Österreich, dem Sudetenland und der Tschechoslowakei waren sozusagen der letzte Aufgalopp gewesen, den Hitler seinen Truppen verordnet hatte. Bei den letzten beiden hatte man, kriegsmäßig, scharfe Munition mitgeführt. Man kannte jetzt die Grenzen der Leistungsfähigkeit von Mann, Pferd und Motor. Die Novemberrekruten hatten sich in den Dienstbetrieb eingelebt und waren bei den Märschen nach Prag und Mährisch-Ostrau schon dabeigewesen. So kam der Sommer 1939, der letzte im Frieden. Er war heiß und erregend, und er hatte etwas von Endzeitstimmung. Hitlers Stimme bellte immer aggressiver im Radio. Man wußte, daß er sein Augenmerk jetzt auf Polen gelenkt hatte, auf das letzte Stück ehemals deutschen Bodens, das noch nicht ins Reich heimgekehrt war, den polnischen Korridor, der Danzig und Königsberg von Berlin trennte. Es kam der Flug von Ribbentrop nach Moskau und mit ihm die Sensation: Deutschland und Rußland, besser das nationalsozialistische Großreich Hitlers und die marxistische Sowjetunion Stalins, hatten sich für den Angriff auf Polen und die Aufteilung Osteuropas miteinander verbündet. Das war, wie jeder ahnte, der Krieg.

Ab 23. August wurde in Deutschland, in Polen, in Frankreich und sogar in England mobilgemacht. Acht Tage noch hielt die Geschichte den Atem an, eilten Diplomaten hin und her, glühten die Telegraphendrähte. Hitler wollte loslegen. Nichts fürchtete er mehr, als daß einer dieser Herren im Bratenrock ihm noch einen Strich durch die Rechnung machen könnte. Vier Poker-Coups waren ihm gelungen. Warum nicht dieser fünfte?

Auch in Bamberg war der Mob-Befehl ergangen. Die fünf vorgesehenen Aufklärungsabteilungen stellten sich zusammen und machten sich zum Abmarsch fertig, wie man es so oft geübt hatte. Das geschah in grimmiger Entschlossenheit. »Alea est jacta – die Würfel sind gefallen«, schreibt ein Regimentsangehöriger heute im Rückblick auf jene dramatischen Tage, »das Schicksal nahm seinen unvorhergesehenen und tragisch-schrecklichen Verlauf – für Deutschland, Europa und einen Großteil der Welt.« Und ein Chronist von damals notiert:

»Gemäß der Mob-Verwendung hörte bei Kriegsausbruch 1939 das Kavallerie-Regiment 17 nach Aufstellung von fünf Divisions-Aufklärungsabteilungen und mehreren Infanterie-Reiterzügen auf zu bestehen.«

In Bamberg blieb die Kavallerie-Ersatzabteilung 17 zurück. Zwischen Polen- und Frankreichfeldzug wurden noch einmal Teile der Reiterschwadronen des Regiments zur neuaufgestellten 1. Kavalleriedivision in Ostpreußen abgestellt, die als 24. Panzerdivision in Stalingrad endete. Es war der letzte große Aderlaß im Frieden, der den Bambergern zugefügt wurde.

Zitieren wir noch einmal Peter Sauerbruch, den letzten Regimentsadjutanten im Frieden und nachmaligen Obersten im Generalstab, der im Frankreichfeldzug noch eine Reiterschwadron des Regiments in der Aufklärungsabteilung 27 führen konnte. Er beschreibt meisterlich, und in generalstabsmäßigem »understatement«, die Dramatik jener letzten Friedensjahre:

»Die Jahre zwischen 1934 und dem Kriegsbeginn im September 1939 stellten höchste Anforderungen an das ganze Regiment. Immer aber blieb auch Zeit für reitsportliche Veranstaltungen, selbst noch in den

Jahren der wachsenden Spannung fanden Turniere in den herrlichen Anlagen des Bamberger Stadions statt. Unvergessen bleiben die Herbstjagden in der für den Reiter paradiesischen Umgebung der Stadt. Mit dankbarer Freude nahmen die 17er aber auch das auf hohem Niveau stehende kulturelle Angebot der Stadt an. Sie fühlten sich geborgen in der Freundschaft, die die Bürger ›ihren 17ern‹ entgegenbrachten.«

Es ist, nicht frei von Nostalgie, das Hohelied auf eine verklungene Zeit, in der noch Hufgeklapper in den Straßen einer alten deutschen Kaiserstadt hallte, die Bevölkerung ihre Reiter abgöttisch liebte, und diese ihr die Liebe in vielen soldatischen Schaustücken und karitativen Dienstleistungen reichlich vergolten. Das Dröhnen des Krieges sollte dies alles von nun an übertönen. Und als das Inferno der Bomben und Granaten verklungen war, hatte Bamberg als Reitergarnison für immer zu existieren aufgehört.

KAPITEL 3

Die Bamberger im Krieg

Geht man von der Annahme aus, daß Soldaten dazu da sind, Kriege zu führen, wobei sie sich zu keiner Zeit die Frage vorgelegt haben, ob ein Krieg gerecht sei oder nicht, so waren die Bamberger am 1. September 1939 um 04.45 Uhr in ihrem Element. Für diesen Zeitpunkt hatte Hitler am Vortage gegen 16 Uhr den Befehl zum Angriff auf Polen gegeben. Diesem waren dramatische Tage und Stunden vorausgegangen, Drohungen aus Warschau, aus Paris und aus London, Vermittlungsversuche aus Rom und Stockholm, Warten auf einen polnischen Unterhändler, der nicht kam, ein erster Befehl zum Angriff für den 26. August, der widerrufen wurde (Tausende deutscher Soldaten mußten auf dem Weg zur polnischen Grenze wieder kehrt machen, einige Einheiten konnten nicht mehr rechtzeitig verständigt werden) – und dann schließlich der endgültige, »erlösende« Befehl für den 1. 9. Die Blumenkriege waren zu Ende, der Schießkrieg begann.

Das Kavallerieregiment 17 hatte sich schon ab 23. August in seine verschiedenen Aufklärungsabteilungen entfächert, und diese waren in Tag- und Nachtmärschen auf dem Weg zu ihren Divisionen. Fünf deutsche Armeen mit 62 Divisionen, darunter sieben gepanzerten,

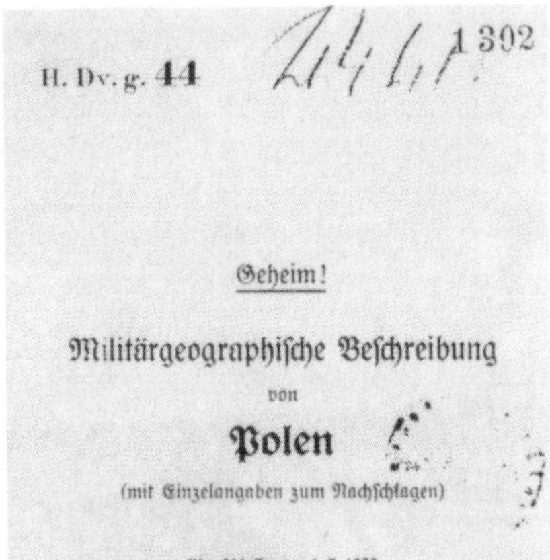
H. Dv. g. 44 1302

Geheim!

Militärgeographische Beschreibung

von

Polen

(mit Einzelangaben zum Nachschlagen)

Abgeschlossen am 1. 7. 1939

Generalstab des Heeres 9. Abteilung

Berlin 1939

waren aus Ostpreußen, Pommern, Schlesien und der Slowakei heraus zum Angriff angetreten. Man mag sich vorstellen, was das für ein Gewimmel auf Straßen und Schienensträngen war. Alles mußte rasch und reibungslos gehen, zum Rasten blieb keine Zeit. Aber die Bamberger Reiter hatten ihre Lektion gut gelernt, sie waren gestählt worden in vielen Einsätzen und Manövern, und sie brannten darauf – wer kann es ihnen verübeln – sich nun mit einem Gegner messen zu können, dessen »Frechheiten« in den vorausgegangenen diplomatischen Scharmützeln, von der Nazi-Propaganda gewaltig aufgebauscht, einem »ganz schön auf den Wecker gegangen« waren. Einem Gegner auch, der weitaus mehr Kavallerie in seinen Reihen zählte als auf deutscher Seite, und dessen Tapferkeit man kannte. Man würde sich also auf Kämpfe von Reiter gegen Reiter – wie 1914 – gefaßt machen müssen.

Das Bamberger Regiment hatte die Infanteriedivisionen 7, 10 und 27 sowie die 1. Gebirgsdivision mit je einer Aufklärungsabteilung versehen. Hinzu waren Abstellungen an die Aufklärungsabteilung 231 gekommen, die in dritter Welle angriff. Jede Abteilung nannte sich »Divisions-Aufklärungsabteilung« und trug die Nummer ihrer Division, mit Ausnahme der Teile, die zu den Gebirgsjägern abgestellt worden waren. Sie nannten sich »AA 54« und kämpften im Rahmen der am weitesten südlich, aus den Karpaten, antretenden 14. Armee.

Schon kurz nach Kriegsbeginn hatte das Regiment beschlossen, ein Mitteilungsblatt herauszubringen, das den weit auseinandergerissenen Offizier- und Unteroffizierkorps des Regiments als Bindeglied zwischen den Fronten, Einsätzen und Kommandierungen dienen sollte. Es nannte sich »Bamberger Reiter«, trug am Kopf eine Abbildung des berühmten Standbildes im Dom, und wurde redaktionell bei der Kavallerie-Ersatz-Abteilung in der Lagarde-Kaserne betreut. In fünf langen Kriegsjahren ist eine ungeheure Menge von Dokumenten zusammengekommen. Es ist erstaunlich, wie viele und wie gute, oft wunderschöne Briefe diese knallharten Krieger zur Weitergabe an die in alle Winde verstreuten Kameraden geschrieben und an ihr geliebtes altes Regiment gerichtet haben. Jeder von ihnen fand offenbar die Zeit, zwischen zwei Einsätzen, in irgendeiner Ruhestellung, oft nur am Straßenrand oder auf dem Marsch, ein paar Zeilen auf ein Blatt Papier zu kritzeln und der Feldpost anzuvertrauen. Oft gab es regelrechte Berichte, die, zusammengefaßt, ein wertvolles Dokument der Kriegsgeschichte darstellen. Unmöglich, sie alle in diesem Buch zu würdigen. Die Autoren sind meist lange tot, einige fielen wenige Tage oder Stunden, nachdem sie den Brief geschrieben hatten. Immer fand der »Bamberger Reiter«, vermutlich einmalig in seiner Art, die Zeit und den Platz für einen würdigen Nachruf, bei denen, die durch ihre Tapferkeit oder

Offiziere der Aufklärungsabteilung 10 in Polen. Zweiter von rechts ist der Kommandeur Major Freiherr von Waldenfels, umgeben von den Oberleutnanten Fürst Wrede und Fürst Castell-Rüdenhausen. Beide fielen später.

ganz einfach durch ihre Menschlichkeit, über die anderen hinausgeragt hatten. Jeder, der fiel, wurde in einer Totenliste aufgenommen, die, wie konnte es anders sein, mit dem andauernden Krieg immer länger wurde. »Stolz auf ihr Heldentum, reichen wir ihnen nochmals die Hand, in unserem Herzen bleiben sie das, was sie waren, unsere Kameraden«, so lautete meist der Nachruf am Ende einer solchen Liste. »Sie starben für Deutschlands Zukunft und die Ehre des Regiments. Voll Ehrfurcht beugen wir uns vor dem Schmerz der Angehörigen.« Ergreifender, und politisch neutraler konnte das nicht gesagt werden. Es hat auch heute noch Bestand.
Unmöglich ist es auch, jeder einzelnen Einheit des Regiments auf ihrem langen Weg durch fünf Kriegsjahre und fünf Fronten nachzuspüren. Die Bamberger waren überall dabei, vor Warschau und Paris ebenso wie im hohen Norden oder unter den Palmen von Kreta, Catania, Tunis oder Tripolis, und vor allem in den unendlichen Schneewüsten Rußlands, in denen sich das Schicksal Hitlers, wie schon vor ihm Napoleons, entschied. Da von Kriegsbeginn an keine Einheit in einem Brief mehr beim Namen genannt werden durfte und nur noch die Feldpostnummer galt, und da es auch streng verboten war, Örtlichkeiten im Brief zu benennen, ist es nicht immer leicht, das Wann und Wo des Briefschreibers zu lokalisieren. Die Zeit der »Friedensberichterstattung«, bei der sich alles auf den einen Ort Bamberg konzentrierte und keinerlei Geheimhaltung obwaltete, war ja vorbei. Und bei den ständigen Versetzungen, Abstellungen, Neuaufstellungen und Ausfällen mit ihren personellen Veränderungen, verliert sich die Spur eines einzelnen schnell. Nur der »Bamberger Reiter« hielt sie alle zusammen, verlor keinen aus den Augen, auch nicht über den Tod hinaus.

Einer von ihnen, Major Hugo Freiherr von Aufseß – auch er fiel später in Frankreich –, hat den einzigen uns vorliegenden Bericht über den Beginn des Polenfeldzuges verfaßt. Er ist so lebhaft und packend geschrieben, daß man sich fragt, ob der Major nicht den Beruf verfehlt habe und besser Schriftsteller geworden wäre. Aber das gilt für die meisten seiner Kameraden. Der Bericht beschreibt anschaulich die Spannung des ersten Kriegstages, das ungeduldige Warten der Männer bis zum ersten Schußwechsel, dem Millionen andere folgen sollten, und zugleich das bedrückende Gefühl beim Anblick des ersten Toten, der vorbeigetragen wird.

Die Abteilung von Aufseß, die AA 54, war, wie beschrieben, aus der Slowakei heraus zum Angriff angetreten. Der Feind waren anfangs indes nicht die Polen, sondern das Gelände. Lassen wir dem Abteilungskommandeur das Wort:

»Es gibt einfach keinen Übergang über dieses verfluchte Gebirge, so stöhnen wir, über den Karten brütend. ›Es gibt keinen Übergang‹, so meldet ein Spähtrupp nach dem anderen, Reiter wie Kradfahrer, die wir losgejagt hatten, um vielleicht doch irgendeinen Schlupf zu finden. ›Es gibt keinen Übergang‹, so bestätigen uns auch die befragten polnischen Bauern. Und ausgerechnet da nach Osten hinüber müssen wir, in diese gottverlassene Gegend, als Schutz der äußersten rechten Flanke der gesamten deutschen Streitkräfte in Polen. Dabei läge nach Norden zu das polnische Land so schön offen vor uns, nachdem wir im Laufe des Tages, immerhin auf etwas so ähnlichem wie Wegen, die Grenze zum erstenmal überschritten haben.«

Die Männer von Aufseß müssen erst eine gewaltige Baumsperre beiseiteräumen, die die Polen in das schmale Gebirgstal gelegt haben, und das kostet Zeit und Mühe. Aber dann ist der Weg frei, Spähtrupps schwärmen aus, und sie bringen die ersten Meldungen über den wirklichen Gegner. Aufseß:

»Bei Wysowa, so hat ein Spähtrupp gemeldet, kann man hinüberkommen über den Beskidenkamm. Weg ist zwar stellenweise keiner da, dafür soll aber die polnische Besatzung der ersten Ortschaft drüben ein rührender Verein sein. Lachend erzählte der Spähtruppführer, wie er sich bis in ein kleines Waldstückchen vorgeschlichen hatte und nun die Herren Polacken in aller Ruhe beobachten konnte, wie sie in der Sonne am Ortsrand promenierten, zum Teil sogar ohne Gewehr ein Spaziergängchen auf die drei Kilometer entfernte Grenze zu riskierten, Mütze im Genick, Hände in den Hosentaschen, Zigarette im Mundwinkel. Sie hatten offenbar volles Vertrauen zu den slowakischen Posten, die hinter dem großen Wald an der Grenze lagen und nicht herschauen konnten. Von dem Nahen deutscher Angriffstruppen hatten sie sichtlich keine Ahnung, und der brave Unteroffizier beherrschte sich auch vernünftigerweise, trotzdem es ihn natürlich arg reizte, den Finger krumm zu machen und die Kerle mit ein paar Schüssen in Schwung zu setzen. Aber er wollte ihnen den Humor nicht verderben, bis wir am nächsten Tag eintreffen und die Überraschung gleich praktisch ausnützen werden.

An diesem nächsten Tag stehen wir also selbst oben auf dem Beskidenkamm, in herrlichem Sonnenschein liegen vor uns die Wälder. Sie geben nur einen schmalen Durchblick frei, und da schimmern tief unten im Kessel ein paar Häuser von Wysowa herauf. Da sollen also die Herren Polen drinnen sitzen.«

Nach kurzer Lagebeurteilung entscheidet sich Aufseß zum Angriff auf das Dorf, nicht ohne vorher die Stärken des Gegners durch einen Spähtrupp feststellen zu lassen. Er schickt seine Leute los.

»So wird der Spähtruppführer, Wachtmeister Z., von einer vorspringenden Waldecke aus genau eingewiesen, während daneben eine Staffel Schwerer Maschinengewehre in Stellung geht, um die Reiter, wenn es nötig werden sollte, durch ihr Feuer zu schützen.

Wie ein Sandkasten liegt das Gelände vor und unter uns. Wie es am Sandkasten so oft geübt wurde, reitet nun der Wachtmeister mit seinen Männern los, schlängelt sich an den Waldrändern entlang, windet sich durch Mulden und hinter Hecken vorwärts gegen den uns abgewandten Nordrand des langgestreckten Dorfes. Denn man reitet ja immer am besten von hinten an eine Ortschaft heran; da bekommt man am leichtesten Einblick. Wir liegen über dem Südteil, und da kommen nun, wie am Vortage, einige polnische Krieger gemütlich herausgeschlendert, die Gewehre sorglos auf dem Rücken. Hinter einem Kartoffelacker legen sich diese plötzlich hin. Wollen sie ihr Mittagsschläfchen halten? Nein, schon tauchen ihre Köpfe vorsichtig wieder auf. Sollten sie doch etwas bemerkt haben? Bald sind sie wieder hoch und gehen zurück übers freie Feld, aufrecht wie die Scheiben draußen auf dem Gefechtsschießplatz. Verzweifelt liegen die Schützen hinter ihrem MG. Sie möchten und möchten, und man darf ihnen doch das Feuer nicht freigeben, sonst verraten wir unseren Spähtrupp zu früh der noch ahnungslosen Besatzung des Dorfes. Da kommen die Reiter gerade aus der letzten Mulde heraus. In lichtem Rudel galoppieren sie auf die äußersten Häuser zu, voraus zwei Mann als Sicherer, ein herrliches militärisches Bild. Plötzlich macht der eine vorn ›kurz kehrt‹ und rast zurück, der andere sprengt nach der Seite weg. Der alte Trick gelingt. Die Polen glauben sich entdeckt und beginnen zu knallen, indes die Unsrigen in die nächste Deckung zurückjagen.

›Feuer Frei!‹ Das Kommando fährt wie ein elektrischer Funke in unsere Freunde von vorhin, die schon fast den Ortsrand erreicht hatten und nun in verzweifelten Sprüngen auf die nächsten Deckungen zuflüch-

Oberstleutnant Hugo Frhr. von Aufseß führte im Polenfeldzug die am äußersten südlichen Ende der deutschen Angriffsfront eingesetzte Aufklärungsabteilung 54. Er fiel als Brigadekommandeur im Sommer 1944 bei der Abwehr der alliierten Invasion in der Nähe von Cherbourg (Cotentin) und ist auf dem deutschen Soldatenfriedhof von St. Lo (Normandie) begraben.

General Graf Spannocchi in der Uniform des Armeekommandanten des neuen österreichischen Bundesheeres. Er schuf die nach ihm benannte Doktrin für die österreichische Landesverteidigung. Im Sommer 1938 war er, zusammen mit drei Rittmeistern des ehemaligen Österreichischen Heeres, zum Bamberger Kavallerieregiment gestoßen. Im Verlauf des Zweiten Weltkriegs kämpfte er im Reiterregiment 2 und im Panzerregiment 24 im Rang eines Schwadronchefs.

ten. ›Nächstes Ziel: halblinks das hohe Haus mit dem Balkon‹. Jetzt ist es nämlich im Ort lebendig geworden, und da wollen wir auch mitreden. Aus einem kleineren Seitental ist unser wackerer Z. neuerdings vorgeritten. Weit auseinander die Reiter, geht es nun im Galopp auf den mittleren Ortsteil zu. Wie ein Film rollt das Geschehen vor unseren Augen ab. Da – einen Augenblick stockt uns der Herzschlag –, ein Pferd schlägt Rad, Mann und Roß liegen am Boden. Getroffen? Doch schon wieder erheben sich beide, man sieht im Glas wie vorsichtig das Pferd tritt – also Sumpf! Unterdessen hat der Spähtrupp rechtsum gemacht. Er jagt noch mal den Ortsrand entlang, um festzustellen, wie stark die Besetzung ist. An dem MG- und Schützenfeuer, das er herausgelockt hat, können wir das genau erkennen, und schon schlagen unsere Garben in die Ortschaft, bringen die drüben schnell zum Schweigen.

›Sie türmen! Da, wie sie abhauen!‹ Unsere Männer werden ganz aufgeregt. Und wirklich sieht man die Polen jetzt durch den Ort zurücklaufen. Von Haus zu Haus springen sie, alle auf den Nordteil zu und auf das Wäldchen, das daneben liegt. Immer schneller werden sie in unserem Verfolgungsfeuer.«

Über einen unbeschreiblichen Waldpfad, der erst langsam zum Weg wird, setzt Aufseß seine Abteilung staffelweise ein, die Kradschützen voran, die Reiter dahinter, die schweren Waffen flankierend, wie man es im Taktikunterricht in Bamberg und in Praxis auf dem »Stoex« gelernt und gelehrt hat.

»Schon sind die Polen so weit zurückgegangen, daß sie den diesseitigen Ortseingang nicht mehr sehen und unter Feuer halten können. Also:

Offiziere einer Aufklärungsabteilung, die aus dem Kavallerieregiment 17 hervorgegangen ist, besuchen im Herbst 1939 den polnischen Fürsten Sapieha auf dessen Besitz in Polen. Von links: Leutnant Graf Deym, Oberleutnant von Schack, Oberleutnant Pirner, Fürst Sapieha, Rittmeister Fink, Leutnant Wachter, Leutnant Graf Spannocchi.

›Kradschützenschwadron vorfahren bis zur Ortsmitte, dort absitzen und angreifen. Angriffsziel: Nordteil und das Wäldchen dort. Reiterschwadron folgt zu Pferde links rückwärts gestaffelt und hält sich zu umfassendem Eingreifen bereit!‹ Oberwachtmeister M. hat unterdessen schon Stellungswechsel mit seiner MG-Staffel auf eine Bergnase vorgenommen, von der aus er auf den Nordausgang des Ortes gut wirken kann. Hierher wird jetzt auch im Galopp der Abteilungsgefechtsstand verlegt.
Und weiter rollt der Film. Motorengeräusch unter uns, die vordersten Kräder schlüpfen aus dem Wald – der Weg wird scheinbar besser –, in riesiger Staubwolke braust Zug auf Zug der Kradschützenschwadron zu Tal. Nun wird's aber unseren Polacken schwül: so viel Staub – das muß ja eine ganze deutsche Armee sein! Schon kommen sie zwischen den letzten Häusern und aus dem Waldstück heraus, machen auch hinter ihrem schönen Drahthindernis nicht mehr halt. Und nun hagelt unser MG-Feuer von der Höhe unter sie. Da ist es ganz aus. In wilder Flucht geht's durch das Tal nach Norden. Bald ist kein Pole mehr zu sehen.«

Freiherr von Waldenfels als Major und Kommandeur der AA 10 in Polen.

Für den Major und seine Männer von der AA 54 ist das erste Gefecht des Zweiten Weltkrieges beendet. Sie haben den Feind davonlaufen sehen, wie sie es noch drei Jahre lang, in Frankreich, auf dem Balkan und in Rußland bis zum Don und zur Wolga, erleben werden. Ehe sie selber das Laufen lernen mußten, das Laufen bis zur Elbe und zum Rhein. In die Siegesfreude mischen sich Nachdenklichkeit und Trauer über die ersten toten Kameraden. Noch einmal Aufseß:
»Stolze Freude leuchtet unseren Männern aus den Augen über diesen ersten Erfolg. Doch so billig sollte es nicht weitergehen. Wenige Stunden später waren wir es, die im Tale vorgingen, während die Polen von den Höhen herunterknallten. Mancher junge Soldat spitzte die Ohren, als die ersten Granaten herangurgelten, die ersten Erdfontänen hochstiegen und die ersten Schrapnellwolken am Himmel standen. Wohl liefen sie wieder, die Polen, aber nun war es schon ernster, und keiner wird wohl den Augenblick vergessen, als der erste tote Kamerad an ihm vorbei nach rückwärts getragen wurde.
Der Tag neigte sich und setzte dem Kampf ein Ende. Die Aufklärungsabteilung hatte ihre Feuertaufe erhalten. Und in den sinkenden Abend hinein ritten die Spähtrupps von neuem gegen den Feind.«
Soweit Hugo Aufseß in einem Bericht aus dem Winter 1939/40, dem ersten von zwei Kriegswintern, in denen der Krieg in einen vorübergehenden Winterschlaf fiel und die Deutschen ihre berauschenden Siege am heimischen Herd oder, unter Strömen von Champagner, in ihren Kasinos feiern konnten. Der Polenkrieg war eine Angelegenheit von knapp drei Wochen gewesen. Warschau war zur Hälfte zerstört,

Polen als Staat ausgelöscht. Am Bug hatten sich Deutsche und Sowjets die Hand gereicht und die Beute untereinander verteilt. Es gab eine vorläufige »Demarkationslinie«, die von der Nordgrenze Litauens, entlang des Narew und der Weichsel, bis zum San ging und Stalin ohne einen Schuß das einbrachte, was Lenin 1920 in einem blutigen Feldzug vergebens zu erreichen versucht hatte.

Die Wehrmacht hatte 10 600 Tote, 30 300 Verwundete und 3400 Vermißte zu beklagen. Dafür hatte sie fast 700 000 Gefangene gemacht, die nun in eine fünfjährige Sklaverei marschierten. Polen war, soweit es nicht russisch wurde, zum »Warthegau« und zum »Generalgouvernement« mit einem fanatisch linientreuen braunen Gouverneur geworden, und Hitler schickte sich an, die Polen als Volk auszurotten, um den Germanen Lebensraum zu verschaffen. Schon Ende 1939 wurden die ersten Konzentrationslager betriebsbereit gemeldet.

Der Distriktschef von Krakau

ANORDNUNG

Kennzeichnung der Juden im Distrikt Krakau

Ich ordne an, dass alle Juden im Alter von über 12 Jahren im Distrikt Krakau mit Wirkung vom 1. 12. 1939 ausserhalb ihrer eigenen Wohnung ein sichtbares Kennzeichen zu tragen haben. Dieser Anordnung unterliegen auch nur vorübergehend im Distriktsbereich anwesende Juden für die Dauer ihres Aufenthaltes.

Als Jude im Sinne dieser Anordnung gilt:

1. wer der mosaischen Glaubensgemeinschaft angehört oder angehört hat,

2. jeder, dessen Vater oder Mutter der mosaischen Glaubensgemeinschaft angehört oder angehört hat.

Als Kennzeichen ist am rechten Oberarm der Kleidung und der Überkleidung eine Armbinde zu tragen, die auf weissem Grunde an der Aussenseite einen blauen Zionstern zeigt. Der weisse Grund muss eine Breite von mindestens 10 cm. haben, der Zionstern muss so gross sein, dass dessen gegenüberliegende Spitzen mindestens 8 cm. entfernt sind. Der Balken muss 1 cm. breit sein.

Juden, die dieser Verpflichtung nicht nachkommen, haben strenge Bestrafung zu gewärtigen.

Für die Ausführung dieser Anordnung, insbesondere die Versorgung der Juden mit Kennzeichen, sind die Ältestenräte verantwortlich.

Krakau, den 18. 11. 1939.

gez. Wächter

Szef dystryktu krakowskiego

ROZPORZĄDZENIE

Znamionowanie żydów w okręgu Krakowa

Das aber wußten die Bamberger Reiter nicht. Sie hatten in diesem Feldzug, von dem sie dunkel ahnten, daß es der letzte nicht sein würde, verhältnismäßig geringe Verluste gehabt. Gefallen waren zwei Offiziere, die Leutnante Then-Rüdel und von Le Suire, fünf Unteroffiziere und 18 Mann. Ihre Namen wurden in eine Gedenktafel am Wirtschaftsgebäude der Bamberger Ulanenkaserne eingemeißelt. Die einzelnen Abteilungen des Regiments aber kehrten nicht alle nach Bamberg zurück. Frankreich und England hatten am Tag, an dem Major von Aufseß das Dorf Wysowa in den Beskiden angegriffen hatte, dem Deutschen Reich den Krieg erklärt, nachdem Hitler ihr Ultimatum zu einem sofortigen Rückzug seiner Truppen nicht beantwortet hatte. Im Westen waren, während sich das Gros der Wehrmacht auf Polen warf, drei deutsche Armeen mit 43 Divisionen im und hinter dem Westwall aufmarschiert. Zu ihnen rückten nun auch, kampferfahren und nicht mehr mit nackter Brust, wie der blutjunge Leutnant Franz von Perfall, der sich in Polen im Duell gegen polnische Reiterei das EK II erfochten hatte (und später in Rußland fiel), die in Polen eingesetzt gewesenen Bamberger Reiter.

Es herrschte ein Zustand, den die Franzosen mit dem Prädikat »drôle de guerre« – komischer Krieg – gekennzeichnet haben. Man lag sich einander gegenüber und beobachtete sich. Geschossen wurde nur auf Spähtrupps, und hin und wieder befunkte man sich mit Artillerie. Das dauerte bis weit in das Frühjahr 1940 hinein. Im April rückten deutsche Truppen nach Dänemark und Norwegen, Reiter aus Bamberg waren nicht dabei, aber der »drôle de guerre« fand ein Ende. Hitler hatte den Befehl für den Angriff »zur entscheidenden Schlacht im Westen« auf den 10. Mai festgesetzt, nachdem er ihn vorher zweimal hatte zurückziehen müssen. Diesmal, so wußte jeder, würde es wirklich »um die Wurst« gehen und gegen einen anderen Gegner als die Polen. Einen

La France et la Grande-Bretagne s'engagent à respecter les populations civiles...
L'ALLEMAGNE LES BOMBARDE

DERNIÈRE ÉDITION

Paris-soir

LUNDI 4 SEPTEMBRE 1939

37, rue du Louvre PARIS (2e)

DERNIÈRE ÉDITION

50 cent.

LA GUERRE EST DÉCLARÉE

L'Angleterre depuis ce matin 11 heures
La France depuis cet après-midi 5 heures
sont entrées en état de guerre avec l'Allemagne

Gegner, der Europas größte Landstreitmacht besaß und der 25 Jahre zuvor vier Jahre lang der deutschen Invasion heldenhaften Widerstand geleistet und schließlich den Sieg davongetragen hatte.

Wieder schlagen wir den »Bamberger Reiter« auf und suchen nach Spuren der 17er, die an diesem Feldzug gegen Frankreich teilgenommen haben. Wie in Polen, gab es auch im sogenannten »Westfeldzug« für die berittenen Verbände bei der Infanterie nicht allzu viel zu tun. Meist ritt man hinter den Panzerdivisionen her, die, weit voraus kämpfend, den Gegner in immer atemberaubenderem Tempo vor sich hertrieben. Meist hatten die Bamberger Reiter Flankensicherung und Spähtrupp-Aufklärung zu betreiben, und zu harten infanteristischen Kämpfen mit Verlusten kam es erst in der zweiten Phase des Feldzuges, als, nach der großen Kesselschlacht bei Dünkirchen, die »Weygand-Linie« entlang der Oise und Somme, nach Süden durchstoßen werden mußte. Dann aber lag Frankreich weit offen vor den siegesgewissen deutschen Soldaten, ergab sich Paris kampflos, ging es über die Loire in den Süden des Landes, und hielt man erst an, als Frankreich, nunmehr unter dem Kommando des greisen Marschalls Pétain, am 21. Juni 1940 die Waffen streckte. Einige Bamberger Reiter waren bei ihrem Gewaltmarsch durch das Reich der Franken bis an die Schweizer und die spanische Grenze gekommen.

Ein noch lebender Regimentsangehöriger, der damalige Oberleutnant Freiherr von Woellwarth, hat einen Bericht über einen Sturmangriff auf ein Dorf namens Fleury hinterlassen, den wir zur Schilderung der Atmosphäre der ersten schweren Wochen dieses Feldzuges heranziehen wollen. Ob es sich bei dem Ort um jenes berühmte Fleury bei Verdun handelt, das 1916 von der deutschen Feuerwalze hinweggefegt wurde (Inschrift auf einer Tafel bei Verdun: »Ici fut Fleury« – hier war Fleury) entzieht sich unserer Kenntnis. Vermutlich handelt es sich um eine andere Siedlung gleichen Namens.

»Das Manöver klappt. Die Schwadronen finden, ohne auf Feind zu stoßen, richtig in ihren Bereitstellungsraum. Auch die Vorhut, welche, wie sich später herausstellte, um wenige 100 Meter an den versteckten Marokkanern vorbeigestoßen war, taucht auf. Der Bachabschnitt liegt vor uns.

Der Kommandeur ist schon soweit vorgaloppiert, daß er in den Bachgrund sehen kann, einzeln finden sich die Führer heran, einzeln erhalten sie ihren Kampfauftrag: ›Dort unten, in der Dämmerung kaum zu erkennen, liegt Fleury. Die Abteilung greift Fleury an und nimmt es. Es greifen an: Rechts Schwadron Sivers, links Schwadron Mitzlaff, links rückwärts gestaffelt zu meiner Verfügung Schwadron Bürkner, Angriffsziele ... Feuerunterstützung durch unterstellte s.MG., Granatwerfer und 1. KG.-Zug.‹

Bekräftigt wird der Befehl über die Feuerunterstützung durch einen Feuerüberfall des bereits in Stellung gegangenen KG.-Zuges Leutnant Rinke auf Fleury, worauf aus einem Wäldchen bei Fleury wie eine Leuchtkugel Uffz. Hübner mit seinem stehenden Spähtrupp hervorgeprescht und dem eigenen Feuer entweicht, welches ihn ums Haar erwischt hätte. Ausgezeichnete Meldung bringt er, wir wissen jetzt, wie es in Fleury aussieht, daß die Brücke vermint ist und von den Franzosen unter Feuer gehalten wird.

Auch die Aufklärung rechts und links meldet vorzüglich. Wachtm. u. R.O.A. Frhr. von Eichstädt, 50 m vor einem feuernden MG. mit seinem Spähtrupp über einen 5 m Graben fliegend gesprungen, setzt uns genau über Feind, Lage und Absicht bei der benachbarten I. Abteilung ins Bild. Von links meldet Spähtrupp Leutnant Weidemann ebenfalls stärkere Feindbesetzung im Abschnitt. Es kann losgehen!

Nur für den Dienstgebrauch!

Militärgeographische Beschreibung von Frankreich

Teil I

Nordost-Frankreich

Abgeschlossen am 29. Februar 1940

Generalstab des Heeres
Abteilung für Kriegskarten und Vermessungswesen
Berlin 1940

Die Kavallerie-Geschütze, von Spähtrupp Hübner ins Ziel gelenkt, feuern nach Fleury hinein. In der Dämmerung treten die abgesessenen Schwadronen aus dem Walde und nähern sich im Angriff Fleury, dringen über eine Steilstufe in den N. Teil ein. Da kommt das Feuer des Gegners an der Brücke. Schwadron Mitzlaff ist als erste dort und deckt den Gegner mit MG. und Maschinenpistole zu. Da sitzt ein Gegner, der sich totschlagen läßt. Umso besser! Vorsicht, Minen vor der Brücke. Auch die übrigen Schwadronen sind heran, bei Schwadron Bürkner gibt es Verwundete. Jetzt nicht halten! Am Geländer über die verminte Brücke, andere durch den brusttiefen Fluß. Die Franzosen, die noch halten, sind Weiße. Auf 25 m duellieren sie sich noch und fallen tapfer. Durchgebrochen! Stellungen links und rechts, Tote darin oder verlassen. 6. Schwadron stößt weiter und bildet am jenseitigen Ortsausgang den befohlenen Brückenkopf. Gefechtsaufklärung erklimmt bereits die überragenden Höhen dahinter. Es ist 23.00 Uhr.

Was geht unterdessen in unserem Rücken vor? Wo blieben die 100 Marokkaner? Weit haben wir uns von den Handpferden getrennt, für die

Hauptwachtmeister als Handpferdeführer entstehen schwere Aufgaben.
Plötzlich, um 24.00 Uhr aus Richtung der Handpferde starker Gefechtslärm. Die verfluchten Marokkaner werden doch nicht ... Kein angenehmes Gefühl für einen Reitersmann!
Aber die Handpferdesicherung war auf dem Posten gewesen. Ihrem wackeren Handstreich fielen die Marokkaner zum Opfer.«
Soweit der Chronist der Bamberger vom Sommer 1940. Anderen Abteilungen des Regiments wird es in Dutzenden von Scharmützeln dieses typischen Bewegungs- und Begegnungskrieges ähnlich ergangen sein. Aus den spärlichen Dokumenten, die dem Regiment aus diesem kurzen und siegreichen Feldzug gegen ein moralisch eigenartig unterminiertes Frankreich überkommen sind, ragt aber eines hervor, das sich nicht nur durch die treffliche Beschreibung der damaligen Situation bei den vorrückenden Deutschen, sondern auch durch eine besondere menschliche Note auszeichnet. Wir wollen es in toto bringen.
Der Autor war damals Führer des sogenannten Panzerspähzuges in der Aufklärungsabteilung 27, die von Major Rudolph Freiherr von Lerchenfeld geführt wurde. Über Panzerspähwagen verfügte die Abteilung indes nicht. Der Spähzug war lediglich mit zwei offenen »Adler«-Kübelwagen mit aufmontierten MG's und zwei Kradmeldern ausgerüstet – in gewisser Weise ein Himmelfahrtskommando aus acht Männern, die ohne jede Deckung dem Feuer meist versteckter Gegner ausgesetzt waren. Einen dieser tollkühnen Spähtrupps beschreibt unser Chronist so:
»Wir hatten noch immer keine ›richtige‹ Feindberührung. Nur vereinzelte Gruppen führerloser französischer Soldaten sind uns bis jetzt begegnet. Mit denen haben wir uns nicht lange aufgehalten, durften es gar nicht, da unser Ziel noch weit vor uns liegt. Ohne einen Schuß und ohne Gegenwehr folgen sie unserer Aufforderung, ihre Gewehre wegzuwerfen, die wir mitnehmen.
Ein herrlicher Junitag ist's heut', strahlend blauer Himmel über uns, es scheint, als ob alles in der Natur voller Freude wär'! Auch auf uns ist diese Freude übergegangen. Wir genießen die Schönheit dieses wundervollen Sommertages. Allein rollen wir durchs französische Land, fast ist uns zumute, wir seien auf einer Urlaubsfahrt! Doch nur kurze Augenblicke dauert das Träumen vom Frieden, dann hat uns die Wirklichkeit, hat uns der Krieg wieder in seinem Bann. Und dann haben wir auf einmal keinen Blick mehr für die Natur, dann ist alles in uns angespannt und konzentriert auf unseren Auftrag.
Ein Blick auf die Karte: Nach der Kurve dort vorn muß der Bahnübergang am Eingang von Thorigne kommen, richtig – da ist er ja! Die Fensterläden der Häuser sind fast alle geschlossen, die Straße ist

Major Rudolph Frhr. von Lerchenfeld als Kommandeur der Aufklärungsabteilung 27 im Sommer 1940 in Frankreich.

menschenleer. Wir fahren vorsichtig weiter. Offensichtlich ist die Nachhut der Franzosen längst nach Süden abgerückt und der Ort feindfrei. Nun zweigt unser Weg nach rechts ab. Wir halten an der Kreuzung – einem kleinen Platz mit einem Kriegerdenkmal aus dem (Ersten) Weltkrieg. Die Hauptstraße geht halblinks weiter, sie biegt nach 50 Metern, entlang einer Steinmauer, rechts ab. Ich rufe dem Kradfahrer Brünner zu: ›Fahren Sie mal bis zur Biegung, ob Sie etwas sehen, halten Sie aber Blickkontakt und kehren Sie gleich wieder um!‹ – Er fährt bis zur Kurve, schüttelt mit einem Arm, d.h. ›Nichts zu sehen‹, aber er dreht nicht um, sondern fährt weiter, um die Kurve, und verschwindet hinter der Mauer. ›Ihm nach‹ ist unser erster Gedanke. Wir wenden und starten. – Da fällt ein Schuß. Mir ist, als ob ich einen Stich ins Herz bekomme. Eine dunkle Ahnung steigt in mir auf.
Doch da biegt Brünner um die Kurve und kommt uns entgegen. Aber – warum hält er seine linke Hand auf der Brust? Er fährt an uns vorbei in die Straße, aus der wir gekommen sind. Warum bremst er denn nicht!? Er stöhnt, hält die linke Hand ans Herz und fährt und fährt. Ich laufe ihm nach. Nun wankt sein Krad. Jetzt stürzt er, aber nein, immer noch hat er seine Rechte am Gasgriff und fährt. Jetzt schwankt er wieder, jetzt stürzt sein Krad, nein – es stürzt nicht, sondern langsam neigt es sich mit ihm nach rechts auf den Boden. Die MGs übernehmen die Sicherung, wir anderen rasen zu ihm. Seine Feldbluse ist ganz voll Blut. Fieberhaft reißen wir ihm den Rock auf. In kräftigen Stößen kommt das Blut entgegen. Verbandspäckchen raus ... da, Schreie – französische Soldaten springen aus dem Haus gegenüber; ich denke, im nächsten Augenblick müssen die Schüsse aus unseren MGs krachen. Aber Stille. (Hätte man es unseren MG-Schützen verübeln können, wenn Sie – noch ganz im Banne der letzten Minuten – impulsiv geschossen hätten?) Die fünf oder sechs französischen Soldaten heben die Hände. ›Docteur, no schießen!‹, rufen sie. Ein französischer Arzt kniet vor einem deutschen Verwundeten und versorgt ihn. Neben ihm knien und stehen deutsche und französische Soldaten in enger Tuchfühlung und helfen ihm. Erst später kommt uns zum Bewußtsein, was das für ein großer Augenblick war. Ich sehe den Arzt fragend an. Er schüttelt den Kopf. ›Herzschuß‹, übersetzt mir Huber. Nein, das darf nicht sein! Ich kann und will es nicht glauben. Brünner, unser immer fröhlicher Brünner – tot. Mit der Hand streiche ich ihm über den Kopf. Noch atmet er kräftig, aber die Augen hat er geschlossen. Kein Wort geht über seine Lippen, um die ein merkwürdig fremder, aber doch entspannter Zug spielt. Das ist nicht mehr unser Brünner, langsam beginne ich die grausame Wirklichkeit zu begreifen.
Wir müssen weiter, unser Auftrag erfordert es. Sollen wir Brünner mitnehmen? So verlockend schön der Gedanke ist, es wäre ihm und uns

Beisetzung des Obergefreiten Brünner in Thorigne in Frankreich, Juni 1940. Leutnant Helmut Schmidt, sein Spähtruppführer, schmückt das Grab.

nicht geholfen. Die Abteilung wartet auf uns. Ich spreche mit dem französischen Arzt. Er gibt mir sein Ehrenwort – ein Handschlag bekräftigt es –, daß er bei Brünner bis zu seinem letzten Atemzug bleiben will. – Neben uns ist eine Gaststätte mit einem Billardtisch; darauf betten wir Brünner. Es fällt uns sehr schwer, ihn allein zurückzulassen. Einer nach dem anderen nehmen wir Abschied von ihm. Wir werden diesen Augenblick, dieses Bild nie vergessen: Er liegt nun ganz ruhig auf dem grünen Billardtisch – nur ab und zu ein leichtes Stöhnen, die Augen geschlossen, als wär' er schon in einer anderen Welt.
Die Motoren springen an, weiter geht's. ›La guerre est finie!‹ ruft uns einer der Franzosen, mit einem unüberhörbaren Ton der Erleichterung, zu. Wir denken ›Für Euch ja, aber für uns nicht!‹ Die sonst immer fröhliche Stimmung ist tiefer Traurigkeit gewichen. Keiner sagt ein Wort. ...
Am Nachmittag kommen wir mit der Abteilung wieder nach Thorigne. Ich halte vor der Gastwirtschaft und trete mit Herzklopfen ein. Wie wir ihn verlassen haben, liegt unser Brünner auf dem Billardtisch, den die Franzosen mit einem weißen Leinentuch überzogen haben. Sein Kopf ruht auf einem weißen Kissen, in den Händen hält er frische Blumen. Der französische Arzt ist, wie er versprochen hat, bei ihm. Zehn Minuten nach unserer Abfahrt am Morgen sei sein Kampf zu Ende gewesen. Ich drücke dem Arzt die Hand, wir blicken uns an, nicht wie Feinde, sondern wie Freunde!«
Der Krieg ging, wie gesagt, rasch zu Ende. »La guerre est finie«, riefen versprengte französische Soldaten dem jungen Spähtruppführer von der »AA 27« in den Dörfern zu, durch die er mit seinen Adler-Kübelwagen fuhr, und das schon Tage vor dem Waffenstillstand am 21. Juni 1940. Zu Tausenden ging eine demoralisierte Armee in die Gefangenschaft. Für die Sieger aber hieß es nun erst einmal »Wie Gott in Frankreich«. Beute war im Überfluß eingebracht worden, das eroberte Land

Norddeutsche Ausgabe

173. Ausg. / 53. Jahrg. / Einzelpreis 20 Pf.

Norddeutsche Ausgabe

Berlin, Sonnabend, 22. Juni 1940

VÖLKISCHER BEOBACHTER

Kampfblatt der national-sozialistischen Bewegung Großdeutschlands

Schande von 1918 im Wald von Compiègne gelöscht

Waffenstillstandsbedingungen überreicht

Würdige Behandlung des in Ehren unterlegenen Gegners

Lyon genommen – Fortschreitende Säuberung der Normandie und Bretagne

zeigte sich von der strahlendsten Seite, und Gerüchte wollten immer wieder wissen, man habe auch den Pferden Champagner zu trinken gegeben, damit sie am Sieg teilnehmen konnten. Die AA 27 kam für einige Monate im Raum Provins im Südosten von Paris unter, Stab und Schwadronsoffiziere, wie es sich gehörte, in den »Châteaux-Schlößchen«, von denen fast jedes Dorf eines beherbergte, die Männer »beim Einwohner«, wie man die Privatquartiere nannte. Die Quartiersleute, noch unter dem Schock der Niederlage, aber irgendwie erleichtert darüber, daß alles so glimpflich abgelaufen war, zeigten sich den Eroberern gegenüber mit distanzierter Offenheit und Sympathie, die sich erst bei längerer Kriegsdauer in Verschlossenheit und Feindlichkeit wandeln sollte.

Vier Fahnenjunker der Aufklärungsabteilung 27 auf einem französischen Verladebahnhof im Oktober 1940 vor dem Rücktransport der Reiterschwadron nach Deutschland. V.r.n.l.: Wilhelm F. Christians, nachmals Vorstandssprecher der Deutschen Bank, Harald Fremerey, Sohn des letzten Kommandeurs, Karl-Wendt Freiherr von Thüngen, der später in Rußland fiel, und August Graf Kageneck.

Im Oktober 1940 verluden die 27er ihre Pferde und Fahrzeuge in einem kleinen französischen Bahnhof auf Güterwagen (»acht Pferde oder 40 Mann« stand in französisch auf den Waggons), und ab ging's nach Donauwörth im Schwäbischen. Und hier hieß es Abschied nehmen von den Pferden. Die 27. Infanteriedivision wurde in eine Panzerdivision umgewandelt, Panzerspähwagen, aber diesmal echte, ersetzten die vierbeinigen Monturen aus Fleisch und Blut. In einer ergreifenden Abschiedsparade vor »Rudi« Lerchenfeld auf der steil abfallenden Hauptstraße des Donaustädtchens zog die berittene Schwadron, darunter der Autor dieser Zeilen als 18jähriger Fahnenjunker, noch einmal an ihrem Kommandeur vorbei. Das »Säbel auf!« war in aller Eile vorher geübt worden.

Besetztes
Gebiet
Nordfrankreich

Die Bamberger, wohin auch immer das Kriegsende in Frankreich sie getrieben haben mochte, durchlebten den zweiten siegreichen Winter dieses Krieges wie den ersten: im Rausch. Es gab Urlaub, es gab Verlobungen und Hochzeiten, viele kleine Reiter und Reiterinnen wurden geboren, es gab auch Versetzungen und Abschiede von liebgewordenen Kameraden. Und es gab, am 22. und 23. Februar 1941, ein »Offizierstreffen« in Bamberg, das zu einer großen Wiedersehens- und Siegesfeier wurde. Die »Kavallerie-Ersatz-Abteilung 17«, unter ihrem Kommandeur Oberstleutnant Rübsam, war der Hausherr, und Major Freiherr von Aufseß, unser Chronist aus den Beskiden, der Organisator des Treffens, an dem schließlich über 100 Offiziere, vom General Freiherr von Perfall über den letzten Friedenskommandeur Oberst Fremerey bis zum letzten Fahnenjunker teilnahmen.

Im Bericht über den feuchten Abend im »Interimskasino im Wirtschaftsgebäude I« (in den Räumen des alten Ulanenkasinos hausten die Zahlmeister) heißt es: »Eine große Enttäuschung war das Fernbleiben des Rittmeisters Fürst zu Castell, von dessen Erscheinen man sich eine besondere Sensation versprochen hatte. Hatte er sich doch laut Wettbuch (das Wetten gehörte zum Leben in einem Kavallerieregiment wie die Luft zum Atmen) bei seinem Auszug zu den Gebirgstruppen verpflichtet, das Kasino beim nächsten Mal mit einem Jodler zu betreten oder ersatzweise eine junge, hübsche Jodlerin mitzubringen.«

Nun, dafür gab es Musik von einem Unterhaltungsorchester, dessen Instrumente bald von den Zuhörern übernommen wurden. General Perfall wurde auf den Schultern junger Leutnante im »Paradegalopp« durch das Kasino geführt und gestand hinterher, daß ihm »seit Lagarde nicht mehr so mulmig zumute gewesen wäre«. Und auf dem Höhepunkt der Alkoholwoge ritt ein Rittmeister, wie sich das gehört, auf seiner alten »Elfriede« die engen Stufen zum Kasino hinauf. Im militärischen Leben hatte er es bis dahin zum Adjutanten einer Division gebracht.

Es war das einzige und letzte Mal, daß die »Bamberger« im Krieg so fröhlich und ausgelassen zusammenkamen. Vorher hatte man der Toten gedacht. Neun Offiziere, 15 Unteroffiziere und 40 Mannschaftsdienstgrade waren seit Kriegsbeginn gefallen. Und es blieb noch Zeit und Platz, alle ihre Namen auf einer Gedenktafel zu vermerken. Denn der Krieg holte ja erst aus zu seinem fürchterlichsten Schlag. Wer im Februar 1941 um sich schaute, konnte meinen, daß es alles noch einigermaßen glimpflich abgehen würde. Und man blickte mit Stolz zurück. »Überall waren die Bamberger Reiter vorne dran«, schreibt der Berichterstatter von damals, »vor Warschau gehörten sie zu den ersten wie vor Paris. Das Regiment hat unvergänglichen Ruhm an seine Standarte geheftet.« Klingt das nicht wie ein Hohes Lied aus verklungenen Jahrhunderten? Hätte das nicht nach einem der napoleonischen Kriege geschrieben werden können oder zur Zeit des »Alten Fritz«? Nein, es wurde mitten in unserem Jahrhundert aufgezeichnet, und gewiß zum letzten Mal aus einer deutschen Feder.

Norddeutsche Ausgabe

VÖLKISCHER BEOBACHTER

Kampfblatt der nationalsozialistischen Bewegung Großdeutschlands

Auch Jugoslawien im Dreimächtepakt

Denn wenige Wochen später ging es weiter mit dem Orlog, und diesmal ahnte mancher, daß es womöglich kein Halten mehr geben würde mit dem Kriegführen. In Jugoslawien war das deutschlandfreundliche Regime unter dem jungen König Peter von einem Militärputsch unter General Simovic hinweggefegt worden. Der italienische Angriff auf Albanien und Griechenland hatte die Briten auf dem Balkan auf den Plan gerufen. Hitler, der schon seit Herbst 1940 an Rußland dachte, mußte, sehr zu seinem Unwillen, seine 12. Armee unter Feldmarschall List aus Rumänien und Bulgarien heraus auf Jugoslawien und Griechenland ansetzen, während die 2. Armee unter Marschall von Weichs aus der Steiermark und Westungarn heraus, unterstützt von ungarischen Verbündeten, auf Sarajewo und Belgrad marschierte. Kriegsgeschichtler in beiden Lagern haben später die These aufgestellt, auf dem Balkan, in dessen Hexenkessel er widerwillig hineingezogen worden war, habe Hitler den Rußlandkrieg verloren. Die Monate, die zwei seiner Armeen und die besten Panzerdivisionen zwischen der österreichischen und der griechischen Grenze verbrachten, hätten ihm im Herbst 1941 gefehlt, um Moskau zu nehmen und dem Sowjetreich den entscheidenden Schlag zu versetzen.

NEW YORK
Herald Tribune LATE CITY EDITION

SUNDAY, APRIL 6, 1941

Germans March on Yugoslavia and Greece; Two Nations Defiant as Balkan War Begins; Moscow and Belgrade Sign Friendship Pact

Wie dem auch sei, es war der vierte Feldzug der deutschen Wehrmacht in diesem erst 19 Monate alten Krieg. Auch er endete siegreich mit der Kapitulation Jugoslawiens, Griechenlands und des englischen Expeditions-Korps. Und wieder waren »die Bamberger« dabei.

Wir haben einen langen Bericht von Rittmeister Sachenbacher über die ersten Tage des neuen Feldzuges. Der Rittmeister gehörte in Friedenszeiten zu den tollkühnsten und besten Turnierreitern des Regiments. Daß er auch ein schneidiger Bursche an der Front war, belegt dieser Bericht aus seiner Feder. Sachenbacher führte damals eine Radfahrschwadron in einer der Aufklärungsabteilungen des Regiments, die als Spitzenschwadron von der steyerischen Grenze an eingesetzt war und durch das Mur-Tal zur Drau und zur ungarischen Grenze stoßen sollte. Seine Radfahrer unter Leutnant Margerie nehmen ein slowenisches Dorf nach dem anderen, ohne größeren Widerstand zu finden. »Die Bevölkerung umjubelt uns«, schreibt der Rittmeister, »man wirft uns Blumen zu, von den Serben keine Spur, wo stecken sie nur?« Das ist hochaktuell für heutige Leser, denn 50 Jahre später sind die Teilrepubliken Slowenien und Kroatien dabei, sich aus der serbischen Umklammerung im von ihnen beherrschten Vielvölkerstaat Jugoslawien zu befreien und ihre Unabhängigkeit zu erkämpfen. Auch weiter südlich gibt es Jubel für die Deutschen, in denen man anscheinend so etwas wie Befreier sieht. Später soll es deutschen Truppen in der Ukraine ähnlich gehen.

Der Rittmeister macht massenweise Gefangene, die ihn am schnellen Vorwärtskommen hindern. Er berichtet: »Also wieder kehrt, zurück über die Brücke mit den Gefangenen. Sie sind nur eine Last für uns. Wir müssen also zwei Mann Bewachung opfern.«

Mit nur fünf Mann stürmt er weiter, hektisch strampelnd auf der engen Uferstraße der Mur entlang, ständig gewärtig, von oben aus den Felsen und Wäldern beschossen zu werden. Einer seiner Soldaten, die er zur Bewachung zurückgelassen hat, ist, als er wieder vorbeikommt, verschwunden. Wütend schreibt Sachenbacher: »In uns kocht es: zuerst winkt die Bevölkerung, dann sieht sie untätig zu, wie ein Kamerad von uns verschleppt wird.«

Erst hinter der Drau kommt es knüppeldick. Hier warten die Serben auf die Eindringlinge. Aber die Deutschen überrumpeln sie und treiben sie vor sich her. Es gibt mehr und mehr Feuerwechsel, Verwundete. Originalton Sachenbacher: »Ein Verwundeter wird zurückgefahren – schwache Teile der Infanterie haben vor uns die Drau überschritten und sind uns voraus. Als einer uns zuruft ›Achtung! Die Zivilisten schießen auch‹, da ist die Wut in uns voll. Solche Schweine! Nachher rufen sie sicher Heil Hitler. Richtig, da liegt auch schon ein Pfarrer an der Friedhofsmauer mit der Pistole in der Hand. Er hat auch den Vormarsch aufhalten wollen!«
Aber weder der Pfarrer noch die regulären serbischen Truppen können das ungestüme Vorwärtsdrängen der Deutschen stoppen. Die Radfahrer Sachenbachers beschleunigen ihren Vormarsch, indem sie sich beim Feind bedienen und Kraftfahrzeuge aller Art beschlagnahmen. Das ist nicht ohne Risiko und birgt die Gefahr des Abgeschnittenwerdens von der Haupttruppe. Aber Sachenbacher ficht das nicht an.
»Bald war nach keinem fühlbaren Feindwiderstand die Befestigungslinie westlich Varazdin durchstoßen, die Stadt genommen, vom Bürgermeister übergeben, Gefangene in Sicherheit gebracht. Eine Stunde fieberhafter Arbeit folgte: Beschaffung von Verpflegung für die Schwadron, ein paar Kraftfahrzeuge werden aus den Garagen geholt – ein herrlicher Omnibus ist dabei! Schon steht wieder ein mot. Spähtrupp zur Abfahrt bereit! Bei so etwas muß ich natürlich selbst dabei sein. Kurz vor Abfahrt wird noch ein serbischer Oberst irgendwo herausgeholt und durch Uffz. Greiner zur Division gebracht.
Zug Leutnant Wagner ist aufgesessen. Endlich können wir Gas geben und es geht direkt nach Süden unserem Tagesziel entgegen. Nichts wie fort, ohne Aufenthalt, sich durch nichts verblüffen lassen, bloß fahren und Raum gewinnen nach Süden! Die Masse der Schwadron folgt sofort auf Fahrrädern und fährt schneller als je zuvor.
Mit angehaltenem Atem geht es weiter, nicht nach links und rechts, sondern nur starr auf die einwandfreie Befahrbarkeit der Straße gesehen, fahren wir jene Hetzjagd, die uns zu einem Erfolg führen sollte! Wir ahnten das nur! Wir wußten aber, daß es jetzt für uns nur zwei Möglichkeiten gibt: Entweder durchhalten oder wir sind verloren. Reifenpanne eines Fahrzeuges? Sollten wir denn alle halten? Wir mußten zusammenbleiben. Jeder Nachzügler würde spurlos im Wald verschwinden. Unser Gefr. Rattinger ist immer noch in den Händen des Feindes! Das haben wir uns gemerkt: Entweder alle oder keiner darf zurückbleiben. Zurückbleiben heißt aber den Erfolg aufgeben!
Ich weiß nicht, was ich getan hätte. Aber Gott sei Dank! Alle Fahrzeuge halten durch, teilweise Zivilfahrer am Steuer, die kennen die Gegend. Es geht durch einen Wald den Berg hinauf, enge kurvenreiche Straße,

einzelne Häuser, feindliche Soldaten mit und ohne Waffen stehen herum, kommen uns entgegen, springen in den Wald und verschwinden hinter Bäumen ...
Der 2. Gang ist zu langsam, der 3. Gang zieht nicht durch! Sind denn eigentlich alle Fahrzeuge da? Man sieht schon auch nichts vor lauter Kurven! Hoffentlich kommt keine Straßensperre, Minen! Ein Baumstamm hätte genügt um uns aufzuhalten, dann wären wir verloren gewesen. Wir wußten, daß der ganze Wald voll Feind steckt, der jederzeit wieder zur Besinnung kommen und über uns herfallen kann.
Jedes Auto fühlt sich allein. Nur am Staub merkt man die Kolonne, daß sie beisammen sind und fahren – nichts wie fahren.
Aus dem Wald fallen Schüsse, man hört sie kaum, denn die Motoren laufen mit hohen Touren. Deshalb ist es auch nicht so schlimm, wir sitzen ja auch hinter Fensterscheiben! Da kann der Staub nicht herein und man kann nicht getroffen werden!
Der Wald lichtet sich, endlich scheinbar die Höhe erreicht, man hat einen Überblick auf viele Bergkuppen und nur Wald! Es geht abwärts, einzelne Häuser, wieder kann man nicht zulegen wegen der schlechten Straßen und der vielen Kurven.
– Der Schweiß steht auf der Stirne! – Mehrere Häuser: Das muß der Ortsrand von Varazdinske Toplice sein! ›Langsamer werden, noch langsamer!‹ Die Augen brennen! Es ist verdammt ruhig, niemand ist zu sehen, unnatürlich! – Wir sind verraten und diesmal bestimmt in eine Falle gefahren. – Nun ja, dann haben wir wenigstens die Sache gewagt, alle Fahrzeuge sind hinten dran, dann teilen wir alle dasselbe Los ...!
Diese Gedanken werden uns aus dem Kopf geschlagen, alles ist überlegt und es kann nicht schiefgehen.
Wir stehen auf der Straße von Varazdinske Toplice und es spielt sich in kurzer Zeit viel ab, so viel, daß ich die Schilderung nicht selbst übernehmen kann ...
Ein feindlicher Divisions-Stab und mehrere tausend Mann sind gefangen.
Für die Nacht hat die Schwadron dort im Kurhaus Unterkunft bezogen und sich nach einem heißen Schwefelbad ins Bett gelegt.
Die Schwadron wußte, daß sie eine feindliche Division gefangengenommen hat und ich wußte, daß der liebe Gott gut mit uns gefahren ist: Eigene Verluste: Keine.«
So wie im Abschnitt des Rittmeisters Sachenbacher geht es fast überall zu auf dem weiten balkanesischen Kriegsschauplatz. Die sieggewohnte Wehrmacht läßt auch hier nicht lange mit sich fackeln und wirft den Gegner, Jugoslawen, Griechen, Engländer, überall. Mitte April, kaum 14 Tage nach dem Einmarsch in Jugoslawien, stehen deutsche Truppen

Rittmeister Otto Deßloch auf »Donnerkeil« 1925 beim Reitturnier in Bad Kissingen, Jagdspringen Klasse S.
Der Rittmeister gehörte zu den besten Turnierreitern des Regiments.

an der griechischen Grenze, am 21. April kapituliert Griechenland, nachdem sich schon fünf Tage vorher die jugoslawische Armee in Bosnien ergeben hat. Ein Blitzkrieg! Die Briten werden aus den Thermopylen verjagt und zum Einschiffen nach Kreta und Ägypten gezwungen. Wer, zum Teufel, kann die Deutschen in Europa eigentlich noch stoppen? Und das in einem Teufelsgelände, wo es praktisch permanent über Stock und Stein geht und man entsetzlich lange Zeit braucht, um mit einer motorisierten Armee über die engen Gebirgspässe zu kommen.

Die wenigen Bamberger, die, getreu dem Wahlspruch ihres auseinandergerissenen Regiments »Wo ein Siebzehner steht, da steht auch das Regiment«, dabei sind und sich wie die Teufel schlagen, haben faszinierende Berichte über diesen Balkanfeldzug hinterlassen. Einer von ihnen war Rittmeister Fürst zu Castell, derselbe, der in Bamberg jodeln wollte, aber nicht kommen konnte, weil er schon zum Balkan unterwegs war. Auch er führt eine Radfahrschwadron, die einzige Truppe, die auf den karstigen Gebirgspfaden einigermaßen schnell vorwärtskommt.

»Vom 27. Februar 1941 bis heute (20. Mai 1941) sind wir 1300 Kilometer marschiert. Wege, Flüsse, Eisenbahndämme, Sumpf, freies Feld, mit Bäumen verlegte Pfade dienten als Marschstraßen. Durch einen Eisenbahntunnel sollten wir auch, aber er fiel vorher in sich zusammen und konnte nur für meine Radfahrer freigemacht werden ... Ich stieß mit meinen Radfahrern in das Struma-Tal und traf dort meinen vorausgeschickten Spähtrupp wieder. Dieser hat wirklich eine Heldentat vollbracht. Oberwachtmeister Probst, der ihn führte, ist durch die griechische Befestigung durchgestoßen und hat 20 km südlich davon eine Brücke besetzt, die später in die Luft flog. Probst bekam dafür das E.K.I., und ich habe ihn zum Offizier vorgeschlagen. Ich freue mich, daß das ein 17er gemacht hat.«

Etwas weiter berichtet Castell ein nahezu historisches Detail, das sich im heutigen europäischen Umfeld mit Griechen und Deutschen am gleichen EG-Strang gut ausnimmt. Der Fürst berichtet von der Kapitulation der griechischen Armee, die sich in sehr geordneten Bahnen und ritterlichen Verhältnissen vollzieht. In irgendeinem Dorf kommt er dabei mit einem griechischen General, der deutsch spricht, zusammen. »Auf meine Versicherung hin, daß wir nur die Engländer in Griechenland bekämpften, versichert er mir, es wäre ihm und seinen Männern eine Ehre gewesen, auch einmal gegen deutsche Soldaten, die besten Soldaten der Welt, gekämpft zu haben.«

Castell und seine Reiter-Radfahrer führen schließlich eine ganze griechische Division in Gefangenschaft. Den Weg beschreibt der Rittmeister auf romantische Weise.

Zwei Generationen Castell im Dienst der Kavallerie. Oberstleutnant Carl Fürst zu Castell-Castell im November 1944 mit Erbprinz Albrecht, Fahnenjunker auf Lehrgang in Lüneburg.

»Es goß in Strömen, und die 23 km Morastweg am Hang eines Berges entlang waren wirklich eine Meisterleistung für unsere wie für die griechischen Fahrer (die Kolonne bestand aus 20 Beutefahrzeugen). Bis auf zwei Fahrzeuge brachte ich alle ans Ziel, wenn auch erst spät in der Nacht. Am 12. abends erhielten wir dann wieder Marschbefehl. Durch einen Gebirgspaß im Mondschein ging unser Marsch bei einem Nachtigallenkonzert, wie ich es noch nie gehört hatte, hinein in den Morgen des Ostersonntag ...«

Rittmeister Fürst zu Castell war auch der einzige Bamberger Reiter, der mit seinen Mannen an der tollkühnen Eroberung der Insel Kreta im Mai/Juni 1941 teilgenommen hat. Er hat einen langen Bericht darüber verfaßt, den wir der Historie halber in toto bringen wollen. Hier in Kreta führte der Offizier inzwischen eine ganze Abteilung, die er geschickt im Rahmen der überall gelandeten deutschen Fallschirmjäger einzusetzen wußte.

»Die letzten Tage waren wohl die interessantesten meines militärischen Lebens. Es wurden aber auch Sachen verlangt, die schwierig auszuführen waren. Zuerst kam der Befehl, die Abteilung so einzuteilen, daß sie mit gewissen Gewichtsgrenzen und genau vorgeschriebener Flugzeuganzahl fliegen konnte. Wir haben Tag und Nacht gerechnet, gewogen, zusammengestellt, wieder neu eingeteilt, bis es gelungen war. Es folgte tagelanges Warten, da sich das zu lösende Problem als viel schwieriger herausstellte, als angenommen war. Ich hatte 3 gleiche Schwadronen aufgestellt mit gleichmäßig verteilten schweren Waffen, und den Stab mit der Abteilungsreserve. Das Ganze war auf 2 Flugplätze verteilt, die 80 km voneinander lagen. Die zurückgelassenen Teile aber waren 150 km entfernt. In diese Situation platzt unerhofft der Befehl, sofort die verfügbaren Leute, Waffen, Kräder zum Transport für eine leichte und schwere Schiffsstaffel fertigzumachen. 1 Tag war dafür vorgesehen. Ich habe geschwitzt und es doch noch geschafft. Die leichte Schiffsstaffel mußte halbwegs vor den Engländern ausreißen und ging zum Teil unter. Ich hatte Glück und keine Verluste. Die schwere Schiffsstaffel lief gar nicht aus. Der Transport per Luft verlief ohne Ausfall für mich. Innerhalb eines Tages war alles gelandet. Ein Tag Wartezeit in einem Ölbaumhain, neben den die Engländer verschiedene Bomben abwarfen, war das nächste. Dann bekam ich Auftrag, den rechten Flügel nochmals rechts zu überholen und dann flankierend und gegen den Rücken der Engländer anzugreifen, vor allem aber einer eingekreisten und abgeschnittenen Gruppe Fallschirmjäger Hilfe zu bringen. Nach kleinen Aufenthalten durch versprengte griechische Soldaten und frech schießende Zivilisten erreichte ich den Ausgangspunkt und fand leider nur riesig hohe Berge mit Eselspfaden, denen meine Fahrräder und Kräder nicht gewachsen waren. Aber der Weg hatte sich doch gelohnt, denn unter den ca. 50 Gefangenen befand sich der Admiral der Seestreitkräfte ..., der in Zivil ankam und mir höflich seine Visitenkarte zeigte. Sein erstauntes Gesicht war sehr komisch, als ich ihn festnahm, seinen Wagen beschlagnahmte und ihn dann zu meinem General brachte. Nach Erledigung oder besser Nichterledigung dieses Auftrages kam ich zu einer Vorausabteilung, die unser Artillerie-Kommandeur führte. Zuerst waren wir sehr schwach, da in der Eile nicht alle Truppen herankommen konnten. Wir brachen bei Dunkelheit auf und rückten im Norden der Küste entlang immer zwischen Meer links und sehr steilen, kahlen Bergen rechts vor. Einige Sprengstellen hielten uns auf und dann kam der Engländer. Ich griff ihn sofort an. Aber in diesen Bergen ist es rasend schwer, einen Überblick zu behalten. Die Züge verschwanden hinter Felswänden und in Weinbergen. Der Gefechtslärm erwacht im Echo und man kann den geschickt getarnten Engländer nirgends sehen. Aber nach Einsatz der schweren Waffen ließ nach 2 Stunden das Feuer nach und die nachgekommenen Kradschützen übernahmen die Spitze. 6 Tote und 3 Verwundete war unser Ausfall, darunter ein Offizier. Ich folgte, nachdem ich Leuze mit seiner Schwadron mit Sonderauftrag die Küste entlang vorgeschickt hatte, nach Südosten. Etwa um 14.00 Uhr saßen wir wieder fest. Die Kradschützen waren mitten hineingebraust. Die Engländer kamen mit Kampfwagen, die aber nicht angriffen, und ich mußte alle Teile, die ich hatte, sogar sämtliche Kradfahrer, einsetzen. Es gelang dann doch den Kradschützen rechts und links etwas Luft zu ma-

Unternehmen »Merkur«. Fallschirmjäger des 1. Fallschirmjägerregiments springen aus einer Ju 52 auf Heraklion. Die verlustreichen Kämpfe um das von Griechen und Briten besetzte Kreta, an denen auch »17er« beteiligt waren, dauerten vom 20. Mai bis 1. Juni 1941 und endeten mit der Kapitulation des Gegners.

chen und einen Gegenangriff der Engländer im Keime zu ersticken. Aber wir lagen fest und erst der Angriff unserer Jäger rechts und links, der am Abend erfolgte, machte etwas Luft. Die Nacht verlief ruhig und am nächsten Morgen ging es weiter bis zur Fallschirmtruppe, die eingeschlossen war. Die Freude der Leute war rührend, sie waren einfach aus dem Häuschen. Die Tage vorher waren auch schlimm für sie und sie haben sich wie die Helden gewehrt trotz stärkster Verluste. In der Hafenstadt R. wurde genächtigt und im Morgengrauen unter den Augen des Kommandierenden Generals Student angetreten. Zuerst gab es etwas Artillerie-Feuer und der Engländer versuchte sich noch zu wehren. Aber gegen 7.00 Uhr fuhren unsere Panzer an, und darüber erschraken die Engländer so, daß sie sich ergaben. Aus einem dichten Ölbaumhain strömten sie heraus und mit ihnen die glückstrahlenden Fallschirmjäger, die nun befreit waren. Die Schwadron Leuze führte 600 Mann in die Gefangenschaft. Da die andere Schwadron in R. uns 700 Griechen brachte und nach Süden führte, hatte ich nur mehr fremde Truppen unter mir, und dann nicht mehr viel. Aber die Vorhut war schon längst über alle Berge und ich brauste nach und erreichte sie wieder in der Hafenstadt J., wo eine starke Gruppe Fallschirmjäger entsetzt wurde. Dort hatten sich die Engländer aber schon am Abend vorher aus dem Staub gemacht. Auch hier war große Freude der Fallschirmjäger, die nach 10 Tagen Kampf allein wieder Verbindung hatten. Die Vorhut setzte nach kurzer Rast den Vormarsch fort und erreichte in der Nacht die Ost- und Südküste, wo die Bundesgenossen gelandet und etwas vormarschiert waren. Widerstand gab es keinen mehr. Ich mußte die zurückgebliebenen Teile sammeln und folgte nach einer Nacht, in der die Engländer Bomben auf uns schmissen, nach. Damit war der Vormarsch aus und ich bekam Sicherung der Ost- und Nordküste. Gleichzeitig räumten die Gebirgsjäger gegen Süden auf und fingen dort 7000–8000 Engländer. Damit war die Sache geschmissen, die zuerst gar nicht so schön ausgesehen hatte. Die englischen Truppen machten einen guten Eindruck. Meistens waren es Neuseeländer. Sie waren gut diszipliniert, jedoch setzten sich diese Gefangenen aus Resten verschiedener Batl. und Batterien, Flieger, Marine zusammen. Jetzt liege ich in der Nähe der Küste, wenn die Hitze zu toll wird, gehen wir ins Wasser zum Baden. Aus den vielen Beständen, die die Engländer zurückließen, haben unsere Leute jetzt kurze Hosen bekommen und alles läuft mit nackten Beinen herum.«

Mit der Eroberung der Insel Kreta aus der Luft – ein bis dahin erstmaliges und bemerkenswertes Ereignis der Kriegsgeschichte – war der Balkanfeldzug beendet. Er hatte fast auf den Tag genau zwei Monate gedauert. 2559 deutsche Soldaten waren zwischen steyerischer Grenze und Mittelmeer gefallen, darunter 37 Angehörige des Kavallerieregiments 17. Mehr als 600 000 gegnerische Soldaten waren in Gefangenschaft, darunter 91 000 Briten. Nun ging es zurück in die Heimat. Es blieben sieben Wochen Zeit zum Auffüllen der Arsenale, ehe der nächste Feldzug losgehen würde, der große, der fürchterliche, der entscheidende, den Hitler seit Herbst 1940 geplant und mit dem Kode-Wort »Barbarossa« versehen hatte – der gegen das sowjetische Riesenreich.

Halten wir einen Augenblick inne und betrachten uns den europäischen Kriegsschauplatz in diesem späten Frühjahr 1941, dem letzten kurzen Zeitraum, in dem der Zweite Weltkrieg noch einmal den Atem anhielt, ehe er zum endgültigen Rundschlag ansetzte. Es war die Zeit, in der Adolf Hitlers Großdeutsches Reich seine gewaltigste geographische Ausdehnung westlich der Linie erreicht hatte, die die beiden totalitären Riesenreiche Deutschland und Rußland trennte. Deutsche Soldaten standen in Nordnorwegen an der Eismeergrenze, hielten Wacht am Ärmelkanal und an der atlantischen Küste Frankreichs, standen nun Gewehr bei Fuß auf Kreta und an der Ägäis, stürmten in Nordafrika durch Tripolitanien und die Cyrenaika auf die ägyptische Grenze vor. Die Deutschen hatten sich im Krieg eingerichtet. Bomben fielen nur sporadisch als Antwort auf die Angriffe der Luftwaffe auf englische Städte, und mehrmals in der Woche, manchmal gar zweimal am gleichen Tage, tönte, eingeleitet von den Lisztschen Préludes, eine »Sondermeldung« über irgendeinen deutschen Erfolg, meist auf den Meeren, wo die deutsche U-Boot-Waffe der britischen Versorgungsflotte zusetzte.

Aber der britische Löwe auf seiner Insel zeigte nicht die geringsten Zeichen eines Nachgebenwollens, im Gegenteil, er versetzte der deutschen Luftwaffe in der »Battle of Britain« Prankenhiebe, von denen sie sich nie wieder erholen sollte, und schlug auch auf den Meeren immer schmerzlicher zurück. Winston Churchill, der britische Premierminister und ein wahrer Bulldog, wußte zu diesem Zeitpunkt bereits, daß er den Krieg gegen Hitler nicht mehr verlieren würde. Die Unterstützung der riesigen Vereinigten Staaten unter Roosevelt war ihm sicher. Er brauchte nur noch auf den entscheidenden Fehler der Deutschen zu warten. Und den beging Hitler am 22. Juni 1941 mit seinem unprovozierten Einmarsch in die Sowjetunion.

THE TIMES

BRITISH AID FOR RUSSIA

LATE LONDON EDITION

LONDON MONDAY JUNE 23 1941

GERMAN ARMY ATTACKS RUSSIA

FIRST VIEWS IN AMERICA

TWO REASONS FOR

HITLER'S GAME EXPOSED

WORDS AND GUNS

CHANNEL AIR VICTORY

30 ENEMY FIGHTERS

Unsere Bamberger Reiter hatten sich auf den neuen Krieg, von dem sie indes nicht wissen konnten, wo er losgehen würde, gut vorbereitet. Der Rekrutenjahrgang 1940 war voll ausgebildet, und zwar gut, denn kriegserfahrene Unteroffiziere, Wachtmeister und Offiziere hatten sich bei der Kavallerie-Ersatz-Abteilung 17 in Bamberg seiner angenommen. Überall waren die Einheiten mit vollem und guten Ersatz ausgestattet worden. Die Bewaffnung hatte sich noch verbessert. Bei den Panzern war die zu kleine 3,7-cm-Bordkanone durch eine 5 cm ersetzt worden. Man hatte immer wieder den Kampf im gemischten Verband, der sogenannten Kampfgruppe, geübt, das gleichzeitige Vorgehen von Panzern und Infanterie, mit Aufklärung voraus, mit schweren Waffen unmittelbar hinter der Angriffswelle. Bewegung, Bewegung um jeden Preis, hieß es, Vorpreschen ohne Rücksicht auf Nachbarn und Verluste. Was sich in Polen, Frankreich und auf dem Balkan bewährt hatte, sollte irgendwo – man ahnte wo, wußte aber nichts Genaues – seine ganz große Bewährungsprobe bestehen.

Von Mitte Mai 1941 an war die deutsche Wehrmacht zum Einfall in die Sowjetunion aufmarschiert. Sie stand von Ostpreußen bis zu den Karpaten, entlang der deutsch-sowjetischen Demarkationslinie, tiefgestaffelt und abwartend. Man lag in ostpolnischen Dörfern und hörte den großdeutschen Rundfunk mit seinen Sondermeldungen und seinen Wunschkonzerten. Warum lag man in diesen gottverlorenen und verlausten Dörfern herum? Gegen wen ging es? Gegen die Russen, mit denen das Reich einen Nichtangriffs- und Interessenausgleichs-Vertrag geschlossen hatte? Die, getreu diesem Vertrag, Tag um Tag Versorgungszüge mit Erdöl, Kohle und Weizen über die Grenze am Bug schickten? Das war doch eher unwahrscheinlich. Aber bei »Adolf« wußte man nie so recht, was er im Schilde führte. Die wildesten Gerüchte kamen auf. Stalin habe seinen Kumpan Hitler autorisiert, mit der Wehrmacht friedlich durch Südrußland zu marschieren, um den gemeinsamen kapitalistischen Erzfeind England im Rücken an seiner empfindlichen Mittelostflanke zu packen, hieß es im Offizierskorps. Das Rätselraten dauerte bis Sonntag, den 22. Juni 1941, 5 Uhr früh. Dann wußte jeder, der so früh das Radio angestellt hatte, daß der Führer des Reiches der Sowjetunion den Krieg erklärt hatte. Der Feuerschlag gegen die völlig überraschten Russen hatte bereits vorher begonnen. 136 deutsche Divisionen, mehr als zwei Millionen Mann, wälzten sich nach Osten. Darunter auch die einzige rein ostpreußische Kavalleriedivision Nr. 1, und auch, auf mehrere Infanteriedivisionen verteilt, wie schon in Polen, Frankreich und auf dem Balkan, viele, viele Bamberger Reiter.

Wie schon in den vorhergehenden Feldzügen, haben auch von jetzt ab die Offiziere des Regiments in zahlreichen Briefen an den »Bamberger Reiter« ihrem Herzen Luft gemacht, wo immer ihnen die Mühsal des Vorrückens und Kämpfens ein wenig Verweilen ließ. Der Krieg, das spricht aus den Hunderten von Briefen über drei Jahre hinweg, hatte sich entscheidend verändert. Hier ging es nicht mehr um eine schnelle Entscheidung gegen einen unterlegenen Gegner, hier prallten die beiden größten Heeresformationen Europas in einem gnadenlosen, die endgültige Entscheidung suchenden, totalen Kampf aufeinander, einem Kampf, der nicht mehr nach den Regeln einer humanen Kriegführung geführt wurde, und der von Anfang an Züge eines ideologischen Weltanschauungskrieges zwischen zwei tödlich verfeindeten, totalitären Regimen trug.

Kurze Marschpause an der Vormarschstraße in Rußland, Juli 1941. Die Männer schliefen meist vor Erschöpfung ein.

Schon die ersten Berichte zeigen, wie hart der Kampf von Anfang an war. Die Verluste waren hoch, sehr viel höher als in den vorhergehenden Feldzügen. Nach der ersten Überraschung verteidigte sich der Russe zäh, den Vorteil des Geländes nutzend, sich überrollen lassend und oft überraschend von hinten angreifend. Der Krieg war überall, Nachtruhe gab es nicht mehr. Die Märsche waren endlos in einem Land mit weitem Horizont und wenig Straßen.
Wie groß die Erschöpfung der Männer in den einzelnen Abteilungen war, zeigt ein nahezu rührender Bericht des Wachtmeisters van Heyster vom 1. August 1941, knapp sechs Wochen nach Kriegsbeginn.
»... es war unmöglich, eine Fahrzeugwache für die Stabsfahrzeuge zu stellen. Mehrmals wurde vorgebracht, daß die Mannschaften vollkommen erledigt seien. Es wurde daraufhin folgende Wache für die Fahrzeuge aufgestellt: Rittmeister Fürst zu Castell, Wachhabender, Posten Leutnant Freiherr von Erffa, Leutnant Knetsch, der Zahlmeister, der Waffenmeister und der Wachtmeister van Heyster ...«
Am 30. Juli hatte der Kommandeur der Aufklärungsabteilung Boxberger, die sich besonders ruhmreich an der Ostfront bewähren sollte und in Stalingrad unterging, den Tod des Chefs der Schweren Schwadron, des Oberleutnants Louis Freiherr von der Borch, an die Ersatzabteilung in Bamberg so gemeldet:
»In hartem Ringen um den Ortsausgang von Fortunatowka – nordostwärts Shitomir – am 24. 7. war er gegen 18.00 Uhr zusammen mit dem Führer der seiner Schwadron zugeteilten Artillerie, Leutnant Walter Luge, und seinem Schwadronstruppführer, Oberwachtmeister Bauer, in seinem Wagen vorausgeeilt, um eine B-Stelle für die in Stellung gehenden schweren Waffen seiner Schwadron zu erkunden, als ihn und seine Begleiter die Kugeln russischer Scharfschützen trafen. Der Tod muß bei allen dreien auf der Stelle eingetreten sein. Als wir nach Beendigung des zu unseren Gunsten entschiedenen Gefechts 20 Minuten später den Unglücksort erreichten, konnten wir nur noch den Tod aller dreier Wageninsassen feststellen.
In der Frühe des 25. 7. haben wir unter Anteilnahme des Divisions-Stabes und des Artillerie-Regiments unsere Toten in Budilowka beigesetzt. Als vierter ruht bei ihnen ein Gruppenführer des Pionier-Zuges der Schweren Schwadron, der im gleichen Gefecht fiel.
Oberleutnant Frhr. von der Borch starb, wie er gelebt und auch wie er in unserer aller Erinnerung steht: mutig und heiter, draufgängerisch und kühn, sorglos und tapfer, bis zuletzt getragen von jener kavaliermäßigen Haltung und erfüllt von jener liebenswürdigen Ritterlichkeit, welche den Grundzug seines Wesens ausmachten.«
Schlaglichter von den weiteren Tagen und Wochen des Vorrückens nach Osten, auf den Dnjepr, die Desna, die Osna und auf Moskau zu.

Das Grab des Oberleutnants Max Eugen Barth von der AA 10, gefallen am 18. Juli 1941 in Salenkowitschi.

Eine Dorfstraße in Rußland im Herbst 1941 mit Offizieren der AA 113. Noch wenige Wochen bis zum Wintereinbruch.

Am 31. Juli meldet sich Oberleutnant Freiherr von Redwitz beim »Bamberger Reiter«:
»Heute nacht sind wir endlich nach 12 Tagen abgelöst worden und wieder zu unseren Pferden zurück. Das tägliche Artilleriefeuer war auf die Dauer aufreibend. Die Russen haben sich genau auf unsere Stellungen eingeschossen und so alle 2 Stunden ihren Segen geschickt.
Am 19. 7. haben wir angegriffen und kamen gut vorwärts bis vor eine Ortschaft, in der massenhaft Artillerie stand, die dann in direktem Beschuß auf uns gefeuert hat. Mehrere Geschütze haben wir noch erwischt, aber trotzdem mußten wir zuschauen, wie eine ganze Abteilung davonfuhr. Unsere Artillerie war leider nicht mitgekommen, sie hätte den ganzen Haufen zusammenschießen können. Am Abend kam dann ein Gegenangriff der Russen mit Panzern, den wir abgewiesen haben. Ein schwerer Panzer ist bis zu den Handpferden durchgekommen. Die Pakgeschosse sind an ihm auch auf nächste Entfernung abgeprallt. Er hat sich zum Glück im Sumpf festgefahren und wurde mit 50 kg Sprengstoff unter dem Bauch erledigt.«
Die Offiziersverluste waren, wie gesagt, unverhältnismäßig hoch. Am 21. September 1941 gedenkt die »AA Boxberger« ihres Leutnants von Papen, des »sechsten Offizierstoten seit Beginn des Ostfeldzugs«. Der 20jährige Leutnant war vier Tage vorher bei den Kämpfen um den Kessel Kiew gefallen, als er seinem Abteilungskommandeur Meldung über einen Sonderauftrag am Dnjepr-Ufer machen wollte. Eine russische Granate zerfetzte ihn vor den Augen seines Vorgesetzten. »Wir haben ihn im Dörfchen Okuninowo, 50 km nördlich von Kiew, begraben, auf der Halbinsel zwischen Dnjepr und Desna ...«
Aber auch in diesem Krieg von Menschenmassen und Material gab es noch Gelegenheit, schneidigen Reitergeist zu beweisen. Ein Beispiel dafür ist der Bericht des später schwer verwundeten Oberleutnants Götz Freiherr von Rotenhan, Chef einer Kradschützen-Kompanie in

der Aufklärungsabteilung Lerchenfeld vom 7. September des gleichen Jahres:

»Der Angriff der 2 Züge in Richtung Iwot kam trotz Unterstützung durch Panzerjägerzug nicht vorwärts, er blieb stellenweise im gut gezielten Schützenfeuer liegen. Der Feind, dem wir in die tiefe Flanke gekommen waren, wehrte sich hartnäckig. Seine vorderen Teile, die bereits weit westlich der Straße waren, machten kehrt und beschossen die Kompanie von Westen.

Im Flankenfeuer blieb der rechte Zug liegen. Es gab Verwundete. Durch Kradmelder erteilte ich dem noch hinten befindlichen Zug den Auftrag, ostwärts des Weges in einer Mulde, soweit wie möglich aufgesessen, zu umholen und den Feind von Osten und Norden anzugreifen. Das Unternehmen gelang, der Zug umfuhr unbemerkt den Feind und griff von Nordosten an. Von zwei Seiten gefaßt, geriet der Feind in Verwirrung und ergab sich nach kurzer Zeit. 461 Gefangene wurden zurückgeschickt, nicht gerechnet die vielen Verwundeten, die im Laufe des Abends geborgen werden konnten.

Eigene Verluste: 4 Verwundete.«

Auch Leutnant Freiherr von Könitz zollt dem Gegner Hochachtung und vergleicht ihn mit früheren Gegnern der deutschen Wehrmacht. In einem Bericht über ein Gefecht bei Mogilew im Mittelabschnitt der Ostfront heißt es:

»Es gelang uns, d.h. dem 3. Zug, eine stark befestigte Stellung zu stürmen und einen Haufen russischer Nester auszuheben. Für diese Sache erhielt ich dann eine Woche darauf das E.K.I. Seit dem Dnjepr-Übergang hatte dann die Infanterie dauernd die schwersten Kämpfe. Die Russen kämpften außerordentlich zäh und sehr hinterhältig. Sie haben eine gute Artillerie und nun tritt auch manchmal ihre Luftwaffe in Erscheinung. Irgendwelche Demoralisationserscheinungen haben wir

MAKES LESS MEAN MORE
H·P SAUCE

Daily Mail

LATE WAR NEWS SPECIAL

A RUM-FIZZ PLEASE

NO. 14,096 ONE PENNY * FOR KING AND EMPIRE TUESDAY, JULY 1, 1941

BIG BATTLE FOR ROAD TO MOSCOW

Berlin Says Fighting Nears Area of Smolensk

BERLIN last night claimed that Minsk, city of 100,000 people ten miles inside the frontiers of Soviet Russia proper, was in German hands. A military spokesman went further and said that German troops were advancing on Smolensk, 200 miles beyond Minsk and nearly half way along the road to Moscow.

Last night's Russian communiqué failed to bear out these sweeping claims, but made it clear that the most tremendous tank battle of all time is being fought in the Minsk sector for the

NAZI THRUSTS AT RUSSIA

MAP showing the new danger point appearing in Russia. The Germans claim to have captured Minsk, ...

RED PURGE BY VICHY

Thousands Under Arrest

VICHY, Monday.

SEVERAL thousand Russians, in both the occupied and unoccupied zones of France, have been placed under preventive arrest.

This follows the Vichy Government's decision, on orders from Otto Abetz, Hitler's representative

RAF STRIKE TWICE

Day Raids on Kiel and Bremen

BRITAIN'S warplanes carried their day and night battering of the Nazi war machine a stage further yesterday. Twice they struck at Germany herself—Bremen and Kiel—in daylight raids.

Smoke still hung over battered Bremen when they swooped out of the clouds, for during Sunday night the big port had shared with Hamburg the weight of heavy blows from strong forces of our night bombers.

In this first double attack by day on Hitler's home territory the

Birth of an Idea

From The Daily Mail of May 22 last.

TANK FUND BEGUN

COUPON VALUES CHANGE

Women Given Clothes Concessions

By Daily Mail Reporter

NEW coupon values for clothes which give valuable concessions to women come into force to-day, after a month's experience of rationing. Second-hand clothes are also rationed if over certain prices.

Woollen skirts, which previously required seven coupons, need only six. Skirts of other materials now need only four coupons.

Suspender belts and brassieres are reduced from three coupons to one.

Rittmeister Philipp-Franz Freiherr von Guttenberg, gefallen am 9. Januar 1943 in Lipski bei Leningrad, wenige Tage nach seinem letzten Heimaturlaub.

noch keineswegs bemerkt. Der Krieg ist hier härter und blutiger als in Polen und im allgemeinen auch in Frankreich (mit Ausnahme von so schwerem Stellungskrieg wie bei Attigny und an der Aisne-Somme-Linie). Aber wie gesagt, die Russen sind auch sehr gute Artilleristen und gerade darunter hatte unsere Infanterie sehr schwer zu leiden.«

Führen wir noch einen letzten Zeugen aus den nahezu euphorischen Wochen des schnellen Vormarsches im ersten Sommer des Feldzugs auf, ehe die herbstliche Schlammperiode und der anschließende grimmige russische Winter der Wehrmacht den ersten schweren Rückschlag des Krieges und den deutschen Soldaten erste Zweifel an ihrer Unbesiegbarkeit bringen sollte. Der Zeuge ist Leutnant Franz Freiherr von Guttenberg, Bruder des nachmaligen Bundestags-Abgeordneten Karl-Theodor, der auch noch zu Wort kommen soll. Franz Guttenberg fiel später als Rittmeister vor Leningrad. Zunächst beschwert sich der junge Offizier, daß er tage-, wochenlang hinter den vorstürmenden Panzern herreiten muß, ohne einen Russen zu sehen. Die Pferde, schreibt er, seien todmüde und hätten staubverkrustete Augen. In den Dörfern hätten die vor ihnen Marschierenden »alles ratzeputz aufgefressen«. Es wäre »immer dasselbe: Niema salloma, niemachleba, niama jaiza, niema maslo, niemanix . . .« Das Landserrussisch, mit dem man sich seine Verpflegung besorgte, hatte der Leutnant offenbar schnell gelernt: nix Wurst, nix Brot, nix Eier, nix Fleisch. Aber am Dnjepr angekommen, geht es los. Guttenberg erlebt, verstrickt in die Kämpfe um den Kessel von Kiew (900 000 Gefangene) den »Triumph der Reiterei«:

»Die Gerüchte um einen sich bildenden Kessel verdichteten sich immer mehr, bis die Kunde, Panzervater Guderian habe sich mit Kleist die Hand gereicht, zu den schönsten Erwartungen berechtigte. Kurz darauf wurden 2 Batlne der Division mit unseren Radfahrern über den Fluß geschickt. Kaum war der Übergang erzwungen, der große Triumph der Reiterei: ›Reiterschwadron ab sofort den beiden Batl. unterstellt, setzt noch heute über, da Radfahrer in dem sandigen Gelände nicht beweglich!‹ Die folgenden 14 Tage waren unsere schönsten, einzigen wirklich kavalleristischen des ganzen Feldzuges. Tagtäglich war die ganze Schwadron auf Spähtrupps. Mit wahrer Begeisterung stocherten wir in dem Kesselwespennest herum, teils mit Kampfaufträgen, teils um Verbindung mit von irgendwoher erwarteten deutschen Teilen zu suchen. Ein Reitgelände wie im Hauptsmoorwald.«

Die Einheit des Leutnants wird nach Beendigung der Schlacht von Kiew zunächst nach Odessa, nach dessen Einnahme auf die Krim geworfen, wo Guttenberg die äußerst harten Kämpfe um die Einnahme der Tataren-Halbinsel miterlebt, bei beginnendem Frost und Schneefall und schließlich bei 40 Grad Kälte, wo er sich »eines Nachts die ganze Visage erfroren hat, eine ausgesprochen hinderliche Prozedur«. Die Schwadron Guttenbergs hat zu diesem Zeitpunkt, vor der Hafenstadt Feodosia im Ostteil der Insel, nur noch zwei Züge, und der Leutnant aus dem Fränkischen gibt davon eine sehr komische Schilderung: »Wir sahen aus wie lauter Don Quichottes und Sancho Pansas, die einen hoch auf unseren alten, immer magerer werdenden Rössern, die anderen auf Kosakenböckchen und waschechte Tartarensättel geklemmt, und das immer im Schweinstrab, um mit dem motorisierten Teilen mitzuhalten.«

Der russische Winter erwischte die deutschen Truppen vollkommen unvorbereitet und den unmenschlichen Temperaturen nahezu schutzlos ausgesetzt. Viele Bamberger bezeugen dies, zuweilen mit einem fast erstaunten Unterton, in ihren Briefen an ihr Nachrichtenblatt im fernen Bamberg. So schreibt Oberleutnant Pirner im Januar 1942, Höhepunkt der selbst für russische Verhältnisse seltenen Kältewelle: »... Wir haben uns ganz auf Schlitten umgestellt und es ist diese Art auch die einzig mögliche der Fortbewegung. Auf diese Weise bin ich also doch wieder zu Pferden gekommen.

Die Kälte hat uns schon recht zugesetzt und die Ausfälle an Erfrierungen sind recht erheblich. Vor einigen Tagen hatten wir die niedrigste Temperatur mit –48 Grad. Wenn man da nicht aufpaßt, hat man gleich einen Frostschaden weg. In der letzten Zeit sind wir dauernd da eingesetzt, wo etwas los ist. Besonders nachts ist der Russe sehr tätig, so daß unsere Ruhezeit meist auf den Tag verlegt werden muß.

Leider haben wir seit Wochen keine Post mehr bekommen, was übrigens durch die bei uns eingetretenen Verhältnisse durchaus erklärlich ist. In einer Woche soll jedoch etwas kommen. Die Verpflegung ist recht gut, nur haben wir keine Küchen mit, so daß wir uns alles selbst kochen müssen. Es geht dies noch, wenn wir einige Tage am selben Ort sind. Doch auch dann erfordert es eine gute Organisation, da wir uns ja immer im Einsatz befinden. Ich staune immer wieder, wie man hier mit Schwierigkeiten fertig wird, die in den vorherigen Kriegsjahren nie aufgetreten sind.«

Oberleutnant Franz von Perfall gehörte zu den deutschen Soldaten, die am nächsten an die sowjetische Hauptstadt Moskau herangerückt sind, ohne sie jemals nehmen zu können. Auch ihn erwischt die volle Kälte. Am 7. Dezember 1941, einen Tag vor seinem Tod, sorgt er sich mehr um seine Männer als um sich selbst.

»Wir sind die Division, die am nähesten vor Moskau steht, 20 bis 25 km. Seit 16. November bin ich heute jeden Tag im Einsatz gewesen, man macht es ja gern, nur tun einem die Männer oft leid, die bei der saumäßigen Kälte (30 bis 40 Grad) wirklich hervorragend sind. Acht EKI und 46 EKII haben wir im Bataillon verteilt ...«

Und dann kommen die Rückschläge. Etwa zum gleichen Zeitpunkt meldet Major Freiherr von Leonrod – später wegen Teilnahme am 20. Juli zum Tode verurteilt und hingerichtet – verwundet aus einem Reservelazarett, wie er seine Abteilung nach tagelangen isolierten Widerstand gegen eine volle russische Schützendivision, nur noch von Flugzeugen versorgt, zurücknehmen mußte, bis sie von einem Infanteriebataillon abgelöst wurde. »Meine Verletzungen machen schöne Fortschritte, das rechte Bein konnte schon von der Schiene abgenommen werden ...«

In einem »Zwischenbericht« schreibt Oberleutnant Dr. Schulze, Abteilungsadjutant in der schon erwähnten Aufklärungsabteilung Boxberger, über den verzweifelten Marsch der Panzergruppe Guderian durch Eis und Schnee nach Tula südwestlich Moskau, den Versuch, den Einschließungsring um Moskau von Süden zu schließen. Ob Infanterist, Panzermann oder Reiter, alle deutschen Soldaten litten dieselben zermürbenden, letztlich sinnlosen Fußmärsche:

Fortschritte im Angriff auf Moskau

Stärkere Ausbruchsversuche aus Leningrad abgewiesen
Stadtgebiet von Rostow befehlsgemäß geräumt

Aus dem Führerhauptquartier, 29. November.

Das Oberkommando der Wehrmacht gibt bekannt:

»Das Thermometer fällt stellenweise unter 35 Grad. Von den Männern wird schier Unmögliches verlangt. Der Feind drückt dauernd nach. Am 8.12. hat die Abteilung unter Einsatz aller Kräfte frühmorgens die Straße Wenew – Tula erreicht. Dieser Nachtmarsch war der schwerste. Strenge Kälte und Schneesturm hat jeden Meter zur Qual gemacht. Schneeverwehungen bildeten schier unüberwindliche Hindernisse. Von den Krädern lief kaum noch eins. An jedem Lkw hingen sie in dicken Trauben, oft fünf bis sechs auf einmal. Ein Vorwärtskommen auf den befohlenen Wegen war stellenweise gänzlich unmöglich. Umgehungen mußten mühsam ausgemacht werden. Bei Überschreiten des Oßetr bricht das Eis ein. 9.00 Uhr war der Bestimmungsort erreicht.«

Am 28.12.1941 meldet sich ein Oberst Eberth, Kommandeur eines Infanterie-Regiments, beim »Bamberger Reiter«:

»In den schweren Abwehrkämpfen der 2. Dezemberhälfte wurde in mein Regiment auch die Radfahr-Schwadron 219 geworfen, deren Offiziere Rittmeister Sachenbacher, Oblt. von Schrottenberg und Leutnant Margerie Ihrem Regiment entstammen. Auch der zum Regiment kommandierte Leutnant Wagner war mit der Radfahr-Kompanie meines Regiments an diesen Kämpfen beteiligt.

Hart war die Nachricht im Laufe des 22.12. nachmittags, als die Verwundung von Rittmeister Sachenbacher (Fußgelenkdurchschuß) und die des Oblt. von Schrottenberg (Bauchschuß) mitgeteilt wurde. Leider ist Oblt. von Schrottenberg verwundet in Feindeshand gefallen. Am 23./24.12.41 wurde Leutnant Wagner beim Säubern einer Ortschaft durch Kieferschuß verwundet. Lt. Magerie führt z.Zt. eine Kompanie meines Regiments.

Alle diese Offiziere haben würdig der Tradition Ihres Regiments gekämpft und dazu beigetragen, daß den Russen ein Erfolg versagt blieb.«
Wir zitieren aus dem Kondolenzbrief, den Schrottenbergs Abteilungskommandeur, Major Wörthmüller, an die Mutter des Vermißten richtete, einen Tag, nachdem sein Schwadronschef nicht mehr aufgefunden worden war. Er steht für viele, die geschrieben wurden, von Kommandeuren und Kompaniechefs, die sich trotz der enormen Belastung noch die Zeit nahmen, das Los der unglücklichen Angehörigen ein wenig zu erleichtern:
»Oblt. von Schrottenberg hatte nach Verwundung des Schwadronschefs die Führung der Schwadron übernommen. Im Laufe des 21.12. verstärkten sich die russischen Angriffe immer mehr, während die eigenen Reihen dünner wurden. Schließlich war er nur mehr mit einigen Männern kampffähig. In dem letzten fernmündlichen Bericht an das Btl. brachte er zum Ausdruck, daß er die Stellung unter allen Umständen halte, auch ganz allein.
Kurz darauf kam ein Mann zum Btl. Gefechtsstand und meldete, daß Oblt. von Schrottenberg durch Bauchschuß verwundet sei. Er habe ihm einen Notverband angelegt. Daraufhin wurde ein Pferdeschlitten mit diesem Mann wieder nach vorn geschickt, um ihn zu bergen. Leider kam der Schlitten nicht mehr zurück. Bei den vorliegenden Verhältnissen haben wir alle wenig Hoffnung, daß er noch am Leben ist, wenn auch etwas Bestimmtes nicht angegeben werden kann, da das Waldstück nicht mehr in unserem Besitz ist.

Feldpost

Hochverehrte Frau Baronin, ich spreche Ihnen im Namen der Schwadron und des Offizier-Korps mein tiefstes Beileid aus. Möge die Tatkraft und die außergewöhnliche Schneid Ihres Sohnes Ihnen Kraft geben, die schweren Stunden zu überwinden.«

Ein seltenes und besonders schmerzliches Schicksal mußte der Leutnant Hans Salb, ein gebürtiger Bamberger, ertragen: Sein jüngerer Bruder fiel nur einige wenige Meter neben ihm bei einem Angriff auf eine russische Stellung. Hans Salb hat den Krieg überlebt, hoch dekoriert und mehrfach verwundet. Er wird in diesem Buch noch einmal zu Wort kommen.
Hier zitieren wir ihn mit einem Brief, den er am Abend des Todes seines Bruders an die Eltern schrieb. Der Brief gibt, wohl stellvertretend für viele seinesgleichen, Auskunft über die Einstellung, die der deutsche Soldat zum Tode im Kriege und, wenn sein Handeln als Krieger eingebettet war in einen Jenseitsglauben, zum Leben nach dem Tode hatte. Er zeigt auch, mit welcher Ehrfurcht er dem gefallenen Kameraden begegnete und wie er trotz unaufhörlicher Kampfhandlungen immer die Zeit fand, den Toten eine würdige Bestattung zu geben.

H. S.

23. November 1941
im Angriff auf Moskauer
Schutzstellungen

Lieber Vater,
liebe Geschwister,

seid, ruhig, wenn Ihr diese harte Nachricht hört:
Josef ist am 19. Nov. beim Sturm auf Moskauer Schutzstellungen gefallen. Härter, als es mich traf, kann es Euch nicht sein, da ich von Tag zu Tag wieder zum Angriff schreite und den Besten und Liebsten nicht mehr bei mir habe, mit dem ich völlig eins war.
Am 19. Nov., nachmittags gegen 14 Uhr, schritt seine Kompanie zum Angriff. Ich hatte mit meinem Zug rechts Anschluß und Seitensicherung. Die Kp. blieb auf einer freien Fläche im Feindfeuer liegen. Ich wagte mit zwei Gruppen noch einen geschlossenen Sprung, um die Kp. mit durchzureißen. Doch vergebens. Auch ich lag ohne Deckung fest. Und dicht neben mir fiel der tapferste Mann auch meines Zuges. Als der Angriff von links dann wieder Luft bekam, und der Ort genommen war, ergriff jemand hart meine Hand: »Fassen Sie sich, Herr Leutnant, Ihr Bruder ist gefallen.«
Mir war, als durchbohrte mehr als eine Kugel das Herz. Später sah ich, daß Josef etwa 30 m seitlich und etwas links rückwärts von meiner Stellung den Heldentod gestorben war. Das Geschoß hatte ihm schräg das Herz durchbohrt und den Tod sofort herbeigeführt. Seine Kameraden, die ihn hochschätzten, sagten, er hätte keinen Laut von sich gegeben.
Ich habe Josef auf einen kleinen Schlitten zu mir bringen lassen und eine Nacht bei mir im Hause behalten. Ich drückte seine harte Hand, und es war mir, als gebe er den festen Druck zurück. Als ich mich über ihn beugte, war sein Gesicht so klar und rein, seine Augen gingen auf und schienen zu lächeln und zu grüßen. Ich konnte mich nicht mehr halten kraulte ihm wild im langen Blondhaar, drückte das Gesicht gegen seine Wangen und weinte mich aus. Als ich dann zu meinem Zug kam, war ich steifer und härter, meine Männer ergriffener denn je. Ich habe im Zuge 6 Mann verloren, dazu wurden 4 verwundet; doch bei keinem war der Abschied so schwer, auch für meine Soldaten, wie an Josefs Grab. Erst recht in meinem Zug war Josef wie zu Hause. Noch eine Nacht zuvor, schlief er mit in meinem Wagen, als wir in einem Wald Sicherung bezogen hatten. Wir kuschelten beide die Köpfe unter meiner Pelzjacke zusammen und hielten uns aneinander warm.
Josef war einer der besten Soldaten. Er war rasch Melder im Zugtrupp und im Kompanietrupp geworden und war schon Befehlsempfänger im Bataillon. Er wäre ein guter Offizier geworden.

Am Nebelmorgen des 20. Nov. begruben wir ihn. Im russischen Friedhof vor der Kirche in Iljinskoje liegt unser Heldengrab. Wir wickelten den Leib in die Zeltplane und ein weißes Leinentuch, damit er später in der Heimat brav und ungestört weiter ruhen kann.
Wir sangen alle mit getragenen Stimmen das gute Kameradenlied. Ich sprach einige Worte. Dann warfen wir die harte Erde ins Grab und beteten ein Vaterunser.
Auf dunklem Tannengrün, das den Grabhügel ziert, liegt Josefs Stahlhelm. Das schlichte Birkenkreuz trägt das schwarze Grabschild. Unser Heldengrab ist mit einem Birkenzäunchen umfriedet. Ich habe 16 Aufnahmen vom Grab und dem Gefechtsfeld gemacht, um immer der harten Stunde eingedenk zu sein.
Josef hat die dunkle Schwelle Leben-Tod überschritten. Bei ihm war das so rein und edel wie unter den leuchtenden Augen Gottes. So einfach, schlicht und edel er gelebt hat, ohne Hochmut und Überhebung, aber auf kraftvollem Weg zu Selbstbewußtsein und zu großen Aufgaben ist er gefallen, ohne Laut.
Viele Gräber säumen meine Wege; viele Soldaten sind an meiner Seite gefallen, die einen nach gräßlichem Todeskampf, die anderen leicht. Doch keiner war im Tode so lebendig wie Josef. Unsere Vorstellungen von Gott und vom Himmel sind nichts Wirkliches, Greifbares. Doch sie sind die Ausstrahlungen unserer höchsten, reinsten Gedanken. Und in irgendeiner Form und Art, in einer Geistigkeit gibt es Gott, und er hat eine Heldenstätte für alle, die Göttliches mit ihrem Leibe tragen. Unsere Seele, der Himmel und Gott gehören zusammen. Und so gibt es für mich keinen Zweifel: Wenn ich an Gott denke und in seinem Willen lebe, weiß ich, daß Josef dabei irgendwie mitzusprechen hat. Ich weiß, Josef ist zu Gott gegangen, den schönsten und heiligsten Tod.
Vergießt Tränen, denn Josef ist viele Tränen wert. Dann aber verschließt den Schmerz tief in der Seele und kehrt zum Leben zurück. Das müssen wir. Und bangt Euch nicht um mich. Auch mich kann das Soldatenschicksal treffen. Ich wäre gerne gefallen, wenn Josef nach Hause gekommen wäre. Dieselbe Auffassung trug Josef in der Seele.
Mein Leben ist jetzt um so fester in Gottes Hand. Er wird bestimmen, ob ich für unsere Familie und für das Vaterland sterben soll oder ob ich später eine andere Pflicht zu erfüllen habe.
Das sind meine Gedanken über Soldatentod und Abschiednehmen. Ihr vernehmt Sie mit der harten Nachricht von Josefs Heldentod. Die weihnachtlichen Tage, in denen sie euch wahrscheinlich erreicht, vermehren das Leid. Aber glaubt es fest, wie ich es an Josefs Grab sagte:
»An Heldengräbern steht nicht der Tod, sondern das Leben!«
Soll mich in den kommenden Kämpfen das Schicksal ereilen, glaubt fest, wir sind zu Gott gegangen, Josef mir voran.

Seid stark im Glauben an Gott und das Vaterland, für das wir stehen und fallen.

Euer dankbarer Hans

Anm.: Der Brief kam am Heiligen Abend, dem 24. Dez. 1941, in Bamberg an. Ein Gesuch meines Vaters, den letzten Sohn aus der kämpfenden Truppe zurückzuziehen, habe ich abgelehnt.

Der Winter ging vorüber. Der Frühling brach spät, aber mit der Urgewalt, die nur Rußland kennt, herein. Der monatealte Schnee schmolz und in ihm die Leichen vieler Tausender russischer Gefallener, die in dem permanenten Kampf um Leben und Tod unmöglich hatten begraben werden können. Wieder ging es nach Osten, noch einmal, zum letzten Mal, zu Hitlers großem Schlag auf die Stadt Stalins an der Wolga. Noch einmal wurde den Soldaten Unmenschliches abverlangt, aber noch einmal glaubten viele von ihnen, dem Sieg vielleicht doch noch ein Stück näherkommen zu können. Auch aus diesem Sommerfeldzug 1942 gibt es viele Zeugnisse. Wie grausam der Krieg inzwischen geworden war, zeigt ein Brief des Rittmeisters Freiherr von Woellwarth über das Vorrücken auf Stalingrad. Wie sehr er auch die Empfindungen »normaler« Menschen verrohen läßt, je länger er andauert und je weiter er sich von den Normen geregelter Sitten entfernt, machen diese Zeilen erschütternd deutlich.

»... Nach längerer Reparaturzeit in Woronesh stießen wir in den großen Donbogen und durcheilten bei angenehmer Hitze diese völlig baum-, deckungs- und häuserlose Steppe. Ganz harter Boden, der uns die Torsionstäbe am Laufwerk zerbricht, mit einem silbergrauen, harten Gras. Schließlich hatten wir unsere Freunde westl. Stalingrad wieder eingeholt, bzw. liefen auf die Stalingrader-Schutzstellung auf. Am 1. 8 42 erhebliche Kämpfe. Wir halfen der unglücklichen Infanterie. Gleich morgens 4 Paks vernichtet, dann im Stellungssystem z.T. ausbootend, ausräuchern jedes einzelnen Kampfstandes und Bunkers. Beispiele für die Kampfweise des Gegners: Ich fahre vor ein s.M.G.-Nest, das wie verrückt schießt, bringe es zum Schweigen. Der eine lebt noch und tarnt, 30 m vor meinem Panzer, sein s.M.G. Ich fahre an sein Loch, werfe 2 Handgranaten hinein. Jeder 5. hat eine Panzerbüchse. Es klatscht verdächtig überall. Einen Teil können wir überwalzen oder abschießen. Die Infanterie ist gerührt über unsere Unterstützung. Sie kommt endlich hoch. Weiter zu einer Höhenstellung. Hier 15jährige Stalinjugend. Hoch aufgeschossene, sehnige, wutverzerrte Bengels. Wie die Löwen. Wieder stehen wir mitten im Graben- und Stellungssystem und müssen böse Nahkämpfe bestehen. 10 m vor mir springt doch so ein Bengel aus dem Loch und verpaßt mir eine moderne Pan-

Rittmeister Dieter Pfeuffer, Chef der Reiterschwadron in der Aufklärungsabteilung 113 (Major Boxberger), 1942 auf dem Marsch nach Stalingrad. Die Brille sollte die Augen vor dem unaufhörlichen Staub schützen.

Vier Fahnenjunker der Aufklärungsabteilung 113 auf dem Weg nach Stalingrad im Sommer 1942, von links: Franz Graf Du Moulin Eckart, heute Vorsitzender der Vereinigung der Offiziere des ehemaligen Regiments, Wolfgang Kühn, Hans Rattenhuber, Jawinkels-Harding. Alle drei letztgenannten fielen noch im gleichen Jahr.

zervernichtungshandgranate mit 1½ kg, die, Gott sei dank, herunterfällt durch den Ruck des Anfahrens. Nur einen Hupf machten wir und ich ging bis 8 zu Boden.«

Der Reiter Graf Trauttmannsdorff steuert, in einem bewegenden Bericht aus jenen Tagen, der aus der »Landser-Ebene« kommt, ein Detail bei, das jedem Rußlandkämpfer den Alltag jener Jahre in Erinnerung rufen wird.

»Gestern habe ich eine Entlausungskur gemacht, da ich schon halb verrückt war und total zerbissen. Konnte kaum mehr schlafen mit den Bestien. Wir hatten so ein Mittel und da habe ich die Wäsche und alles außer Montur gekocht. Was da nachher zum Vorschein kam, war haarsträubend. Hauptsächlich im Jumper. Die Nähte in der Hose und im Rock, die voll von Eiern waren, habe ich mit dem Mittel ausgebürstet. Ich glaube ja kaum, daß man sie ganz losbringen wird. Aber für ein paar Tage ist man von den Qualen erlöst ...«

Über den Untergang der Abteilung Boxberger in Stalingrad berichtet der Abteilungsadjutant Dr. Schulze dem Mitteilungsblatt im Sommer 1943 mit knappen Worten. Er konnte es nur, weil er zum Zeitpunkt des Zusammenbruchs der 6. Armee des Feldmarschalls Friedrich Paulus nicht im Kessel weilte.

»Im September aus dieser Stellung abgelöst, wurde die Abteilung mit ihrer Div. nordwestlich Stalingrad in der Riegelstellung zwischen Wolga und Don eingesetzt. In dieser Stellung stand sie noch, als im Nov. das Verhängnis über die 6. Armee hereinzubrechen begann, das

Als Fahnenjunker in der AA 113 fiel am 17. Dezember 1942 bei Stalingrad der Erbprinz Gabriel von Thurn und Taxis.

Graf Du Moulin Eckart als frisch gebackener Leutnant im Jahr 1943 bei der Neuaufstellung der AA 113 (Boxberger) in Brest.

sich im Januar erfüllte. Mit ihrer Armee, zu welcher sie seit dem ersten Tage ihres Osteinsatzes im Jahre 1941 gehört hatte, ging die Abteilung ehrenvoll unter. Das Ende unserer alten Abteilung und das Schicksal unserer gefallenen und gefangenen Kameraden bedeutet uns Verpflichtung. Von den Offizieren unserer alten Abteilung befanden sich, soweit sie dem Kav.-Reg. 17 bzw. der Kav. Ers. Abt. 17 angehörten, der Kommandeur und der Schreiber dieser Zeilen nicht im Kessel, ersterer auf Grund einer Erkrankung an Gelbsucht, letzterer auf Grund eines im Nov. und Dez. verbrachten Genesungsurlaubs nach vorher durchgemachter Malaria. Ltn. Graf Trauttmansdorff und Ltn. Heede wurden verwundet aus dem Kessel ausgeflogen.«

Die Abteilung Boxberger wurde unter ihrem alten Führer in Frankreich neu aufgestellt. Neben dem Kommandeur und dem Ex-Adjutanten, jetzt Rittmeister und Chef der Schweren Schwadron, gehörten noch fünf weitere Offiziere der Abteilung zum Kavallerieregiment 17, darunter Leutnant Franz Graf Du Moulin Eckart, der dem Schlamassel in Stalingrad nur durch Versetzung zur Kriegsschule entkommen war. Rittmeister Dr. Schulze beschreibt, wie sehr das Gedächtnis der umgekommenen Kameraden die Überlebenden belastete.

»So liegen wir hier im schönen Frankreich in der Nähe der Atlantikküste, erfreuen uns der schönen Umgebung und des z.Zt. schönen Wetters und es würde uns nichts an der Vollkommenheit unseres Glückes fehlen, stünde nicht unsere alte Abteilung uns ununterbrochen als Mahnmal vor Augen und bedeutete nicht ihr Schicksal für uns die Aufgabe, die neue Abteilung im Geiste und der Tradition der alten zu erziehen und die Verpflichtung, nicht eher zu ruhen, als bis der Untergang der 6. Armee bei Stalingrad wieder gutgemacht und der Endsieg errungen ist.«

Aber der Endsieg wollte nicht kommen, und er sollte nie kommen. Man klammerte sich halt an die Hoffnung. Aber jeder spürte, daß der deutschen Kriegsmaschine, schon im vorausgegangenen Winter vor Moskau angeknackst, in Stalingrad der Rücken gebrochen worden war. Von nun an sollte es nur noch zurückgehen. Und nicht nur in Rußland. Machen wir einen Sprung über das Mittelmeer. Weit unten im Süden standen ja auch hier, im Frühsommer 1943, noch deutsche Soldaten. Es war das Ende des afrikanischen Abenteuers der deutschen Armee. Rommels Afrika-Korps war aus Libyen vertrieben worden und stand, in einer tunesischen Riegelstellung, den Engländern und den im November 1942 in Marokko gelandeten Amerikanern gegenüber. Viel Feind, viel Ehr – konnte man von nun an sagen. Auch hier waren Bamberger dabei. Oberstleutnant i.G. Claus Schenk Graf von Stauffenberg war im April als IA der 10. Panzerdivision schwer verwundet worden. Der ehemalige Schwadronschef in Bamberg hatte sich vorher häufig beim »Bamberger Reiter« aus Afrika gemeldet, wenn auch immer nur in kurzen Kartengrüßen.

Jemand, der länger berichtete, war Oberleutnant von Grundherr, den es, wie so manche, von der russischen Hölle in das afrikanische Paradies verschlagen hatte. Im Dezember 1942 berichtet er aus Tunis:

»... Gestern abend trafen sich in Afrika beim Skat zwei ehemalige 17er und plauderten von lang vergangenen schönen Zeiten. Von Pferdestall und Pferdemist, von Reiten und Jagen und ähnlichen edlen Dingen war die Rede. Ein neu zu unserer Abteilung versetzter Inspektor namens Beck entpuppte sich als alter 17er Straubinger Wachtmeister und wenn wir auch nur wenig gemeinsame Bekannte haben, so verband doch wieder einmal, wie so oft, der gute Zampel zwei fremde Menschen.

Nach einer langen Reise bin ich nun in Tunis gelandet und habe mich mit den neuen Verhältnissen ganz gut abgefunden. Tunis ist ein reiches Land, die reichste Provinz, die Frankreich hatte. Weizen, Wein und Vieh. Gute Straßen und ein augenblicklich wenigstens sehr angenehmes Klima, machen den Krieg leicht. Wenn ich ein Jahr zurück an Rußland denke ... Ich hätte mir nicht träumen lassen, daß ich einmal im Adamskostüm um die Weihnachtszeit im Freien in einer Regentonne fröhlich plätschern würde!

Meine erste Feuertaufe auf afrikanischem Boden habe ich auch schon hinter mir. Mein Wagen und noch zwei Panzer meines Zuges wurden abgeschossen, wir mußten ausbooten und da wir völlig abgeschnitten waren, wurden mir leider fünf Mann gefangengenommen; mich selbst rettete vor diesem Schicksal nur eine Kanalröhre, die ich im letzten Augenblick noch entdeckte, als die amerikanischen Kampfwagen ankamen. Glück muß der Mensch haben!«

Beim nächsten Scharmützel mit den Amerikanern gab es offenbar keine Kanalröhre, die den jungen Oberleutnant vor der Ergreifung durch die »Amis« hätte bewahren können. Ein wenig weiter finden wir in der Bamberger Reiter-Chronik einen Brief desselben Autors. Er kommt aus dem »Prisoner of War Camp Concordia« bei New York und ist mit der komischen Marke »Boy Nr. 20« ohne Datum gekennzeichnet.

»... Nach langer Zeit bin ich in der Lage, endlich einmal persönlich von meinem Ergehen zu schreiben. Viel Erfreuliches kann ich nicht berichten. Nachdem das Unabwendbare in Afrika über uns hereingebrochen war und wir alle Hoffnungen auf Rettung durch eine kaum faßbare Wirklichkeit zerstört sehen mußten ... (2 Zeilen von der Zensur gestrichen) ... bis uns endlich eine Seereise in das ›gelobte Land‹ brachte. Man lernt so die Menschen von einer ganz anderen Seite kennen, was recht aufschlußreich ist. Eine 50-Std.-Bahnfahrt im D-Zug vorbei an Riesenstädten, urigen Wäldern und Flüssen führte uns in dieses Lager im Staate Kansas. Verpflegung ist gut und ausreichend ...«

Rittmeister Roland von Hößlin kämpfte als Kommandeur einer Panzeraufklärungsabteilung in Rommels »Afrika-Korps«, wurde beim Einbruch in eine englische Stellung an der El-Alamein-Front verwundet und erhielt das Ritterkreuz. 1934 war der später zum Widerstand gestoßene Offizier als Fahnenjunker in das Reiterregiment 17 eingetreten.

Wie die 6. Armee in Stalingrad, war auch die Afrika-Armee des Generalobersten von Arnim der Übermacht erlegen und in Gefangenschaft, wenn auch eine ungleich sanftere, gegangen. Zwei Bamberger Reiter hatten in Afrika das Ritterkreuz erworben: der spätere Major Roland von Hößlin bei der Wiedereroberung einer von den Engländern genommenen Bunkerlinie bei El Alamein an der Spitze seiner Panzeraufklärungsabteilung 33, und der Leutnant Konrad Zecherle, der sich als wahrer Aufklärer bewährt hatte. In einem offiziellen Bericht über die Auszeichnung des Offiziers heißt es:
»Es war während der schweren Kämpfe an der tunes.-tripolitanischen Grenze. Eine Paßenge mußte unter allen Umständen gehalten werden, um die Rückverlegung der Rommelarmee zu sichern. Leutnant Z. wird mit einem Spähtrupp angesetzt, um den Briten solange vor der eigenen Linie festzuhalten, bis die HKL (Hauptkampflinie) ausgebaut und auch der letzte Mann der Rommelarmee zurück ist.«
Der Leutnant schlägt sich den ganzen Tag mit 14 englischen Panzern und fast gleichvielen Schützenpanzern herum, wird in einem Djebel eingeschlossen. »Spähmänner aber sind Füchse«, fährt der Bericht fort, »sie warten die Dämmerung ab und durchbrechen den ahnungslosen Feind.« Am Tag darauf nutzt Zecherle die Überraschung zu einem Gegenschlag mit italienischen Bundesgenossen, zerstört acht Panzer und 26 Fahrzeuge, macht 100 Gefangene. Wo hat er das alles gelernt? In Bamberg, auf dem Stoex? Der Mann wird noch tollkühner:
»Von neuem greift der Feind an. Z. wird mit einem Spähtrupp in die Flanke des Gegners angesetzt, befindet sich aber plötzlich hinter dessen Artilleriestellung. Er steigt aus, tarnt sich als Araber und stellt den ganzen Standpunkt der feindlichen Artillerie fest. Kurze Zeit später hauen 5 Stukabomber die 10 dort eingesetzten britischen Batterien restlos zusammen.«
Dafür also gab es verdientermaßen das Ritterkreuz. Gleichwohl erinnern die Episoden vom afrikanischen Kriegsschauplatz eher an ein aufregendes Wildweststück, im Vergleich zu Rußland jedenfalls, wo solchen Husarenstücken sehr enge Grenzen gesetzt waren. Im Sommer 1943 machte das deutsche Ostheer, nur mühsam erholt von der Niederlage in Stalingrad und dem zermürbenden Rückzug vom Kaukasus, noch einmal einen letzten Versuch, dem Gegner die Initiative an der Ostfront aus der Hand zu ringen. Auch am »Unternehmen Zitadelle«, dem Versuch zweier Panzer- und zweier Infanterie-Armeen, den Frontbogen der Russen zwischen Orel und Kursk einzuschnüren und daraus einen Kessel zu machen, sind Bamberger Reiter beteiligt. Die Begegnung ist die »größte Panzerschlacht der Geschichte« genannt worden, bis sie, jedenfalls der Zahl der beteiligten Panzer nach, von dem Drei-Tage-Krieg der Amerikaner, Engländer und Franzosen am

Mappe G

Nur für den Dienstgebrauch!

Militärgeographische Angaben über das Europäische Rußland

Zentral-Rußland

(ohne Moskau)

Textheft

Abgeschlossen am 15. Mai 1941

Generalstab des Heeres
Abteilung für Kriegskarten und Vermessungswesen (IV. Mil.-Geo.)
Berlin 1941

Golf im Frühjahr 1991 überrundet wurde. In der Härte des Zusammenpralls aber steht sie bis heute als unvergleichlich in militärischen Annalen. Sie dauerte nur acht Tage. Aber schon am dritten Tag war der deutschen Heeresführung klar, daß sie nicht gewonnen werden konnte. Der Schwung war nicht mehr da. Der Gegner hervorragend vorbereitet. Der Vorstoß schwerer und schwerster deutscher Panzer verfing sich rasch im geschickt angelegten Netz der russischen Abwehr. Schließlich gab es nur noch verlustreiche Einzelgefechte, die allmählich ganz versickerten. Lassen wir einige Teilnehmer zu Wort kommen. So schreibt Leutnant Freiherr von Spielmann am 13. August 1943:

„Freiheit und Brot"

HER BEOBACH

Nordd

Berlin

Kampfblatt der nationalsozialistischen Bewegung Großdeutschlands

Gewaltige Panzerschlacht

im Raum Bjelgorod – Orel

Hinter dem durchstoßenen sowjetischen Stellungssystem hält das Ringen mit gesteigerter Heftigkeit an

»Am 10. 7. 43 griffen wir erneut eine Höhe an. Ich lag mit 2 Komp., wenige Meter von unserem seit 3 Tagen ersehnten Ziel, rechts u. links hingen die Nachbarn über 1200 m ab – wir mußten warten. Gewaltiges Art.- u. Pz.-Feuer hielt uns nieder – eingegraben – übrigens das Schanzen habe ich gelernt, 4 Löcher so ungefähr jeden Tag, ganz und gar freiwillig mit einem Bäreneifer.

Trotzdem: Ausfälle. Ich schicke Melder zurück, Nachbarn sollen vorkommen, Munition ist knapp. Schwere, endlose Stunden, da plötzlich links im Rücken springen so etwa 50 Russen aus dem hohen Feld auf und stürmen mit »urräh« auf uns los. Ein MG-Schütze macht kehrt, will von der Hüfte schießen – Hemmung – er läuft fort, der Nachbar folgt ihm, die Gruppe sieht das und fort, alles gerät in Bewegung. – Aber nicht lange – keine 25 m, so habe ich mein Häuflein angehalten und sie stehen uns von 30 m gegenüber und schießen, was der Karabiner hält, was die M.P. leistet. – Das wird mir zu dumm, ich schreie ›Gegenstoß‹ und mit ›Hurra‹ ran an den Speck, was nicht getroffen wird, flieht in 2 Richtungen. 25 Gefangene lasse ich abführen. Die Lage ist wieder in Ordnung.

Nach etwa 1 Stunde kommen endlich unsere Panzer und sogar auch einige Tiger und räumen bei den T 34 und KW I auf.

Noch eine kleine Episode:

Es war am 3. 8. Der Russe war mit Panzern und Inf. durchgebrochen, der Batl.-Führer, einige Männer und ich kamen zum Gegenstoß nach vorne, als so ein frecher T 34 mit ca. 10 Mann uns ärgern wollte. Der Btl.-Führer schickte mich zurück um die Pak-Sfl. (Selbstfahrlafette) ranzuholen, das hieß etliche 100 m am Feindhang zurücklaufen, das letzte Mal verschnaufen, dann los – 70 m hinter mir der Panzer und die Russen 50 m, nurmehr 40 m; ich lief so schnell wie noch nie, da hatte ich die Sfl., der Panzer drehte ab, und stand bald darauf in Flammen.«

Ob im Norden des riesigen Bogens bei Orel, oder im Süden nördlich von Charkow – überall wichen die Deutschen zurück. Am 13. Juli schon war alles zu Ende. Rauchende Trümmer zerstörter Kampfwagen, unbeerdigte Tote zuhauf auf beiden Seiten, das nagende Ge-

fühl bei den Verlierern, daß es nun nur noch zurückgehe, teuer, zu teuer erkaufter Geländegewinn ohne jeden strategischen Durchbruch – das war die Bilanz der letzten großen Schlacht auf russischem Boden.
»Nach ein paar Tagen wurden wir einem Infanterie-Bataillon unterstellt«, schreibt der Fahnenjunker-Gefreite Graf Trauttmannsdorf am 28. August 1943, »und kamen 40 km weiter südlich, mit Lkw hintransportiert, noch einmal zum Einsatz. Die Russen waren durchgebrochen, und wir sollten sie aufhalten. Nach 2 Tagen setzten wir uns schon ab, denn der allgemeine Rückzug hatte bereits begonnen.«
Der allgemeine Rückzug. Wie stark der nunmehr siegesgewisse Gegner nachdrückt, beschreibt zwei Monate später, im Oktober 1943, Major Graf, Kommandeur einer der letzten geschlossenen Aufklärungsabteilungen aus dem alten Regiment.
»... Bei uns ging es in den letzten Wochen wild auf. Nach dem Angriff südl. Orel, wo wir eine Materialschlacht ohne Vorgang erlebten, setzten wir uns am 25. 7. nach Westen ab. Rund 450 km Swensk, Desna, den Isnow und Dnjepr sind wir bis 26. 9. nach Westen marschiert. Was hierbei geleistet wurde, kann ich mit meinen Worten nicht schildern. Nun stehen wir seit dem 26. 9. auf dem Westufer des Dnjepr, wo wir vom ersten Tage an jede Nacht Landungsversuche abgewiesen haben. Mit einer Gefechtsstärke der Schwadronen von 15–20 haben wir 2–3 km verteidigt.«
Im Dezember 1943 wird Graf zu einem Regimentsführerlehrgang in die Heimat versetzt. Er verabschiedet sich in einem Tagesbefehl von seinen Soldaten, in dem er auf ihre Leistungen seit Beginn des Feldzuges, besonders aber auf die schwere Schlacht vom Sommer 1943 bei Orel eingeht:
»Soldaten meiner alten Abteilung!
Mit Wirkung vom 1. Dez. zu anderer Verwendung versetzt, gilt es für mich in dieser Stunde, von Euch Abschied zu nehmen. Schweren Herzens scheide ich von der Abteilung, die zu führen ich lange Zeit das Glück und die Ehre hatte ...
Ein besonderes Ruhmesblatt in der Geschichte der Abteilung werden für alle Zeiten die Kämpfe des Sommers und Herbstes 1943 ausfüllen. Dort wird mit ehernen Lettern geschrieben stehen, mit welcher Kühnheit Ihr bei Orel gestürmt und mit welchem Heldenmut Ihr Euch bei den folgenden Absetzbewegungen über die Dessna bis zum Dnjepr geschlagen habt. Auf diesen Schlachtfeldern habt Ihr Euch unvergänglichen Lorbeer erstritten!
In stolzer Trauer gedenke ich am heutigen Tage derjenigen Kameraden, welche während dieser Zeit ihren Fahneneid mit dem Tode besiegelt haben. Sich ihrer würdig zu erweisen sei unsere vornehmste Pflicht!

Kameraden! Voll Stolz und innerer Genugtuung schaue ich heute auf die schönen und harten Tage zurück, die ich mit Euch verleben durfte. Mein Dank gilt Eurer Treue und Eurer in allen Lagen bewiesenen bedingungslosen Einsatzbereitschaft. Ich war stolz und glücklich, Euer Kommandeur zu sein! Haltet das Euch von mir übereignete Wappenzeichen des
›Bamberger Reiter‹
gemäß Eurer ruhmreichen Tradition im alten kavalleristischen Geiste in Ehren. Nehmt Euch den ›Reiter‹ in allen Lagen zum Vorbild! So wie dieser deutsche Ritter aufrechten stolzen Hauptes mit klarem Blick festentschlossen über die kleinen Widerwärtigkeiten des menschlichen Lebens vorwärts reitet, so sollt auch Ihr, auf Eure eigene Kraft vertrauend, hoffnungsfreudig in die Zukunft schauen. Auf diesem Ritt in die Zukunft begleiten Euch mein Herz und meine besten Wünsche. Möge das Glück nie von Eurer Seite weichen.
Es leben meine tapferen Männer!
Es lebe meine stolze ruhmreiche Abteilung!«

gez. Graf

Alois Graf fiel als Oberst am 8. April 1945, einen Monat vor Kriegsende, in Bamberg.
Wenige Wochen nach diesem Brief fand das Leben eines anderen Obersten, des höchst Ausgezeichneten aus dem Regiment, in den griechischen Bergen bei Belsica ein Ende. Dr. Ernst Kupfer war, wie sein älterer Regimentskamerad Generalmajor Deßloch, von der Reiter- zur Fliegerei übergewechselt, ganz in der Tradition der Weltkrieg-I-Flieger vom Schlage eines Richthofen oder Immelmann. Kupfer war bei den Sturzkampfbombern (Stukas), der nach den Jagdfliegern populärsten Teilstreitkraft der Luftwaffe, zu frühem Ruhm gelangt und schließlich mit den Schwertern zum Eichenlaub des Ritterkreuzes, der zweithöchsten Auszeichnung überhaupt, bedacht worden. Aber er war seiner alten Waffe, wie so viele, treu geblieben. Nicht nur benutzte er als Vehikel auf dem Weg zu seiner Junkers-87-Maschine auch im dicksten Alarmstartgetümmel sein Pferd, er hatte auf allen Maschinen seines Geschwaders den Bamberger Reiter als Kennzeichen anbringen lassen. Regelmäßig meldete er sich beim »Bamberger Reiter« in der alten Friedensgarnison. So schrieb er ein halbes Jahr vor seinem Tod am 1. April 1943:
»... Ich würde mich sehr freuen, wenn es mir einmal gelingen würde, einige frohe Stunden im alten Kameradenkreis zu verleben, aber es gibt eben in diesem Kriege für uns dauernd etwas Neues zu tun. Ich habe vor einiger Zeit mein altes Geschwader bekommen und werde auch dieses wie meine Stuka-Reitergruppe im alten Kavalleristengeiste weiterführen.«

Oberst Dr. jur. Ernst Kupfer, der erste »General der Schlachtflieger«, posthum mit den Schwertern zum Eichenlaub des Ritterkreuzes ausgezeichnet, als Kommodore des Stuka-Geschwaders »Immelmann« bei der Rückkehr von seinem 600. Feindflug, irgendwo im Osten.

Kupfer war viermal schwer verwundet worden und trotzdem immer wieder in die Maschine geklettert. Einmal beschreibt er, noch Staffelkapitän, sein Leben so für die Kameraden:
»Ich bewege mich nun statt mit 1 mit 1200 PS vorwärts und habe den Balkanfeldzug, Kreta, Rhodos und bis jetzt diesen Orlog gut überstanden. 170 Mal habe ich bisher meine Stukastaffel gegen den Feind führen können, habe im Seegebiet um Kreta einen englischen Kreuzer und sonst mit meiner Staffel rund 45 000 BRT versenkt. Es hat bis jetzt, unberufen, ganz schön hingehauen. Auf das erste Wiedersehensfest nach dem Kriege freue ich mich. Da haben wir uns alle bestimmt eine Unmenge zu erzählen.«
Dazu kam es nicht mehr. Einer der besten Kriegsberichterstatter der Luftwaffe, Werner Thaler – auch er fiel –, hat ihm ein Denkmal gesetzt:
»Er steht wie ein letzter Reiterführer auf dieser westlichen kriegsgewühlten Halbkugel, hart und unerbittlich, aber jeder aus seinem Haufen würde sich für ihn zerhacken lassen. Ein wiederauferstandener La Rochefoucauld, der Kupfer, der einen lieben langen Tag gegen den Feind fliegt, dem beim fröhlichen Umtrunk des Abends im Kriegszelt die Rede nach Wunsch und Belieben in Versen und Hexametern über die Lippen strömt, der zwischen den Schlachten in köstlichsten Maximen spricht, der seine Bomben ebenso wirft, wie er romantische Balladen und Fliegerlieder aus dem Stegreif dichtet – der heute das Eichenlaub zum Ritterkreuz trägt … ihm mußte auch jener wilde mythische Ritt gelingen: Vom Kettenhund zum Kommodore!«
Eigenartigerweise sollte die Stunde der Kavallerie, ganz wie 25 Jahre zuvor gegen Ende des Ersten Weltkrieges, noch einmal schlagen, als es in Rußland zurück ging. Wie damals die Vorfahren bei dem großen Rückzug vom Don, von der Krim, vom Kaukasus und aus der Ukraine,

Generalleutnant Fremerey, Rittmeister Helms, Major Frhr. von Mallinckrot – drei alte Bamberger in Rußland 1943. Der letzte Regimentskommandeur blieb den Kameraden den ganzen Krieg über eng verbunden.

so hatten auch diesmal die Reiter die schwierige und wenig ruhmreiche Aufgabe zu übernehmen, das zurückflutende deutsche Ostheer im Rücken und an den Flanken vor dem nachrückenden Gegner zu schützen. Nur, daß die Kavalleristen sich diesmal mit ihren blanken Leibern und denen ihrer Pferde gegen einen weit überlegenen und gepanzerten, noch dazu beweglicheren Feind zu schlagen hatten. Die Geschichte der deutschen Reiterregimenter, Divisionen und schließlich Korps, die aus dem Nichts heraus um die Mitte des Jahres 1943 im Norden, in der Mitte und im Süden der Ostfront aufgestellt wurden, ist es wert, zum Abschluß des Kapitels über den Krieg der Bamberger erzählt zu werden. Denn hier schließt sich ein mystischer Bogen, der aus der Urzeit hinein in die Mitte unseres hektischen Jahrhunderts reicht, bis zu dem Punkt, an dem die deutsche militärische Reiterei aufhören sollte zu existieren. Und an diesem letzten Ruhmesblatt der deutschen Reiter haben auch Bamberger ihren Anteil.

Georg Freiherr von Boeselager, der Begründer der letzten geschlossenen deutschen Kavallerie-Einheiten im Felde, auf einem Lehrgang in der Heimat 1944.

Angefangen hatte alles mit einem Besuch des Georg Freiherrn von Boeselager bei seinem jüngeren Bruder Philipp in dessen Dienststelle an der Ostfront. Philipp war damals, zu Weihnachten 1942, Ordonnanzoffizier bei Generalfeldmarschall Hans von Kluge, dem Oberkommandierenden der Heeresgruppe Mitte. Georg hatte in den schweren Winterkämpfen 1941/42 die berittene Aufklärungsabteilung der 6. Infanteriedivision vor Moskau geführt und dann eine Reihe von Kommandierungen als Taktiklehrer an Kriegsschulen absolviert. Beide Boeselagers waren Menschen mit Chouzpe und Charisma, die einen so sensiblen Menschen wie den »klugen Hans« um den Finger wickeln konnten. So gelang es Georg, der sich die Sache vorher monatelang sehr sorgfältig überlegt hatte, den Feldmarschall von der Notwendigkeit zu überzeugen, wieder geschlossene Kavallerieverbände nach dem Muster des kaiserlichen Heeres aufzustellen und ihnen, in einer Lage, die immer unübersichtlicher werden würde und von »wandelnden Einbrüchen« entlang der gesamten Front gekennzeichnet war, die schwierige Aufgabe der Rücken- und Flankensicherung, des hinhaltenden Widerstandes sowie der Verschleierung von Absetzbewegungen zu übertragen. Kluge willigte ein, und Boeselager, unterstützt von fachkundigen Waffenkameraden, ging an die Arbeit.
Was dieser Mann in den kommenden Wochen und Monaten zustande brachte, ist eine der faszinierendsten Sagas des ganzen Ostkrieges überhaupt. Sie ist in vielen Büchern nacherzählt worden. Begnügen wir uns damit zu sagen, daß binnen kürzester Zeit drei Kavallerie-Regimenter, eines im Norden, eines in der Mitte und eines im Süden, aufgestellt wurden, daß aus diesen Regimentern zunächst Brigaden, dann Divisionen, und schließlich ein Korps entstand, und daß diese Verbände, angereichert durch russische freiwillige Kosakenschwadronen, bis

zum letzten Tage des Krieges kämpften, und zwar fast immer unabhängig von größeren Heeresformationen in eigener Regie, dem Lande und seinen Unwegsamkeiten angemessen.
Pferde gab es genug, und Reiter auch. Rücksichtslos wurde von Boeselager-Emissären durchgekämmt, was in den einzelnen, einst berittenen Abteilungen oder selbständigen Schwadronen noch an Reiterei übriggeblieben war. Man richtete überall Pferdedepots ein, Remonten kamen aus der Heimat, in den Kavallerieersatzabteilungen wurde wieder der gute alte abgesessene Kampf gedrillt. Ausbildung wurde auch hinter der Front betrieben. Die russischen Freiwilligen bekamen deutsche Uniformen und deutsches kavalleristisches Know-How verpaßt, aber man ließ ihnen ihre Traditionen und ihren reiterlichen Spürsinn aus jahrhundertelanger Erfahrung, von dem auch die Ausbilder profitierten. Schon im Sommer 1943 kam es, gleich nach dem Ende der Schlacht um Orel und Kursk, zu ersten Einsätzen in geschlossenen kavalleristischen Verbänden in der Mitte und im Süden der Ostfront.
In den Briefen an den »Bamberger Reiter« finden wir Spuren von Angehörigen des Regiments 17, die bei der Renaissance der Reiterei dabei waren. Noch über die Aufstellung des neuen »Haufens« und ihr Durcheinander berichtet Leutnant Schubert am 2. August 1943:
»Gestern endlich bin ich bei der I. Abt. meines neuen Regiments angekommen. Eine Woche habe ich bereits bei der IV. Abt. Dienst gemacht. 2 Bamberger Herren, der Rittm. Feyler und der Obltn. Giese trafen einen Tag früher als ich bei der IV. Abt. ein und bekamen 2 neue Schwadronen. Für mich blieb nur die Stelle des Ord.-Offz. Zu meiner Freude stellte sich aber heraus, daß wir eigentlich für 3 verschiedene Abteilungen vorgesehen waren. So wurde ich also in Marsch gesetzt und mußte noch einmal etwa 200 km weiter nach Süden fahren.
Hier bei der Abteilung sind ebenfalls zwei neue Schwadronen ohne Offiziere. Eine davon soll ich bekommen. Vorerst muß ich allerdings in ein von Partisanen gefährdetes Gebiet. Nach der Ernte werde ich dann meine Schwadron übernehmen können.
Die neu aufgestellten Schwadronen sind noch in der Ausbildung. Sie müssen noch mit Pferden und Ausrüstung versehen werden. Die Kosaken machen einen sehr guten Eindruck.«
Der erwähnte Rittmeister Feyler hatte kurz vorher mitgeteilt, er sei bis zum Hals beschäftigt mit der Ausbildung und dem Einsatz von »Don- und Kuban-Kosaken hinter Kiew«. Von demselben Kriegsschauplatz melden sich gleichzeitig die Bamberger Aretin und Castell und berichten über »Einsätze mit Boeselager-Kosaken gegen Partisanen«. Der Gefreite Freiherr von Aretin am 10. August 1943 an das Regiments-Mitteilungsblatt:
»Unsere Abteilung hat in den letzten paar Wochen unter Führung von

Philipp Boeselager den Rückzug nordwestlich Orel mitgemacht. Das Ganze spielte sich etwa folgendermaßen ab: Nach einem sehr netten Kasinoabend bekamen die einzelnen Schwadronen den Befehl, sich marschfertig zu machen. Meine Schwadron mußte noch in derselben Nacht verladen werden und dann fuhren wir zwei Tage. Wir waren zu siebent mit 8 Pferden in einem ziemlich kleinen belgischen Waggon verladen. In der Nacht riß ein Pferd den Flankierbaum runter und sprang zwischen uns. Am meisten bekamen unsere beiden Kosaken ab. Ich bekam einen Schlag unter mein rechtes Auge. Es gab ein Loch, was aber schon wieder verheilt ist ...«

Der blutjunge Fahnenjunker bewährt sich in den folgenden Kämpfen so hervorragend, daß sein Schwadronschef Oberleutnant Köhler ihm auf dem Schlachtfeld das EK II verleiht. Nach einer eindrucksvollen Schilderung des hin- und herwogenden Schlachtgetümmels in den ukrainischen Urwäldern am Dnjepr schließt Aretin seinen Bericht:

»Boeselager spendete uns reichlich Lob und, was uns viel wichtiger war, wir bekamen viel Schokolade, solche, die sie nicht mehr zurückschaffen konnten. Die nächsten Tage waren wir Rgts.-Reserve unseres aus einem Infanterie-Batl. und unserer Abteilung zusammengesetzten Regimentes. Wir mußten bei dem folgenden Rückzug noch zweimal

Offiziere und Mannschaften der 2. Schwadron des Kavallerie-Regiments Nord am Narew, Herbst 1944. Der Offizier mit dem Ritterkreuz in der Mitte ist Leutnant d.R. Ameling.

Die Standarte des Kavallerie-Regiments Mitte, des »Boeselager-Regiments«. Sie wurde am Kriegsende von den Reitern mit in die Heimat genommen und schmückt heute den Salon des Freiherrn Philipp von Boeselager in Kreuzberg an der Ahr, jüngerer Bruder des Regimentsgründers und, mit dem Ritterkreuz ausgezeichnet, Führer einer seiner Abteilungen.

Nachhut spielen, hatten dabei aber wenig Verluste und kamen jedesmal noch gut weg. Das Regiment zog sich hinter einen Sumpf zurück...«

Rittmeister Feyler ist gewiß nicht der einzige Deutsche, der sich in der langen geschichtlichen Symbiose von Deutschen und Slawen Rätsel über den russischen Charakter aufgegeben hat. Aber als Führer eines Kosakenverbandes im Krieg hat er gewiß tiefere Einblicke in die Seele des anderen Volkes tun können als mancher Historiker oder Wissenschaftler. So schreibt er am 23. Juli 1943 an die Kameraden in der Heimat:

»Wie sich die Männer nun bewähren, wenn es zum Einsatz kommt, ist die 2. Frage. Um die Seele und das Gemüt des Russen zu ergründen, gehört ja eine längere Erfahrung dazu. Sofern keine minderwertigen Charaktere unter den Männern stecken, kann ich mir unsere künftige Arbeit interessant und von Erfolg vorstellen. Dadurch, daß jeder die russische Sprache voll beherrscht, macht ihnen der Spähtruppdienst außerordentlich Spaß. Neuerdings soll ich noch einen russischen Leutnant bekommen, womit mir wieder etwas gedient ist. Jeder Anfang ist schwer und dieser ganz besonders; wenn ich erst einmal 3 Wochen älter bin, dann glaube ich zufriedener dreinschauen zu können...

Über den Geist der Männer und die Passion für die große Sache bin ich begeistert. In der Gefechtsausbildung können wir uns, was Tarnung anbelangt, eine Scheibe abschneiden. Sie begreifen auch sehr leicht, was ich über den Dolmetscher einmal erklärt habe. Schwer ist eben nur die Verständigung. Will man z.B. unter Mittag oder abends einen beanstanden, so ist der Dolmetscher nötig. Ich bin deshalb eifrigst bemüht, das Notwendigste aus der russischen Sprache zu erlernen.«

Wenige Zeit später wird der Rittmeister in tagelangen Gefechten gegen angreifende Russen vor der Front und Partisanen im Rücken durch einen Oberschenkeldurchschuß zum 4. Mal verwundet. Aus einem Reservelazarett »am Bug« revidiert er seine anfängliche Skepsis gegenüber seinen Kosakenreitern:

»Wenn ich anfangs auch sehr schwarz gesehen habe, so möchte ich heute nach gründlicher Säuberung der Schwadron von unsauberen Elementen tatsächlich nur wieder meine Kosakenschwadron haben, denn die Männer haben sich im Einsatz fabelhaft geschlagen.«

Auch im Süden gab es, wie gesagt, ein Reiterregiment, und dies führte Major Prinz zu Sayn-Wittgenstein. Über den Einsatz seiner Truppe im Kuban-Brückenkopf und am Asowschen Meer hat er einen langen Erfahrungsbericht geliefert, aus dem wir Auszüge entnehmen:

»Mitte Juli wurde das Kav.-Regiment Süd an die Küste des Asowschen Meeres verlegt, um die dort eingesetzten Heeresteile in der Küstenüberwachung zu unterstützen. Zu Beginn der ersten Angriffe des Rus-

sen nordostwärts Stalino wurden die an der Küste zur Küstensicherung eingesetzten Kräfte zu ihrer Division zurückgerufen. Die Folge davon war, daß das Kav.-Rgt. Süd die Sicherung in dem 75 Kilometer breiten Küstenabschnitt allein übernehmen mußte.
Zu dieser Zeit bestand das Regiment aus vier Schwadronen, die erst Mitte und Ende Juni bei Neuaufstellung des Regiments zu diesem getreten waren. Auf Grund von Waffenzuweisung und der Ankunft zweier Mannschaftstransporte konnten die vier Schwadronen in den folgenden Wochen auf einen recht guten Stand gebracht werden. Das Regiment begann, die Stämme einer 5. Schwadron und einer Geschützbatterie zusätzlich aufzustellen.
Als der Befehl zur Übernahme der Küstensicherung gegeben wurde, besaß das Regiment keinerlei schwere Waffen. In dem 75 km breiten Abschnitt standen zwei bodenständige Pak 3,7 cm sowie 2 Granatwerfer 8 cm. Artillerie war in dem gesamten Abschnitt nicht eingesetzt. Um den sehr breiten Abschnitt sichern zu können, mußten die einzelnen Schwadronen bis zu 20 km entfernt voneinander die wichtigsten Orte besetzen. Die Schwadronen mußten wiederum einzelne Züge abstellen an besonders gefährdete Geländepunkte, Nehrungen und Landzungen. Konnte bei Tage die Überwachung durch einzelne Posten sichergestellt werden, so war nachts die Masse der Einheiten auf Spähtrupps unterwegs. Es war die Küste so zwar überwacht, von einer Sicherung derselben konnte bei den schwachen Kräften jedoch nie die Rede sein.«
Der Einsatz eines Kavallerieregiments, also eines beweglichen Verbandes par excellence, als Küstensicherung war ein militärischer Nonsens, gegen den der Regimentskommandeur in seinem weiteren Bericht scharf protestiert. Er zeigt, wie ausgedünnt die deutschen militärischen Reserven um die Mitte des fünften Kriegsjahres bereits waren. Es wurde nur noch Feuerwehr-Strategie betrieben, mal hier, mal da, wo es gerade am meisten brannte. Wittgenstein, dessen Regiment wenig später in »Reiterregiment 41« umbenannt wurde und zur neugegründeten 4. Kavalleriebrigade stieß, protestiert gegen die ständigen Abstellungen von Schwadronen und Zügen seines personell schon stark geschwächten Verbandes. Der russische Durchbruch an der Mius-Front bei Stalino nördlich des Asowschen Meeres und eine unmittelbar danach einsetzende Landung russischer Marine-Infanteristen an der Halbinsel Kertsch bringt ihm den Rest seines Regiments durcheinander. Eine seiner Schwadronen wird aufgerieben, andere werden ihm entrissen und als infanteristische Reserve an Infanterieregimenter abgegeben, wenngleich es ihm gelingt, einen Teil seiner Männer auch ihrem eigentlichen Zweck entsprechend einzusetzen:
»Das Regiment wurde fast ausschließlich infanteristisch eingesetzt und

Oberstleutnant Prinz Heinrich zu Sayn-Wittgenstein, noch ein Bamberger Reiter, der es zu höchsten Ehren bei der Luftwaffe brachte. Er fiel, nach 84 Luftsiegen im Nachteinsatz, als Kommodore eines Nachtjagdgeschwaders im Luftkampf am 27. Juni 1944 bei Magdeburg, ausgezeichnet mit den Schwertern zum Eichenlaub des Ritterkreuzes.

erhielt für seinen Einsatz nach Abschluß der Absetzkämpfe die höchste Anerkennung durch den Div.-Kommandeur. – Auf Vorschlag des Rgts.-Führers konnten Teile des Regiments einige Male kavalleristisch im hinhaltenden Kampf eingesetzt werden. Leider handelte es sich immer nur um einzelne Schwadronen ...
Dort, wo hinhaltender Kampf geführt wurde, gelang es, den Russen so energisch aufzuhalten, daß er nur zögernd folgte und erst am anderen Tage die H.K.L. anpackte. Durch diesen hinhaltend geführten Kampf kann der Feind nie seine bei eigenen Absetzbewegungen überlegenen schweren Waffen voll gegen die H.K.L. zur Wirkung bringen. Verluste werden so vermieden.«
Der Kommandeur schließt seinen Bericht an das übergeordnete Armee-Korps:
»Zusammenfassend kann gesagt werden, daß man dem Kav.-Rgt. mal die Möglichkeit geben soll, kavalleristisch zu kämpfen, wenn die Lage dieses erfordert. Diese Kampfführung wird stets Erfolg bringen, der Infanterie Entlastung und Ruhe schaffen. Vorbedingung ist, daß das Regiment geschlossen eingesetzt wird und selbständig handeln darf.«
Das sind Führungsgrundsätze eines Kavallerie-Offiziers, die selbst einem Laien einleuchten, und die schon ein Ziethen 200 Jahre früher bei Zorndorf in der Neumark gegen die Russen anwandte. Aber sie konnten in einer Zeit ständiger Flickschusterei nicht mehr befolgt werden. Und so sollte es bleiben bis zum bitteren Ende. Ludwig-Ferdinand Prinz zu Sayn-Wittgenstein fiel am 22. November 1943 weit vom Mius entfernt bei Shitomir in der Ukraine, mit ihm starben, im selben Pak-Volltreffer auf den Grabenrand, sein Adjutant Rittmeister Bacherer und der Kommandeur seiner (nur noch aus 80 Mann bestehenden) I. Abteilung, Rittmeister Grützner. Schwer verwundet wurden dabei – es handelte sich offenbar um eine Besprechung aller Führer des Regiments zu neuem Einsatz – die Führer der 1. und der 4. Schwadron, die beide am folgenden Tag ihren Verwundungen erliegen.
Das Jahr 1944 wird noch schlimmer. Es bringt die rapide Auflösung des deutschen Ostheeres und den Durchbruch des Feindes bis zur Reichsgrenze. Die beiden inzwischen zu Divisionen aufgestockten Reiterbrigaden 3 und 4 sind überall dabei, im Süden der Ukraine bei Nikolajew und Odessa, in den Pripjetsümpfen in der Mitte, am unteren Narew und Bug im Norden. Die deutschen Reiter von 1944 reiten und kämpfen wieder genau da, wo 1918 ihre Väter und Großväter gegen die zaristischen und bolschewistischen Truppen kämpften. Es mangelt an allem, an Ersatz von Menschen und Pferden, an Ausrüstung, an Waffen, ja an Putzzeug für die »Heiter«. Aber immer wieder vollbringen die Offiziere Wunder, holen sich ihr Zeug zusammen, wo sie es finden, melden ihre Verbände vollständig zu neuem Einsatz. Die »Boese-

lager-Reiterei« nötigt sogar dem Gegner Respekt ab. Und da auch die Russen Kavallerie einsetzen, und zwar massiv sowohl wie taktisch äußerst geschickt im Verbund mit Panzern und leichter Artillerie, kommt es hin und wieder zu Begegnungen zwischen berittenen Einheiten beider Seiten. Aber es bleiben Scharmützel, und fast immer ziehen die deutschen Reiter den kürzeren. Wie gut das dagegen die Russen machten, hat der Kommandierende General des im Sommer gebildeten 1. Kavallerie-Korps, der ehemalige Bamberger Reiter General der Kavallerie Gustav Harteneck, im Sommer 1944 in einer Denkschrift an den Generalstab des Heeres so beschrieben:

»Schnelle Verbände, zu denen die Kav. Brigaden zählen, sind in erster Linie zum Angriff und dann auch zu der angriffsweise zu führenden Verteidigung geeignet. Bei diesen Kampfarten bietet die Zusammenfassung von Kavallerie- und Panzer-Verbänden besondere Erfolgsaussichten. Das haben die Kämpfe des Kav.-Korps mit der ihm unterstellten 4. Pz.-Div. bewiesen. Das hat uns aber auch auf der Gegenseite der Russe gezeigt, bei dem sich in der Gegend von Sluzk und im Raume nördl. der Pripjet-Sümpfe Kav., Panzer und mech. Verbände vorbildlich in die Hand arbeiteten. Die Zusammenarbeit bestand in der Hauptsache in folgendem: Sobald die Panzer-Verbände auf besetzte Abschnitte stießen, in denen ihnen das panzergünstige Gelände gesperrt war, gingen die Kav.-Verbände im schwer gangbaren und von uns nicht zu sperrenden Wald-, Busch- und Sumpfgelände vor. Sie öffneten, die Schuß- und Geländehindernisse durch ihre Geländegängigkeit rasch überwindend, den Panzer-Verbänden den Weg. Dabei hat sich gezeigt, daß die Kavallerie ebenso schnell war wie die Panzer-Verbände und Aufgaben leistete, die Panzer- und mech. Verbände nicht leisten konnten, und zu denen die weit abhängende Infanterie nicht rechtzeitig heranzubringen war.«

Die russische Führung, siegesgewiß und aus dem Übervollen schöpfend, konnte kühn und weiträumig operieren, die Deutschen konnten es nicht mehr. Wir finden nur wenige Zeugnisse aus jenen tragisch-hektischen Wochen im »Bamberger Reiter«. Es blieb kaum Zeit zum Schreiben, so sehr man sich den immer weniger werdenden Kameraden des alten Regiments mitteilen wollte. Der schon erwähnte Rittmeister Feyler schreibt am 2. Februar 1944 nach Bamberg:

»Für die Weihnachts- und Neujahrswünsche, die mich bei der unregelmäßigen Postzustellung vor einigen Tagen auf Umwegen erreicht haben, danke ich auf diesem Wege vielmals. Ich glaubte, wenn alles reibungslos verlaufen wäre, kurz nach Neujahr in Urlaub fahren zu können, doch haben mir die Partisanen einen Strich durch die Rechnung gemacht. Meine auf 50 km Breite stützpunktartig eingesetzte Kosakenschwadron war mit Teilen eingeschlossen und erst nach mehreren

Ein Bamberger, der es weit brachte: General der Kavallerie Gustav Harteneck, 1922 Leutnant in der 1. Eskadron des 17. Reiterregiments, als Kommandierender General des einzigen deutschen Kavalleriekorps, das im 2. Weltkrieg aufgestellt wurde.

Tagen gelang es, die stark zusammengeschmolzenen Häuflein wieder zu sammeln. Mein Tross mit 33 Mann, 60 Pferden wurde durch einen Obergefreiten in Hauptmannsuniform in einem Waldstück nach Auftrag und Vorhaben, Stärke usw. ausgefragt und im nächsten Augenblick von 4 Seiten durch eine vielfache Übermacht von Partisanen überfallen, bis auf wenige zusammengeschossen und ausgeplündert. Hierbei ist den Partisanen das gesamte Gepäck, Schreibstube mit Geheimsachen, Winterbekleidung, kurz alles, was wir hatten, in die Hand gefallen, nicht zu vergessen auch eine angemessene Menge Marketendersachen. Einem Zufall ist es zu verdanken, daß mein Hauptwachtmeister nach 5tägiger Gefangenschaft wieder frei kam und alles, was ihm vorgeführt wurde, z.B. die Beseitigung aller Deutschen durch Genickschuß, Erstechen mit dem Seitengewehr usw. melden konnte. Es gibt ohne Zweifel nichts Gemeineres als den Partisanenkrieg.«
Dieser dramatische Briefauszug mag für viele ähnliche stehen, in denen über den Partisanenkrieg berichtet wurde. Meist schwieg man sich dazu aus, denn er war die gewiß abscheulichste Seite der Kampfführung und tobte auf allen Kriegsschauplätzen, an denen die Wehrmacht nichtdeutsches Gebiet okkupierte. Der Brief Feylers zeigt auch, mit welcher List die Sowjets arbeiteten, um deutsche Truppen im Hinterland der Front auszuspionieren.
Der ebenfalls schon erwähnte Major Graf, später Oberst, beschreibt das Zigeunerdasein der deutschen Reiterei im Winter 1943/44 in einem Brief vom 1. Dezember 1943 so:

Feldpost

»Wir sind immer noch nicht seßhaft geworden, sondern wandern durch ein Wald- und Sumpfgebiet am Pripjet entlang. Die Reise dauert schon seit Juli und führte uns von Orel über Desna und Dnjepr hierher ... Was wir seit Orel mitgemacht haben, ist wirklich nicht mehr zu beschreiben. Mit einer großen Dosis Glück bin ich bisher aus allen heiklen Situationen herausgekommen ...«
Lassen wir gegen Ende dieses Kapitels über den Krieg der Bamberger auch einmal einen Zeugen aus einer Zunft zu Wort kommen, die immer im Schatten der Kriegsberichterstattung gestanden hat, der aber einige ihrer Angehörigen in Büchern wie »Die unsichtbare Fahne« ein wunderschönes Denkmal der Menschlichkeit errichtet haben. Es handelt sich um Oberstabsarzt Dr. von Kietzell, einen frühen Angehörigen des Kavallerieregiments 17, dem es vorbestimmt war, seine Kameraden als Arzt in einer der Aufklärungsabteilungen zu begleiten. In einem Brief aus dem zweiten Rußlandherbst – wir greifen in der Zeit ein wenig zurück – berichtet er den Kameraden in der Heimat über seine physisch und psychisch zermürbende Tätigkeit:
»Schwere Tage liegen hinter der Division, die meiner und der anderen San. Komp. reichlich Arbeit brachten. Mancher alte Aufklärungsmann

ist bei uns operiert worden. Heute müssen wir einen beerdigen: Es ist der liebe Schnurbein. Gestern wurde er als stellv. Komp. Führer der ehem. Kompanie Rotenhan verwundet und kurz danach zu uns gebracht. Im Operations-Omnibus wurde er sofort operiert. Es stellte sich ein Durchschuß von Brust- und Bauchhöhle mit Zerreißung von Milz und Zwerchfell heraus. Er hatte stark nach innen geblutet und ist trotz ständiger Kreislaufüberwachung auf dem Operationstisch gestorben. Das Bewußtsein erlangte er nicht mehr wieder. Heute nachmittag bei der Beerdigung werden sich gewiß alle alten Aufklärungsmänner der Division am Grab einfinden.
Eben höre ich, daß Guttenberg noch weitere fünf Gräber für das Bataillon schaufeln läßt. Ein Offizier ist unter den Toten: Leutnant Müller von der alten Schweren Schwadron der A.A. Näheres über den Tod konnte ich nicht erfahren. Nun sind von den alten Pz.A.A. nur noch zwei Offiziere übrig geblieben: Guttenberg und Hopp. Then fiel vor 14 Tagen an der Shisdra. Haverkamp wurde dort verwundet. Guttenberg war als Leichtverwundeter eine Nacht bei mir zu Gast.
So unerfreulich diese Berichte sein mögen, man kann doch sagen, daß die Arbeit der Ärzte nicht umsonst ist. In letzter Zeit haben wir eine ganze Anzahl von Bauchschüssen nach Operation und Pflege in recht gutem Zustand abtransportieren können. Wir haben bei vielen große Hoffnung auf völlige Wiederherstellung. Gestern und heute wurden acht Patienten mit dem Storch nach Orel zum Kriegslazarett gebracht, wo sie unter besten Unterkunftsverhältnissen solange gepflegt werden, bis sie die Reise ins Reich ertragen. Ich glaube, daß die Angehörigen unserer Gefallenen überzeugt sein können, daß alles Menschenmögliche getan wurde, um Hilfe zu bringen.«
Zurück in den Herbst und Winter 1944. Das Ringen um den Mittelabschnitt der Ostfront ging mit dem Durchbruch der Roten Armee zur Weichsel zu Ende. Die Heeresgruppe Mitte war zertrümmert, eine durchgehende deutsche Front existierte nicht mehr. Im Norden standen die Russen an der ostpreußischen Grenze, im Süden hatten sie, nach dem Abfall der rumänischen, bulgarischen und schließlich ungarischen Verbündeten, den Balkan und halb Ungarn besetzt. Die noch verbliebenen Reiterverbände waren, nach wechselvollen und verlustreichen Kämpfen am Narew und in Ostpreußen, nach Ungarn geworfen worden, wo sich der deutsche Widerstand gegen die Truppen der vorstürmenden Marschälle Malinowski und Tolbuchin in und um Budapest und Plattensee am energischsten versteift hatte. General der Kavallerie Gustav Harteneck hatte mit seinen Reitern schon bisher Unmögliches geleistet und sollte sich diesmal übertreffen. Seine 3. und 4. Kavalleriedivision waren bei den beiden Entsatzversuchen Budapests genau so heldenhaft beteiligt wie bei der Abwehr des Versuchs

der Russen, südlich am Plattensee vorbei, überraschend auf Wien vorzustoßen. Hätte es nicht den berühmten Nachangriff der »Boeselager-Reiterei«, unter ihr der spätere Springreiter-Champion Fritz Thiedemann, auf die bereits fest eingeschlossene ungarische Hauptstadt gegeben, so wären die letzten Verteidiger der Stadt, darunter viele Soldaten der Waffen-SS, einem schrecklichen Schicksal entgegengegangen. »Die gelbe Gefahr« (entsprechend der Waffenfarbe der Kavallerie) »ist wieder da«, hieß es, laut einem Bericht des damaligen Rittmeisters H.J. Koehler, im russischen Heeresbericht. Die Reiter machten nicht nur 40 km Geländegewinn, sie erbeuteten zahlreiche russische Waffen und machten Tausende von Gefangenen. Noch einmal kam in ihnen das längst erloschene Gefühl der Überlegenheit, des Dreschens und Nichtmehrgedroschenwerdens, auf. Einer von ihnen erinnert sich sogar, daß die Gegenangriffe gegen russische Panzerkeile vom Schloß eines ungarischen Grafen aus vorgetragen wurden, und man während der Kampfpausen, von livrierten Dienern bedient, Sekt mit dem gräflichen Paar schlürfte.

Das Epos der deutschen Reiter in Ungarn endet mit einer Apotheose, die ihrer würdig und als Kuriosum in die Geschichte des Zweiten Weltkrieges eingegangen ist. Lassen wir General Gustav Harteneck, ihren Chef, diese Geschichte selbst erzählen:

»Am Abend, ehe der Waffenstillstand eintrat, unterhandelte ich noch durch Parlamentäre mit den gegenüberstehenden Russen. Das geschah aber nur zur Täuschung. Die ukrainische Division, die keinesfalls den Russen in die Hand fallen sollte, hatte ich schon vorher in Richtung Italien in Marsch gesetzt. Die 9. SS-Panzer-Division war zu einem nördlich kämpfenden SS-Korps getreten. Die 44. Reichsgrenadier-Division, die trotz Auffüllung in dieser Lage kaum mehr einsatzfähig war, war ebenfalls nach Österreich zurückgeschickt. In der Nacht, als der Waffenstillstand begann, setzte sich das Korps mit der 3. und 4. Kavallerie-Division und der 23. Panzer-Division vom Russen ab und marschierte nach Westen ins Gebirge. Nördlich von uns war dieses Absetzen nicht so planmäßig erfolgt, deshalb stießen russische Kräfte über Graz – Judenburg dem zurückgehenden Korps in die Flanke. Gleichzeitig näherten sich aber von Süden aus Italien kommende englische Truppen. Irgendwo mußte es eine Demarkationslinie zwischen den beiden Linien geben. Ich hoffte, sie zu finden, und fand sie auch, in dem salzburgischen Zipfel, der südlich des Tauernpasses liegt. Dort kapitulierte ich mit den Engländern und meldete ihnen das Kavalleriekorps. Als Antwort bekam ich: ›Oh, wir wissen Bescheid, Sie sind das berühmte deutsche Kavalleriekorps.‹

Entsprechend gut war die Behandlung durch die englische Fronttruppe. Da in dem Gebirgsland unsere Pferde auf die Dauer nicht selbst

»Freiheit und Brot!« 96. Ausgabe / Münch

HER BEOBACH

Kampfblatt der nationalsozialistischen Bewegung Großdeutschlands

In der Reichshauptstadt wird um jeden Fußbreit Boden gerungen

Hohe bolschewistische Verluste im Raum Görlitz-Bautzen-Kamenz

ernährt werden konnten, bekamen die Engländer eines Tages den Befehl, unsere Pferde zur Gefangenenverpflegung zu schlachten. Als erste Gegenmaßnahme zogen wir ein Turnier auf und zeigten dem englischen Divisionskommandeur, um was für ein edles Pferdematerial es sich handelte. Ich glaube, es hat kaum je in der Geschichte eine besser berittene Kavallerie gegeben als die der 3. und 4. Kavallerie-Division. Wir hatten die Auswahl gehabt zwischen den Araberhengsten der Spahis und den besten deutschen Zuchten, den hochgezüchteten Pferden aus Lipizza, aus Polen und der Ukraine. Und die schlechten Pferde hatten wir nicht herausgesucht.

Das Turnier tat seine Wirkung. Der englische Divisionskommandeur und sein vollendet deutsch sprechender Generalstabsoffizier (bis vor kurzem Militärattaché in Österreich) verschafften mir die nötigen Papiere, um bei den Amerikanern nördlich des Tauernpasses zu versuchen, daß sie das Korps übernähmen und nach Deutschland zurückführten. Es gelang mir, die Amerikaner zu überzeugen, daß sie die Pferde zum Aufbau der Landwirtschaft in ihrer Besatzungszone dringend notwendig hätten, und ihnen gleichzeitig vorzuschlagen, mit dem Kavalleriekorps auch die südlich stehenden beiden Gebirgskorps mit

Hostau im Sudetenland, Sitz des letzten Lipizaner-Gestüts im Kriege, vormals in Lipica bei Triest, heute im steiermärkischen Piber angesiedelt. Der heldenhafte Kampf der Kavalleriedivisionen in Ungarn und der Tschecho-Slowakei in den letzten Kriegswochen ermöglichte die Evakuierung der wertvollen Zuchtpferde für die Wiener spanische Hofreitschule.

Oberstleutnant Rudolfsky, Chef des Lipizanergestüts in Hostau, mit zwei seiner weißen Stars. Rudolfsky verhandelte über seinen Stabsveterinär Dr. Lessling ab 27. April 1945 mit den von Westen heranrückenden Amerikanern, welche auf sein Kapitulationsangebot eingingen und die Pferde rechtzeitig vor dem Zugriff der Sowjets retteten.

ihren zahlreichen Pferden und Tragetieren zu übernehmen. Das Kavalleriekorps marschierte über den Tauernpaß, wurde nach Württemberg transportiert und dort demobil gemacht.«

Ein anderer Zeuge, Oberst i.G. Max Schwerdtfeger, erlebte als Ia der 4. Kavallerie-Division das Ende seines Krieges so:

»Fast gleichzeitig (am Abend des 8. Mai 1945, Tag der Kapitulation der deutschen Wehrmacht) wurde bekannt, daß russische Panzerspitzen von Nordosten auf Knittelfeld vorstießen. Damit bestand die Gefahr, daß sie die geplante Marschstraße der Division nach Westen (Judenburg – Scheifling – Murau – Tamsweg) sperren könnten. Ein kurzer Angriff mit Teilen der Division gegen 18.00 Uhr in Richtung Knittelfeld warf die völlig überraschten feindlichen Spitzen ohne eigene Verluste zurück. Der Weg war frei. Es war bezeichnend für den Geist der 4. K.D., daß sie ca. 2 Stunden vor Kriegsende – der Zeitpunkt war allen bekannt – noch einen erfolgreichen Angriff führte.

Die Division trat danach sofort, zum Angriff aus der Bewegung gegliedert, nach Westen an. Sie marschierte den größten Teil der Nacht sowie den ganzen 9. 5. 1945 und erreichte am frühen Morgen des 10. 5. 1945 die Brücke bei Tamsweg. Hier stieß die Spitze auf die Aufklärungsabteilung der britischen 78. Division.

Der Ia wurde mit einem Offizier zu den Engländern entsandt und bot die Kapitulation an. Nach längeren Verhandlungen auch mit Generalsstabs-Offizieren der britischen Division und nach vielen Telefonaten wurde die Kapitulation angenommen. Der Ia mußte persönlich den Engländern in die Hand versprechen, keine SS-Leute oder gar SS-Einheiten mit durchzuschleusen. Nach diesem Versprechen marschierte

die Division über die Brücke, an ihrem Divisionskommandeur vorbei, in die mit den Engländern ausgehandelten Unterkunftsräume.
Das Ziel, die 4. K.D. geschlossen den Russen zu entziehen, war erreicht.«
Die Männer ritten, einer wandernden Fata Morgana gleich, im geschlossenen Verband durch Österreich. In den Dörfern und Städten wurden sie von der Bevölkerung jubelnd begrüßt, teilweise standen alliierte Sieger respektvoll an den Straßen Spalier. Inzwischen war es Juni geworden, die deutsche Wehrmacht hatte sich längst in nichts aufgelöst, und hier ritten deutsche Kavalleristen, als ginge es zum Manöver, im vielhundertfachen Hufgeklapper durch die Straßen. Der gespenstische Ritt endete im Raum Aalen in Württemberg. Hier hieß es, zum vorerst letzten Mal in der deutschen Geschichte, »abgesessen«. Es ist nicht überliefert, welche Bamberger unter den letzten waren. Die Soldaten wurden in ihre Heimat entlassen. Fritz Thiedemann, der spätere Springreiter, ritt mit zwei Ostpreußen in seine holsteinische Heide. Als Bauer verkleidet, überwand er die englischen Posten auf den Elbbrücken vor Hamburg. Die beiden Trakehner wurden der Stamm der späteren nachkriegsdeutschen Springreiterei. Zuletzt hatte Thiedemann, aus dem Unteroffizierstand emporgestiegen, die Schwere Schwadron der I. Abteilung des Reiterregiments 31 in der 3. K.D. geführt. Nun sollte er jahrelang Springpferde züchten und von Sieg zu Sieg reiten. Andere Kameraden gerieten bis nach Mecklenburg und Vorpommern, ehe sie sich in den späteren Jahren nach Westdeutschland absetzten und, unter der Führung von Gustav Rau, den Turniersport der Bundesrepublik organisierten.
Nicht alle hatten das Glück, sich den westlichen Gegnern ergeben zu können. Viele, vermutlich sogar die Mehrzahl der Bamberger Reiter, fielen bei Kriegsende – teilweise schon lange vorher – den Sowjets in die Hände. Einige kehrten nie mehr zurück. Andere, wie der Oberst i.G. Hugo Freiherr von Süsskind-Schwendi, erst nach 10 Jahren langer, qualvoller Gefangenschaft. Sein Fall soll hier exemplarisch für die vielen stehen, die, nach den Gefallenen, das härteste Los des Krieges tragen mußten. Der Baron hat in einem Tagebuch, das sich liest wie ein erschütterndes Zeitdokument, auf philosophische, oft heitere Weise über sein Schicksal berichtet.
Süsskind-Schwendi, 1903 geboren und dem Regiment noch vor seiner endgültigen Aufstellung 1920 beigetreten, war ein »verrücktes Huhn« und ein blendender Reiter, dessen Fahnenjunkerstreiche und equestrische Eskapaden Seiten einer eigenen Regimentsgeschichte füllen könnten. 1926 hatte er als junger Leutnant und Rekrutenoffizier der 5. (Ausbildungs-) Schwadron einem jungen Fahnenjunker namens Claus Schenk Graf von Stauffenberg die Anfänge militärischen und

Otto Deßloch im Zweiten Weltkrieg als General der Luftwaffe in der Pilotenkanzel einer Heinkel 111. Im August 1944 verweigerte sich der ehemalige Bamberger Reiter als Kommandierender General der Luftflotte 4 in Frankreich, einem Befehl Hitlers zur Bombardierung der französischen Hauptstadt nachzukommen, obwohl er die dazu notwendigen Luftstreitkräfte auf dem Pariser Flugplatz Le Bourget zusammengezogen hatte (Nachkriegsaufnahme).

reiterlichen Könnens beigebracht, der in die Geschichte eingehen sollte. Später lernte er, als angehender Generalstäbler, den Generaloberst Beck kennen, damals Chef des Generalstabs, der, wie er dem jungen Kameraden erzählte, den »stärksten Anpfiff seines Lebens« von Süsskind-Schwendi's Vater, einem General und Kommandeur der 2. Garde-Reservedivision im Ersten Weltkrieg, anläßlich eines Verkehrsstaus hinter der Westfront bezogen hatte. Becks Leben endete durch Selbstmord am Abend des 20. Juli 1944.

Anfang April 1945 kämpfte Oberst i.G. von Süsskind-Schwendi als I c, also Generalstabsoffizier, verantwortlich für Feindnachrichten, im Stab einer Armee im eingeschlossenen Königsberg. Die Lage der ostpreußischen Hauptstadt war verzweifelt, alle Entsatzmöglichkeiten aufgegeben, die rote Armee von allen Seiten einbrechend, die noch stehenden Häuser brechend voll von Flüchtlingen, Verwundeten und Sterbenden. Am späten Abend des 9. April schickte General Lasch, der Festungskommandant, Parlamentarier zu den Russen mit der Bitte um ehrenhafte Übergabe der Stadt. Die Russen gaben dem nach, und alle noch gehfähigen deutschen Soldaten marschierten in eine ungewisse Gefangenschaft. Unter ihnen auch der I c der Armee. Für Süsskind und seine Schicksalsgenossen begann eine lange Leidenszeit. Da er einen hohen Rang hatte und durch seine nachrichtendienstliche Tätigkeit von besonderem Interesse für die Sowjets war, mußte er durch viele qualvolle Verhöre, psychologische Folter und bis zur völligen Ungewißheit über seine Exekution als »Kriegsverbrecher« gehen. Der Höhepunkt seines Golgatha war die Ankündigung, daß er am folgenden Tage von einem Militärgericht zum Tode verurteilt werden würde. Lassen wir ihn selbst dazu zu Wort kommen:

»Im Sommer 1949 haben die Russen die meisten Kriegsgefangenen nach Hause befördert. Nur etwa 15 000 Mann wurden zurückbehalten, vor allem die Generalstabsoffiziere. Diese alle wurden verurteilt. Als erster verließ ich das Lager und wurde ins Gefängnis in Riga geschafft. Es fanden da noch mehrere Vernehmungen statt. Ich war mit Oberst Ratcliffe in einer Zelle. Wir wurden an einem Abend beide zur Vernehmung geholt. Mir wurde bei dieser Vernehmung mitgeteilt, daß ich zum Tode verurteilt würde. Ratcliffe wurde gesagt, daß er bald nach Hause käme. Wir kamen in unserer Zelle wieder zusammen. Ich legte mich hin, betete und fiel dann in tiefen Schlaf.«

Am nächsten Morgen, als ich aufwachte, war Ratcliffe schon auf. Er sagte mir, er habe kaum schlafen können. Das rege ihn zu sehr auf, daß ich unschuldig zum Tode verurteilt würde. Er verstehe nicht, wie ich mich so hinlegen konnte und schlafen, als wenn nichts wäre. Ich sagte ihm, das könne ich einfach erklären. Ich hätte das notwendige Gottvertrauen. Gott würde es für mich recht machen. Wenn ich hier sterben sollte, dann wäre das auch nicht anders, wie wenn ich in der Schlacht gefallen wäre. Es wurde mir dann von den Russen angekündigt, die Hauptverhandlung würde am nächsten Tage stattfinden. Ich würde dazu einen Verteidiger bekommen. Dieser erschien natürlich nicht. In einem Saal war ein Kriegstribunal aufgebaut. An einem langen Tisch saß der Gerichtspräsident und sechs weitere Offiziere. Der Tisch war mit einem roten Teppich bedeckt. Ich bekam einen Stoß Papier und einen Bleistift. Ich sollte mir Notizen machen für mein Schluß-Plädoyer. Ich ließ mir damals, obwohl ich schon ganz gut Russisch verstand, die ganze Verhandlung übersetzen. Einige Fragen wurden an mich gestellt, die ich meist negativ beantwortete. Die Verhandlung dauerte über zwei Stunden. Dann wurde ich aufgefordert, mein Schlußplädoyer zu halten. Ich hatte mir einige Notizen gemacht. Ich fing an zu sprechen, aber ich bemerkte sehr bald, daß die Russen gar nicht zuhörten. Deshalb sagte ich: ›Meine Herren, ich sehe, daß Sie sich gar nicht für das interessieren, was ich sage. Deshalb breche ich ab.‹ Ich setzte mich hin. Was geschah nun? Das Gericht zog sich nicht etwa zur Beratung zurück, sondern der Vorsitzende holte aus einer Schreibtischschublade mein Todesurteil heraus, das mir verlesen wurde. Es wurde dann abgeändert in 25 Jahre Arbeitslager.«

Dies geschah im Spätherbst 1949, vier Jahre nach seiner Gefangennahme in Königsberg. Die 25 Jahre, die die Russen allen sogenannten Kriegsverbrechern als Mindeststrafe zuerkannten, brauchte der Oberst Gott Lob nicht abzusitzen. Aber er hatte noch sechs Jahre Arbeitslager in Sibirien, im Ural und in der südlichen Sowjetunion vor sich, ehe er mit dem letzten, von Konrad Adenauer befreiten Schub in die Heimat zurückkehren konnte. Nie hat er in diesen Jahren seinen Humor, sein Gottvertrauen und seine liebenswürdige Zuneigung zu den Mitmenschen, Leidensgenossen wie sowjetischen Bewachern, verloren. Den letzteren stellt er sogar ein schönes Zeugnis echter, oft erwiesener Menschlichkeit aus, ob sie nun vom einfachen Muschik oder von der gebildeten Militärärztin ausging. Süsskinds Erinnerungen aus schwerer Zeit werden so zu einem Dokument menschlicher Größe und christlicher Nächstenliebe.

Das letzte authentische Ruhmeskapitel, das ein »Bamberger« schrieb, sei zum Schluß erzählt. Es stammt von Major Hans Salb, später promovierter Jurist und Bankier, damals Ia einer schnell zusammengerafften »Kampfgruppe Grosan« in der Lüneburger Heide im allerletzten Kampf gegen die anrückenden Engländer. Salb, mit dem Deutschen Kreuz und vier der seltenen »Panzervernichtungsabzeichen« für das Erledigen eines Feindpanzers im Nahkampf ausgezeichnet, war um die Mitte April 1945 zu der aus Lehrtruppen der Panzertruppenschule Munsterlager zusammengesetzten Gruppe des Obersten Grosan ge-

Major Hans Salb gegen Ende des Krieges. Auf dem rechten Oberarm trägt er die seltenen und begehrten Panzervernichtungsabzeichen, die nur im Nahkampf von Mann gegen Panzer erworben werden konnten.

stoßen und von diesem zu seinem ersten Generalstabsoffizier gemacht worden. Es gab, nach Lage der Dinge, militärisch nicht mehr allzu viel zu tun. Ausrüstung und Bewaffnung waren, so bezeugt Salb heute, ein großes Dilemma. Die Offiziere kamen meist aus Versehrten-Kompanien, waren aber kriegserfahren. An Truppen war, nachdem die besten Einheiten an die längst gescheiterte Ardennen-Offensive abgestellt worden waren, auch nicht viel vorhanden. Salb klaubte sich, wie die Diener des Königs vor dem Hochzeitsmahl in der Bibel, an allen vier Straßenecken zusammen, was er an versprengten Soldaten finden konnte. Und das ergab eine Art durchgehende »Heide-Linie« südlich der Städte Soltau, Munster und Uelzen.

Südlich davon standen dem letzten deutschen Aufgebot vier kraftstrotzende, kriegserfahrene Divisionen des Vereinigten Königreichs unter Montgomery gegenüber, darunter die sagenhaften »Desert Rats« aus Rommels Tagen in der libyschen Wüste und eine schottische Garde-Panzerdivision. Von einem geregelten Kampf mit diesem überlegenen Feind konnte keine Rede mehr sein. Was Salb, unter dem verständnisvollen Kommando seines feinsinnigen, humanen Kommandeurs Oberst Grosan, tun konnte, war alleinige Schadensbegrenzung. Und da gab es drei vordergründige Objekte seiner Sorgewaltung: das nahe Konzentrationslager Bergen-Belsen, ein Kriegsgefangenenlager bei Wietzendorf mit 7000 englischen, französischen und italienischen Offizieren, und, als brennendstes Problem, ein riesiges Depot an Gas- und Gift-Munition in der sogenannten Raubkammer hart nördlich von Munsterlager. Wenn es zu wirklichen Kampfhandlungen in diesem fatalen Dreieck kommen würde, wäre, so die Überlegungen beider Offiziere, eine Katastrophe von ungeheurem Ausmaß programmiert. Salb blieben bis zum erwartenden Antritt der Engländer auf die »Heide-Linie« 48 Stunden Zeit. Und er handelte so, wie er es als »Zauberlehrling« in der Generalstabsausbildung gelernt hatte: rasch, klar und präzise. In Bergen-Belsen drang er darauf, daß die etwa 50 000 Lagerinsassen bis zum Eintreffen der Engländer aus Wehrmachtsbeständen verpflegt und durch die örtliche Feuerwehr mit Trinkwasser versorgt würden. Seine Anweisungen wurden vom Lagerkommandanten Kramer befolgt. Im Lager Wietzendorf sorgte er mit Hilfe zweier gefangener Obristen dafür, daß keine Ausbruchsversuche unternommen wurden und das Lager ordnungsgemäß den anrückenden Engländern übergeben werde.

Das waren, wie sein Kommandeur später nach dem Krieg sagte, »Aufgaben, die das reine Soldatenhandwerk überstiegen«. Und das Schwierigste stand dem drahtigen kleinen ehemaligen Reiter aus Bamberg noch bevor: Die 4000 Tonnen chemischer Kampfstoff, die in der Raubkammer, im Mittelabschnitt der Front, lagerten. Nur ein winziger Teil

davon war ordnungsgemäß verbunkert, der Rest lagerte in offenen Kammern in den Lagern R 6 und R 8, davon wieder ein Teil in ungeschützten Kesselwagen. Die Masse aus dem »Hauptkampfstoff« Lost, der als »Gelbkreuz« oder Senfgas schon im Ersten Weltkrieg verwendet worden war. Aber es gab auch einige hundert Tonnen des hochgefährlichen Nervengases Sarin und Tabun, so jedenfalls erklärte es diesem Major ein noch anwesender Chemiker, nachdem der Kommandant des Lagers bereits abgezogen war. Ein Aufkommen an Giftgas, das, freigesetzt, im Kreis von hundert Kilometern bis über Hamburg im Norden und Hannover im Süden hinaus alles menschliche, tierische und pflanzliche Leben getötet oder auf Jahre hinaus vergiftet hätte.
Kampfhandlungen in diesem Gebiet, ausgelöst durch versprengte deutsche Gruppen und beantwortet von der auf Munster angesetzten 11. britischen Panzerdivision, mit sicherem Artillerieeinsatz, mußten unter allen Umständen verhindert werden.
Salb hatte einen bewährten und umsichtigen Ordonnanzoffizier, der noch dazu etwas Englisch sprach, den Hauptmann Reitzenstein. Ihm drückte er eine Skizze mit einem genauen Lageplan der Giftgasdepots in die Hand und befahl: »Fahren Sie den Engländern entgegen und bringen Sie sie dazu, abzudrehen und dieses Gebiet nicht anzugreifen.« Salb sagte den Engländern zu, daß sich in und um Munster keine nennenswerten deutschen Verbände aufhalten würden. Sein Kommandeur hatte ihn dazu bevollmächtigt.
Reitzenstein fuhr los, eine weiße Fahne am Auto. Am Nachmittag stieß er südlich Hermannsburg auf die Spitze des »Fife and Forfare Regiment«. Einem Captain übergab er die Skizze, und der reichte sie an seinen General weiter. General Roberts glaubte dem Deutschen und ließ seine Division nach Osten in Richtung Müden/Oertze abdrehen. Wie man erst hinterher erfuhr, hatte Montgomery diese Anderung der Stoßrichtung in Richtung Unterelbe-Mecklenburg inzwischen sowieso aus gesamtstrategisch-politischen Gründen befohlen. Aber Briten und Deutschen war gemeinsam heiß geworden. Man schrieb den 17. April. Drei Wochen später schwiegen in Europa die Waffen. Der Zweite Weltkrieg auf der westlichen Hemisphäre war beendet. Salb und sein Oberst gingen in Gefangenschaft, mit ihnen Millionen Kameraden. Für andere wiederum, auch sie ein Millionenheer, waren es Tage der Befreiung. Der Befreiung von einem unmenschlichen totalitären System, das ganz Europa unterworfen hatte. Es zu beseitigen, hatten sich nicht nur die Kriegsgegner Deutschlands und mit ihnen unzählige Widerstandskämpfer in den besetzten Ländern zusammengetan. Auch in Deutschland selbst waren Männer gegen Hitler aufgestanden, um die Schande, die er über Deutschland gebracht hatte, zu löschen. Unter ihnen waren auch Offiziere des Kavallerie-Regiments 17.

Kapitel 4

Sie folgten dem Ruf des Gewissens

Am 2. Februar 1943 schrieb der Major im Generalstab Claus Schenk Graf von Stauffenberg einen Brief an den Bamberger Reiter. »... auch hier sind die 17er weniger geworden, nachdem Petzold und Sauerbruch uns verlassen haben. Es sind nur noch Dietz, Thüngen und Peter Leyen da, mit denen ich öfter zusammenkomme. Ich selbst werde nunmehr auch bald fortkommen, um endlich wieder in den Truppengeneralstab versetzt zu werden. Es ist auch höchste Zeit, nachdem ich mehr als 2½ Jahre dem Hohen Haus angehört habe. Ich werde aller Wahrscheinlichkeit nach Ende Januar oder Anfang Februar in Urlaub gehen und dann auch kurz nach Bamberg kommen ...«

Von seinem heimatlichen Jettingen in Schwaben war es in der Tat nicht weit nach Bamberg, auch für damalige Reiseverhältnisse nicht. Zwei Stunden mit dem Zug vielleicht. Der herzliche Ton des Briefes und das Vorhaben, einen Teil seiner Urlaubszeit für einen Besuch in der alten Garnison zu opfern, zeigt, wie sehr der junge Generalstäbler im OKH mit dem Regiment verbunden geblieben war. In ihm war er buchstäblich groß geworden, von seinem Eintritt im Jahre 1926 als Fahnenjunker bis zur Versetzung an die Kavallerieschule Hannover im Jahr

1934. Auch später, in vielen Verwendungen in Stäben, hat er die Verbindung zur militärischen Heimat und zu den Pferden nie aufgegeben. Er war, bei aller Durchgeistigung des Philosophen und Intelligenz des Generalstäblers, im guten Sinne ein »Troupier« geblieben.

Stauffenberg deutet in seinem Brief als Grund für seinen Drang nach Versetzung zum Truppengeneralstab die reichlich lange Zeit an, die er nun, während die Kameraden an allen Kriegsschauplätzen kämpften und starben, in Berlin in den Büros der Organisationsabteilung oder in hohen Frontstäben verbracht hatte. Aber Freunden gegenüber, wie Peter Sauerbruch, dem Regimentskameraden, hatte er noch einen zweiten Grund genannt: es sei Zeit für ihn, »hier zu verschwinden«. Warum, wußten damals nur ganz wenige Eingeweihte: Stauffenberg war Chef und Motor des noch in den Anfängen steckenden militärischen Widerstandes gegen Hitler. Er hatte begonnen, von seinem Berliner Dienstzimmer aus die Fäden einer konspirativen Unternehmung mit dem Ziel zu ziehen, Hitler zu beseitigen und einen Verhandlungsfrieden mit den Gegnern herbeizuführen. Seine Tätigkeit, seine vielen Reisen, die häufigen Empfänge von Offizieren aller Dienstgrade in seinem Büro hätten, wenngleich leicht tarnbar, die Aufmerksamkeit dieses oder jenes Nachbarn erregen können. Der Major, bei Antritt seiner neuen Verwendung zum Oberstleutnant befördert, mochte es vorziehen, zwischen sich und Berlin für eine Weile ein wenig Geographie zu legen.

Es ist nun hier nicht der Platz, den vielen Biographien über diesen außergewöhnlichen Menschen eine neue hinzuzufügen. Wichtig in einer Darstellung eines Regiments, das sich äußerlich nicht sonderlich von anderen unterschied, ist aber zu wissen, daß der Mann, der versucht hat, das Schicksal Deutschlands zu wenden, aus dem Bamberger Kavallerie-Regiment Nr. 17 hervorgegangen ist.

Über die Traditionspflege der »Bamberger« haben wir schon gesprochen. Von den reitenden Haufen der ersten bayerischen Herzöge bis zu den berittenen Aufklärungsabteilungen der Aufseß, Lerchenfeld, Waldenfels oder Wittgenstein (im Zweiten Weltkrieg) verband diese weitverzweigte Familie das starke Gefühl einer gewachsenen Tradition. Hinzu kam ein außerordentlicher Korps-Geist, der sich in den Briefen an das Mitteilungsblatt niederschlägt. Was kann in einer Zeit politischer Wirren, die gekennzeichnet ist von Bespitzelung und Denunziation, Korps-Geist anderes bedeuten als den absoluten Verlaß auf die Fairneß, die Verschwiegenheit des Kameraden? Was an den Kasino-Tischen in Bamberg ausgetauscht wurde, war gewiß nicht für die Ohren der Gestapo bestimmt. Man konnte seine Meinung äußern, ohne zu fürchten, verpfiffen zu werden.

Claus Schenk Graf von Stauffenberg als junger Rittmeister in Bamberg Anfang der 30er Jahre.

Die Garnison Bamberg wird ihren Einfluß auf die geistige Formung der Offiziere des Regiments nicht verfehlt haben. Sie war abendländisch und christlich, spezifisch katholisch bis in die Spitzen ihrer Kirchtürme, sublimiert in der Figur des Reiters im Dom. Das bayerisch Liberale, Tolerante, Weltoffene verhinderte gleichwohl, daß dem Denken enge Grenzen gesetzt waren. Wie paßte das alles zu dem Regime der Leute in den braunen Hemden, das sich Anfang der dreißiger Jahre des 20. Jahrhunderts über Deutschland errichtet hatte?

Ein von Graf Stauffenberg signiertes Photo aus dem Jahr 1934.

Es paßte überhaupt nicht, in nichts. Bamberg war die Anti-These des großmäuligen Demagogen aus Braunau. Gleichwohl waren die jungen Offiziere des Regiments, war auch Oberleutnant Stauffenberg, gewissen Thesen der Nationalsozialisten gegenüber nicht unempfindlich. Wir haben das in ihren öffentlichen Bekundungen in den frühen dreißiger Jahren hören können. Daß Hitler die »Schmach« des Versailler Vertrages beseitigt hatte, fand die ungeteilte Zustimmung einer ganzen Generation Deutscher, die 1918, sei es als Kind oder Erwachsener, erlebt hatte. Daß Deutschland wieder ein ebenbürtiges Heer haben würde, konnte die Herzen von Offizieren nur erfreuen. Auch der neuen »Volksgemeinschaft« mit ihrer sozial-ethischen, zuweilen mystischen Auslegung, die ihr die Nationalsozialisten gaben, konnte Männer wie Stauffenberg, der als 16jähriger dem Dichter Stefan George zu Füßen gesessen hatte, nicht unberührt lassen. Sie hatten die Revolution von 1918 als reife Kinder erlebt, den Tumult, das Elend, die Inflation, den Zusammenbruch einer ganzen Mittelklasse, die unschönen Seiten eines zynischen Kapitalismus, der scheinbar gefühllos hinwegging über das Schicksal derer, die aus dem Produktionsprozeß ausgeschieden waren. Sie waren schockiert von gewissen Exzessen, die die »roaring twenties« in der Berliner Kunst- und Theaterszene produziert hatten. Und nun war da ein Mann, der die Rückkehr zu einem »sauberen« Deutschland predigte und die Wiederherstellung deutscher »Größe« versprach, in der sich auch die Aussöhnung der Klassen spiegeln sollte.
In den Biographien Stauffenbergs finden wir Spuren eines deutlichen Hingezogenseins zu solchen Ideen, das seine Wurzeln ebenso in der christlichen Überlieferung seiner Familie wie in den elitären Ideen eines Stefan George gehabt haben mochte. Es ist hier und da behauptet worden, Stauffenberg habe sich damals spontan in die Spitze eines Umzugs Bamberger Hitleranhänger eingereiht. Dies aber stimmt erwiesenermaßen nicht und wäre ohnehin ein Dienstvergehen gewesen.
Wie seine Regimentskameraden, die an der Spitze ihrer Schwadronen und Züge in den Krieg zogen, wird er auch das Ziehen des Schwertes zur Wiederherstellung der Integrität deutschen Territoriums – zwei Jahrzehnte vorher unter Zwang verletzt – gebilligt haben. Es war die Vorstellung der Zeit, daß Vergewaltigung gerächt, Geraubtes zurückerobert werden mußte. Noch 1940 bewunderte Stauffenberg in Hitler den genialen Feldherrn, der »entgegen seiner Generale wußte, wie die Maginotlinie zu umgehen und zu durchbrechen war«. Aber als ein Offizier, der vorrangig in Stäben Verwendung fand, hatte er mehr politischen Überblick als seine Kameraden an der Front, ihm eröffnete sich früher, was an Abgründigem hinter dem Glanz der frühen Siege in dem Regime steckte.

Ein seltenes Dokument: Oberst Graf Schenk von Stauffenberg (r.), Ia der 10. Pz.-Div., mit General von Broich.

Als er im Februar 1943 den Regimentskameraden seine Versetzung in einen Frontstab meldet – er war als IA zur 10. Panzer-Division nach Afrika versetzt worden – wußte er, welchen Weg er zu gehen hatte. Seit Sommer 1942 stand bei ihm der Entschluß fest, Hitler zu beseitigen. Freunden, die ihn im vorgeschobenen Führerhauptquartier in Winnitza in der Ukraine besuchten, sagte er auf die Vorhaltung, jemand solle doch Hitler endlich mal die Wahrheit (über die Judenvernichtung und das Hinsterben sowjetischer Gefangener) sagen, in seiner knappen Art: »Es kommt nicht darauf an, ihm die Wahrheit zu sagen, sondern es kommt darauf an, ihn umzubringen, und ich bin dazu bereit.«
Die Fügung sorgte dafür, daß er – im fernen Nordafrika – nicht allzu lange vom Hauptschauplatz der politischen Entscheidungen abwesend sein sollte, wenn auch auf besonders grausame Weise. Schon nach knapp zwei Monaten in seiner neuen Verwendung wurde der Oberstleutnant i.G. nahe der libysch-tunesischen Grenze bei einem Fliegerangriff schwer verwundet. Er verlor das linke Auge, den rechten Unterarm und zwei Finger der linken Hand. Für ein Pistolenattentat fiel er damit aus. Die Geschichte hat die Frage, ob jemand anderes ihn nicht habe ersetzen können, nicht beantwortet. Aber Stauffenberg blieb die treibende Kraft des Umsturzversuches. Schon im Lazarett begannen die Planungen für das Attentat. Sie setzten sich, wie wir wissen, unter seiner Führung das ganze Jahr 1943 und bis in den Juli 1944 in Berlin und in Ostpreußen fort, bis es am 20. Juli 1944 zur Bombenzündung im Lageraum des Führerhauptquartiers in der Wolfsschanze kam. Hitler wurde nicht getötet. Noch am Abend des gleichen Tages, gegen Mitternacht, fiel Stauffenberg unter den Kugeln eines Erschießungskommandos im Innenhof des Oberkommandos der Wehrmacht in der Berliner Bendlerstraße. Seine überlieferten letzten

Worte sind eine Verdichtung seiner Person und nähmen sich gut, in Stein gemeißelt, auf der Front des Berliner Reichstags oder des Bamberger Doms aus: »Es lebe unser Heiliges Deutschland!«

Stauffenbergs engster Vertrauter in der langen Vorbereitung des Aufstandes und dem Durchringen zur letzten Entscheidung war ohne Zweifel Peter Sauerbruch, der sechs Jahre jüngere Regimentskamerad aus Bamberg und Sohn des wohl berühmtesten deutschen Chirurgen seiner Zeit. Die beiden Männer hatten sich 1932 beim Eintritt Sauerbruchs ins Bamberger Regiment kennengelernt, sogleich miteinander sympathisiert und sich dann nie mehr aus den Augen verloren. Bei Sauerbruch hatte sich die Erkenntnis, daß Hitler ein Dämon sei und das Reich ins Unglück stoßen würde, nach dem Erlebnis der Stalingradtragödie als Führer einer rückwärtigen Kampfgruppe aus eilends zusammengerafften Versprengten durchgesetzt. Im Februar 1943 besuchte Stauffenberg seinen schwer erkrankten Regimentskameraden am Bett eines Berliner Lazaretts. Die beiden Männer sprachen über die Zukunft eines Vaterlandes ohne die braunen Machthaber und wie man dahin gelangen könnte. Für Stauffenberg, den Sauerbruch bewunderte, war nur die Beseitigung Hitlers ein gangbarer Weg. Seine bevorstehende Versetzung nach Afrika bezeichnete der verzweifelte Generalstäbler als »eine Flucht an die Front«. Er weihte den Freund in die bestehende Planung ein, die damals nur in Bruchstücken vorlag und vor allem noch keine Details des Attentats enthielt. War Sauerbruch bereit, ein solches durchzuführen?

In einem Vortrag vor angehenden Generalstäblern der Bundeswehr im Jahre 1977 hat Sauerbruch in bewundernswerter intellektueller Ehrlichkeit diese Frage mit nein beantwortet. Er hatte sie, in den vier Monaten, die die beiden Männer im Winter und Frühling 1943/44 im Berliner Allgemeinen Heeresamt zusammen verbrachten, auch öfter mit seinem Freund erörtert. Stauffenberg hatte das Haupthindernis, den Soldateneid, mit der Bemerkung vom Tisch gewischt, daß ein Eid eine beiderseitige Loyalitätsverpflichtung des Gebers und Empfängers enthalte, und daß diese von Hitler längst einseitig gebrochen worden sei. Sauerbruch hat, wie er den jungen Bundeswehroffizieren sagte, lange gebraucht, um diese »Hürde« innerlich zu nehmen. Es ehrt die Offiziere von damals, wenn sie so dachten, und niemand kann sich leichtfertig aus heutiger Sicht über ihren Gewissenskonflikt, anerzogen in langer Tradition, hinwegsetzen. Wo war der Bruchpunkt? Welches würden die Folgen sein, innenpolitisch, außenpolitisch, militärisch? Sauerbruch wirft sich trotzdem noch heute vor, Stauffenberg in der überwältigenden Doppel-Aufgabe der Durchführung des Attentats und der Führung des anschließenden Putsches allein gelassen zu haben. In seinem Vortrag in Hamburg führte er aus:

Peter Sauerbruch
Rittmeister und Chef 1. Schwadron
Aufklärungsabteilung 27

»Daß er (Stauffenberg) die den Staatsstreich auslösende Tat zugleich mit der Führung des Ablaufes der Verschwörung in seiner Hand vereinigen mußte, bleibt ein Makel für diejenigen, die ihm den ersten Teil hätten abnehmen können. Wenn ich das ausspreche, so beziehe ich mich selbst in diesen Vorwurf mit ein. Ich vermag auch heute nicht zu sagen, ob ich mich dazu durchgerungen haben würde, die Bombe zu zünden, falls ich zum Zeitpunkt des Attentats Stauffenberg noch zur Verfügung gestanden hätte. Stauffenberg wußte, wie nötig seine Anwesenheit nach dem Attentat in Berlin war. Er allein hielt alle Fäden in der Hand.«

Auch wenn Sauerbruch sich zur Tat durchgerungen und seinem Freund hätte in der schwersten Stunde beistehen wollen, er konnte es nicht tun. Im Frühjahr 1944 war er als erster Generalstabsoffizier (IA) zur schwer ringenden 4. Panzerdivision an die Ostfront versetzt worden und stand daher für die aktive Umsturzplanung nicht mehr zur Verfügung. Nach dem Scheitern des Attentats und mit dem Beginn der wütenden Verfolgung der Beteiligten genügten einige Indizien über die engen Beziehungen zum Haupttäter, um die Suchhunde Himmlers und Kaltenbrunners schnell auf die Spur des Regimentskameraden zu bringen. Im September 1944 wurde Sauerbruch auf dem Gefechtsstand seiner Panzerdivision in Kurland festgenommen. In der nun folgenden Schilderung des Vorgangs durch den Festgenommenen zeigt sich auf dramatische Weise, wie sehr die Wehrmacht nach dem gescheiterten Attentat und in dem sich abzeichnenden Zusammenbruch Deutschlands, in sich selbst verunsichert, nun den Schergen des Regimes ausgesetzt war, wie leuchtend aber in der Gefahr die Kameradschaft tapferer Männer die Oberhand behielt.

»Die erste Nacht nach der Festnahme verbrachte ich auf dem Gefechtsstand des XXXIX. Panzer-Korps. Der Kommandierende General v. Saucken, ein Mann, dem ich großes Vertrauen entgegenbrachte, orientierte mich, daß der Befehl zu meiner Verhaftung vom Reichsführer der SS direkt an ihn ergangen sei. Auf seine Rückfrage bei der Armee, ob dieser neue Befehlsweg seine Richtigkeit habe, erhielt er die Anweisung, die Verhaftung vorzunehmen, auch ohne einen Befehl des zuständigen Gerichtsherrn (Armeeoberbefehlshaber) erhalten zu haben. Saucken meinte dann: ›Ihre Festnahme wird sich als Irrtum herausstellen!‹ Ich antwortete: ›Herr General, es kann sein, daß ich Sie enttäuschen muß!‹ Hierauf Saucken: ›Als Ihr Freund und Vorgesetzter rate ich Ihnen, seien Sie dort, wo man Sie jetzt hinbringt, weniger offenherzig als mir gegenüber!‹ Ein unerschrockener Edelmann und Kamerad, der ungeachtet der damit für ihn selbst verbundenen Gefahr mich nicht fallenließ!«

Sauerbruch ist den Leidensweg so vieler Gleichgesinnter durch die Gefängnisse und die Gestapo-Verhöre gegangen. Er hat den Kelch nicht, wie sein Freund aus Bamberg, bis zur Neige trinken müssen und hat die Prüfungen lebend überstanden. Er wurde sogar durch den Chef des Reichssicherheitshauptamtes, Kaltenbrunner, persönlich verhört. Die Schilderung der Konfrontation zwischen den beiden Männern, die nicht nur Landsmannschaftliches, sondern womöglich auch Philosophisches mehr einte als trennte, raubt einem noch heute den Atem. Lassen wir den ehemaligen Regimentsadjutanten aus den Bamberger Friedensjahren noch einmal zu Worte kommen.

»Ein merkwürdiges Erlebnis. Er verstrickte mich in ein Gespräch, in dem er offensichtlich herausfinden wollte, welche Schwächen ein Generalstabsoffizier an Hitlers Führung kritisierte. Schließlich sagte er: ›Der Generalstab des Heeres rechnet nur rote gegen blaue Divisionen auf der Lagekarte gegeneinander auf, was ihm fehlt, ist der Glaube an den Führer.‹ Ich entgegnete darauf, dann müsse doch bei der Luftwaffe alles in bester Ordnung sein, da diese von einem bewährten Nationalsozialisten aufgebaut worden sei. Ein Kommando zum General der Schlachtflieger habe mich aber deutlich über die völlig aussichtslose Unterlegenheit gerade dieses Wehrmachtteils belehrt. Kaltenbrunners Antwort: ›Erlassen Sie es mir, darauf einzugehen!‹ Die Anzeichen für das Auseinanderfallen der Spitzengruppe mehrten sich. Die Vernehmung endete mit der Feststellung Kaltenbrunners: ›Ich hoffe, es ist Ihnen klar, daß ich Ihnen hätte einen Strick drehen können, wenn ich das gewollt hätte, aber es sind schon zu viele von den jungen Offizieren, die unser Volk dringend braucht, verurteilt worden.‹ – Ich schwieg begreiflicherweise zu dieser Äußerung.

Ich habe das Rätsel, warum er mir den Strick nicht gedreht hat, bis heute nicht lösen können. Sicher weiß ich – denn das erwähnte Kaltenbrunner im Laufe der Vernehmung –, daß sich Generaloberst Jodl (Chef Wehrmachtführungsstab) energisch um meine Freilassung bemüht hatte. Eine andere Vermutung ist die, daß meine Inhaftierung gleichzeitig meinen Vater treffen sollte. Er war mit Generaloberst Beck, den er auch als Arzt behandelte, befreundet, und er gehörte seit vielen Jahren der Mittwochsgesellschaft an, aus deren Mitgliederkreis einige gewichtige Persönlichkeiten der Teilnahme am Widerstand überführt wurden und ihr Leben ließen. Meine Vermutung erhielt dadurch eine gewisse Rechtfertigung, daß Kaltenbrunner meinen Vater verständigte, er möge mich nach meiner Vernehmung im Reichssicherheitshauptamt abholen. Zu meinem Erstaunen trat also plötzlich mein Vater in Kaltenbrunners Zimmer. Es entspann sich in meiner Gegenwart ein kurzes Gespräch, in dem Kaltenbrunner ihm Vorhaltungen machte, er mißbrauche seinen ärztlichen Beruf, um seine schützende Hand über Juden zu halten. Mein Vater antwortete ihm: ›Ich halte meine Hand

Geheimrat Professor Dr. Ferdinand Sauerbruch

über jeden, der mich als Arzt braucht.‹ Ich stellte mich innerlich schon darauf ein, wieder in die Zelle zurückgeschickt zu werden. Aber ich war frei. Nach der Entlassung meldete ich mich beim Chef des Generalstabes, inzwischen Generaloberst Guderian. Meinen Wunsch auf Übernahme eines Regiments oder Bataillons lehnte er ab. Er befahl mir, im Generalstab zu bleiben und auf meinen Posten als Ia der 4. Panzer-Division zurückzukehren. Ich gehorchte.
Der Wimpel des Divisionsstabes steckte an einem verkommenen lettischen Schulhaus. Die Ordonnanzoffiziere des Divisionsstabes hatten sich zu meiner Wiederbegrüßung vor der Haustür aufgestellt und sangen, von einer Ziehharmonika begleitet, den damals wohlbekannten Schlager: ›Peter, Peter, wo warst Du heute Nacht?‹ Das war ihre lockere und doch vielsagende Art, ihre Meinung auszudrücken. Über die Gründe meiner Abwesenheit wurde nicht weiter gesprochen.
Die Truppe durfte mit Recht erwarten, daß sich unsere ganze Aufmerksamkeit hier und jetzt darauf richtete, den Russen das Eindringen in unsere dünne, überanstrengte Front zu verwehren. Hier endet mein aus persönlichem Erleben schöpfender Bericht über die Ereignisse um den 20. Juli.«
Eine der bohrenden Fragen, welche Stauffenberg und Sauerbruch sich in ihren langen nächtlichen Gesprächen in Berlin immer wieder gestellt hatten, war die nach dem Umfang der Hitlerschen Verbrechen und dem Grad der Bekanntheit in der Öffentlichkeit. Beide wußten nichts Konkretes, hatten nur, wie viele Offiziere in höheren Stäben, gerüchteweise über das Tun Himmlerscher Sondergruppen im rückwärtigen Gebiet gehört. »Den Gesamtumfang der letztlich von Hitler ausgehenden Verbrechen«, bezeugt Sauerbruch heute, »haben wohl nur wenige gekannt.« Aber Sauerbruch wendet sich in seinen rückschauenden Betrachtungen auch scharf gegen die »Was ich nicht weiß, macht mich nicht heiß«-Attitüde vieler Offiziere der damaligen Zeit. »Gerade dort, wo Kompetenzen der militärischen Führung durch den (Hitlerschen) Sicherheitsdienst eingeengt wurden, war äußerste Wachsamkeit einfach eine Pflicht. Hier bot es sich an, die Konfrontation zu suchen und die traditionellen sittlichen Werte deutschen Soldatentums gegen den Einbruch des Verbrechens zu verteidigen.«
Die Konfrontation, zunächst mit dem eigenen Gewissen, dann mit den schwankenden Kameraden, und schließlich mit dem Todfeind am anderen Ende der Werteskala, haben auch andere Offiziere des Bamberger Kavallerieregiments gesucht und durchgestanden, bis zum bitteren Tode. Einer von ihnen, und der jüngste der fünf Hingerichteten, war der Augsburger Generalssohn Roland von Hößlin. Er war, Jahrgang 1915, dem Regiment 1934 beigetreten und hatte, ausgestattet mit blendendem Aussehen und hellwacher Intelligenz, schnell die

Ränge bis zum Abteilungsadjutanten durchschritten. Der Kriegsbeginn sah ihn als Adjutanten der Aufklärungsabteilung 10 in den Polenfeldzug rücken, in dessen Verlauf er mit dem Eisernen Kreuz 2. Klasse ausgezeichnet und von der Division belobigt wurde. Nach eineinhalbjähriger Tätigkeit an der Panzertruppenschule in Krampnitz bei Potsdam wurde er als Ordonnanzoffizier (O1) zum Stab des deutschen Afrika-Korps unter Generaloberst Rommel versetzt, machte die Siegeszüge bis zur Cyrenaika und in die ägyptische Tiefebene mit und erhielt im Frühjahr 1942 das Kommando über die Panzeraufklärungsabteilung 33. Für seinen persönlichen Einsatz an der Spitze seiner Abteilung bei der Wiedereroberung einer Bunkerstellung (Rommel: »Der Hößlin ersetzt mir mit seiner Abteilung eine ganze Division«) erhielt er das Ritterkreuz.
Aber bei diesem Einsatz war er durch eine britische Kugel schwer am rechten Unterarm verwundet worden und kam in die Heimat zurück. Komplikationen an der Wunde benötigten einen langen Lazarettaufenthalt, sein Arm, vor allem seine rechte Hand, blieben verkrüppelt. Nach seiner Genesung kam er wieder als Lehroffizier an die Kriegsschule in Krampnitz, von da aus später nach Ostpreußen, wo er die Führung eines Panzeraufklärungs-Ausbildungsbataillons in Insterburg übernahm, welches später, nach Zurücknehmen der nördlichen Ostfront, nach Meiningen in Thüringen verlegt wurde. Und hier sollte sich das Schicksal des jungen Majors mit dem Ritterkreuz und dem ver-

Roland von Hößlin während seiner Verhandlung vor dem Volksgerichtshof in Berlin.

krüppelten Arm, des mitreißenden Truppenführers und angehimmelten Vorbilds seiner Fahnenjunker, vollenden.
Wie viele Offiziere, die eine Verwundung oder Versetzung aus dem engen Gesichtsfeld eines Frontkommandos gerissen hatte, war auch Hößlin nach Rückkehr in die Heimat mit der Realität des Krieges konfrontiert worden. Er hatte die Tragödie von Stalingrad auf dem Krankenbett am Radio verfolgt. In Gesprächen mit durchreisenden Kameraden von der Front und aus den Briefen im »Bamberger Reiter« erfuhr er, kaum verschlüsselt, wie es an der Ostfront – und hier würde sich das Schicksal Deutschlands entscheiden – wirklich aussah. Hößlin sah, welche Führungsfehler gemacht wurden, wie immer mehr die Improvisation um sich griff, wie rapide die Qualität des Offiziersnachwuchses abnahm, wie es überall an Nachschub für die Front mangelte. Er wohnte den unaufhörlichen Bombardierungen deutscher Städte bei, sah die Liste der Gefallenen und Getöteten immer länger werden, und fühlte, wie der Glaube an den »Führer« bei den Menschen in den zerstörten Städten dahinschwand. Hößlin hat viele Briefe an seine Eltern geschrieben, zwischen deren Zeilen der Zweifel an einem guten Ausgang des großen Abenteuers von Mal zu Mal deutlicher abzulesen ist.
In Februar 1943 besuchte ihn ein Regimentskamerad am Krankenbett in der Berliner »Charité«. Oberstleutnant im Generalstab Graf Stauffenberg, soeben zur Panzerarmee Afrika versetzt, wollte sich von dem acht Jahre jüngeren Kameraden ein wenig über die Besonderheiten des afrikanischen Kriegsschauplatzes erzählen lassen. Die beiden Männer sprachen indes nicht nur über Taktisches. Sie tauschten ihre Ansichten über die Kriegslage aus, und der Ältere machte keinerlei Hehl aus seiner pessimistischen Beurteilung. Auch hier sprach Stauffenberg von seiner »Flucht an die Front«. Aber bei Hößlin sprang noch kein Funke. Er fand den Oberstleutnant, wie er später im Gestapoverhör aussagte, »auch einen von den ewig meckernden Generalstäblern, die an allem etwas auszusetzen haben«.
Sein »Bruchpunkt«, wie Sauerbruch es nannte, läßt sich bei Hößlin ziemlich genau auf den Herbst 1943, also ein halbes Jahr nach seinem Gespräch mit Stauffenberg, festlegen. Hößlin nahm zu diesem Zeitpunkt an einem Kommandeurs-Lehrgang in Putlos an der Ostsee teil. Seine beiden Lehroffiziere, Oberst von Müller und Major von Luck, waren klar antinazionalsozialistisch eingestellt und gaben dies kund. Die Lehrgangsteilnehmer kamen von allen Fronten und sprachen sich offen über ihre Beobachtungen aus. Hößlin hat damals einem Stubenkameraden die Frage gestellt: »Glauben Sie, daß wir unter diesem Regime noch das Recht haben, den Krieg zu gewinnen?« Das war ein erster klarer Hinweis auf einen inneren Vorgang, der sich in ihm weg

von einer rein militärischen zu einer moralischen Beurteilung der obersten Führung vollzogen hatte.
Hößlin war ein schneller Denker und noch schnellerer Entschlußfasser. Nachdem der Rubicon einmal überschritten war, zögerte er keinen Augenblick mehr, sich der um sich greifenden Widerstandsbewegung gegen Hitler anzuschließen. In vielen Gesprächen mit Stauffenberg, Sauerbruch und anderen Offizieren, zu denen er Vertrauen hatte, nahm er an der Planung des Umsturzes teil. Die drei »Bamberger« waren der Motor des Unternehmens, oft tollkühn in ihren Zusammenkünften in Berlin. Hößlin hatte sich bereit erklärt, mit seinem Bataillon aus Insterburg nach Königsberg zu marschieren und dort die gesamte Parteiführung auszuschalten, eventuell auch einen Vorstoß auf die Wolfsschanze zu deren Verteidigung gegen Entsatzversuche durch die SS zu unternehmen. Die Planung war, wegen der wiederholten Verschiebungen des Attentatsversuchs durch Stauffenberg, nicht frei von Verwirrung. So kam es zu einem Vormarsch der Insterburger Panzeraufklärer in Richtung Königsberg am 15. Juli 1944, der, wegen Nichtausführung des Attentatsversuchs, abgebrochen wurde. Am Attentatstag selbst, fünf Tage später, saß Hößlin an seinem Schreibtisch des Schulkommandeurs und hörte, wie Millionen anderer Deutscher auch, von 18 Uhr ab im Rundfunk vom Scheitern des Anschlags auf den Führer.
Der Major hat den Umzug seiner Schule nach Meiningen noch mitgemacht, stetig seiner Verhaftung gewärtig. Diese erfolgte am Vormittag des 23. August 1944 in seinem Dienstzimmer in der Meininger Scharnhorstkaserne. Es gibt keine Hinweise auf eine Denunziation. Aber seine Zugehörigkeit zum engeren Kreis um Stauffenberg und der abgebrochene Marsch auf Königsberg ließen ihn für die Häscher als zum Kern der Umstürzler gehörig erscheinen. Hößlin wurde, nach längeren Gestapoverhören offenbar ohne Folter, am 13. Oktober dem Volksgerichtshof unter Vorsitz Roland Freislers vorgeführt und nach kurzer Verhandlung zusammen mit drei anderen Angeklagten zum Tode verurteilt. Das Urteil wurde noch am gleichen Tage in Berlin-Plötzensee durch den Strang vollstreckt.
In seinem Abschiedsbrief schrieb Hößlin an seine Eltern, daß er »innerlich gefaßt und heiter« in den Tod gehe. Seine äußere Ehre als Offizier sei ihm genommen, nicht aber seine innere. Er habe nichts als seine Pflicht getan. Dies ist ein bemerkenswertes Geständnis eines deutschen Offiziers, der bereit gewesen war, seinen obersten Kriegs- und Eidesherrn zu beseitigen. Es zeigt die Weite des Weges, die Hößlin, und mit ihm all die anderen, innerlich gegangen war. Von der üblichen Pflicht, seinem Herrn zu dienen und für ihn zu sterben, hatte er sich entbunden und eine andere Pflicht an ihre Stelle gesetzt: die Pflicht,

Roland von Hoesslin, at 30, commanded a division in the famed Afrika Korps. He lost part of his right hand, wore the Knights Cross of the Iron Cross. He had nothing but scorn for Freisler and told him so. He shouted his judges down in court

den Verderber des Vaterlandes umzubringen und den Weg zur Rückkehr in geordnete Verhältnisse zu öffnen.
Drei andere Offiziere des Regiments bezahlten ihre Teilnahme am Putschversuch gegen Hitler ebenfalls mit dem Tode. Der rangälteste unter ihnen, Generalleutnant Karl Freiherr von Thüngen, war am Nachmittag des 20. Juli in aller Eile von den Verschwörern um Stauffenberg in die Bendlerstraße beordert worden, um an Stelle seines Vorgesetzten, General von Kortzfleisch, Befehlshaber im Berliner Wehrkreis III, der sich dem Putsch verweigert hatte, den Befehl über die Ersatztruppen im strategisch wichtigsten Wehrkreis des Reiches zu übernehmen. Thüngen war einer der ältesten Bamberger Reiter, Jahrgang 1893. Er war 1912 in das 5. bayerische Dragonerregiment und bei Kriegsbeginn 1914 Leutnant im 5. Bayerischen Chevaulegers-Regiment. Schon ab 1919 hatte er dem neuaufgestellten Reiterregiment 23, später 17 in Bamberg, angehört, die Freikorpskämpfe um München mitgemacht und dann Friedensdienst als Eskadronschef und Abteilungsadjutant, u.a. als Vorgesetzter des Fahnenjunkers Sauerbruch, geleistet. Oberst zu Beginn des Zweiten Weltkrieges, später Kommandeur der 18. Panzerdivision in Rußland, war er am 1. Januar 1943 als Generalleutnant zum Inspekteur des Wehrersatzwesens im Wehrkreis III, später zum Kommandierenden General im gleichen Wehrkreis, ernannt worden. Als solcher wurde er kurz vor dem Attentat von General von Kortzfleisch abgelöst, um wieder eine Frontverwendung zu finden. In diesen Übergang hinein platzte der 20. Juli.
Thüngen war mit Sicherheit schon vorher über die geplanten Maßnahmen unterrichtet worden. Als man ihn am Nachmittag in seinem Stabsgebäude am Olivaer-Platz anrief und zur Bendlerstraße bestellte, zögerte er keinen Moment und eilte an die Seite seines eben aus Ostpreußen eingeflogenen Regimentskameraden Stauffenberg. Zu diesem Zeitpunkt gingen die Verschwörer noch davon aus, daß Hitler tot sei. Die Maßnahmen zur Mobilisierung des Ersatzheeres unter dem Stichwort »Walküre« mußten nun mit großer Eile und Energie in die Tat umgesetzt werden. Thüngen war auf Grund seiner eineinhalbjährigen Erfahrung als Inspekteur des Ersatzwesens der richtige Mann dazu. So setzten sich ab 17 Uhr die um Berlin herum gelegenen Truppenschulen, allen voran die Kavalleristen und Panzeraufklärer aus Krampnitz, in Richtung Innenstadt in Bewegung.
Aber das geschah langsam und stockend und in großer Verwirrung mit Befehlen und Gegenbefehlen, während die Gegenaktion unter Führung des energischen Majors Remer, Kommandeur des Berliner Wachbataillons, schon angelaufen war. Remer und seine Männer waren schneller als die Krampnitzer in der Bendlerstraße. Er hatte den Befehl zur Niederschlagung des Aufstandes vorher, in der Wohnung von

Generalleutnant Karl Freiherr von Thüngen vor dem Volksgerichtshof, Sommer 1944 (rechts Schulenburg).

Goebbels, am Telefon aus der Hand Hitlers persönlich entgegengenommen, während ein Teil der Verschwörer, Stauffenbergs Versichungen Glauben schenkend, immer noch meinte, das »Monster« sei tot. Wir kennen den Ablauf der dramatischen Stunden am Abend des 20. Juli in der Bendlerstraße. Thüngen war einer der ersten, die von den hereinstürmenden Stoßtrupplern des Wachbataillons verhaftet wurden. Er mußte einen langen Leidensweg durch die Verliese der Gestapo gehen und wurde am 14. Oktober 1944, einen Tag nach seinem jungen Regimentskameraden Hößlin, im Zuchthaus Brandenburg-Görden erschossen. Ein gütiges Geschick ersparte dem Ritterkreuzträger den Strang.

Wie sehr die Gestapo-Schergen den bayerischen Edelmann und Protestanten, der dem Vaterland schon seinen Sohn Karl Wendt an der Ostfront geopfert hatte, mit ihrem Haß verfolgten und peinigten, bezeugt einer seiner Soldaten, der ihn im Gefängnis besuchen durfte. Der Mann, langjähriger »Bursche und Pferdepfleger« bei seinem General, hat der Witwe des Häftlings nach dem Krieg in einem Brief seine Erschütterung darüber mitgeteilt, wie er an den Händen und am Gesicht seines Herrn die Male der Folter erkannte und den Haß seiner Aufseher an ihren Augen ablas. Thüngen ist, wie aus seinen letzten Briefen hervorgeht, aufrecht gestorben.

Der nach Geburt älteste »Bamberger«, der sich dem Umsturzversuch im fernen Wien zur Verfügung gestellt hatte, war der 1889 geborene Oberst Rudolf Graf Marogna-Redwitz aus dem alten fränkischen Geschlecht der Freiherrn von Redwitz, der, nach dem Tode seines älteren

Rudolf Graf von Marogna-Redwitz als Oberst der Wehrmacht.

Bruders, von dem römischen Grafen Marogna zur Weiterführung des Familiennamens adoptiert worden war. Marogna-Redwitz war, wie Thüngen, Schwerer Reiter im Ersten Weltkrieg gewesen und dort schwer am Kopf verwundet worden. Trotzdem hatte er sich in den zwanziger Jahren als Abwehr-Offizier von der Reichswehr reaktivieren lassen und war 1934 in Bamberg seiner geliebten alten Waffe beigetreten. Aber er blieb auch dort bei der Abwehr und trat in enge Beziehung zu deren späterem Chef Admiral Canaris. 1938, nach dem »Anschluß« Österreichs, machte sein Freund ihn zum Chef der Abwehr in Wien.

Auf Marogna-Redwitz paßt das Porträt, das wir von dem Offizier des Bamberger Regiments gezeichnet haben. Er war ein katholischer Edelmann vom Scheitel bis zur Sohle, vorzüglicher Vater seiner drei Kinder, zwei Söhne und einer Tochter, liebender Ehemann einer Gräfin Arco-Zinneberg aus altem bayerisch-italienischem Adel, und pflichtbewußter Offizier mit höchsten moralischen Maßstäben. Schon von seinen Charaktereigenschaften her, mehr noch aus seiner dienstlichen Umgebung in einem Spezial-Korps, das sich von Anfang der nationalsozialistischen Bewegung an gegen die neuen braunen Machthaber gestellt hatte, konnte er den Versuchungen der »neuen Zeit« niemals erliegen.

Aber er stellte sich dem Vaterland zur Verfügung und blieb auch bei der Stange, als seine beiden Söhne Hubert und Rudolf kurz hintereinander im Sommer 1942 an der Ostfront fielen, Rudolf, der ältere, zwei Tage nach Eingang eines Befehls des Heerespersonalamtes, ihn wegen Erhalt der Familie aus der Front herauszuziehen.

Oberleutnant Rudolf Graf Marogna-Redwitz an der Spitze seiner Schwadron auf dem Vormarsch im Sommer 1942. Er fiel im August des gleichen Jahres.

Der Oberst in der Abwehr erfuhr in seinem Wiener Büro früh von den Putschplänen Stauffenbergs. Er gehörte zu denen im Widerstand, die Fäden über das neutrale Ausland zu den Alliierten zu knüpfen versuchten und dabei immer wieder scheitern mußten, weil sowohl Churchill wie Roosevelt sich jeder Annahme eines Vermittlungsangebots seit 1941 versagten. Stauffenberg hatte den Regimentskameraden an exponierter Stelle als Verbindungsoffizier zum Wiener Wehrkreiskommando eingesetzt. Als solcher hatte Marogna-Redwitz Anteil an der Verhaftung hoher Parteifunktionäre in der österreichischen Hauptstadt am Nachmittag des 20. Juli, die, ähnlich wie in Paris, den Aufständischen vorübergehend in die Falle gingen, aber bald wieder freigelassen werden mußten. Einen Tag später wurde er verhaftet. »Jetzt haben wir ihn endlich, diesen Grafen, diesen katholischen Schweinehund«, soll, so bezeugt es die Tochter, Frau von Loeben, in ihrem erschütternden Buch über das Leben und Sterben ihres Vaters und ihrer Brüder, der leitende Gestapo-Beamte ausgerufen haben, als man ihm den einäugigen Obersten vorführte. Er starb, einen Tag vor Hößlin und ebenso wie dieser von Freisler zum Tode verurteilt, am 12. Oktober 1944 in Plötzensee. Er war gefoltert worden und bekannte sich ohne mit der Wimper zu zucken zu seinen Taten und Idealen. Hier ein Auszug aus seinem Abschiedsbrief:

»Ich scheide von dieser Welt und vereinige mich mit den Buben. Auch Euch wird noch Schweres bevorstehen. Und nun ein Kreuz auf die Stirn, seid tapfer, verliert den Mut und das Vertrauen nicht. Gott segne Euch, bis wir uns wiedersehen. Meinen Dank für alles. Laßt Messen für mich lesen.«

Die Gestapo quälte die Angehörigen ihrer Opfer bis über deren Tod hinaus. So erreichten die letzten Worte ihres Gatten die Gräfin in München erst einen Monat, nachdem ihr die offizielle Nachricht des Oberreichsanwalts aus Berlin über die Hinrichtung ihres Mannes zugegangen war. Die Berliner Behörde hatte sogar die Herzlosigkeit, der Witwe die Kostenrechnung für die Exekution zu schicken. In ihrem Buch »Graf Marogna-Redwitz, Opfergang einer bayerischen Familie«, schreibt Elisabeth von Loeben:

»Mama sagte kein Wort, sie lächelte fast ein wenig, als sie mir dieses haarsträubende Schreiben zeigte. Diese Art Gemeinheit konnte sie nicht mehr berühren. Sie radelte zur Post und zahlte.«

Solche Prüfungen konnten nur in einem tiefen Glauben an Gott überwunden werden. Wie stark er der Gräfin Marogna-Redwitz innewohnte, beschreibt die Tochter an einer anderen Stelle ihres Buches. Es war die Zeit der fürchterlichen Ungewißheit über das Schicksal des Mannes und Vaters, die über Wochen nach dem Verschwinden des Obersten aus seiner Wiener Wohnung dauerte. Dann endlich kam eine erste

Hubertus Graf Marogna-Redwitz, Oberleutnant und Schwadronschef in der AA 113 des Majors Boxberger, gefallen am 13. Mai 1942 in Sofijewka.

Nachricht, ein Brief des Vaters aus dem Gefängnis in Berlin-Tegel, der um warme Sachen für die Nächte in der kalten Zelle bat. Er ging bei der Tochter in München ein, während die Mutter sich auf der irren Suche nach ihrem Mann nach Wien begeben hatte.

»Ich telegraphierte, halb verrückt vor Freude, an Mama an eine getarnte Adresse in Wien. Ihre erste Reaktion war ein tiefes Dankgebet. Sie eilte in den Stephansdom und dankte dem Schöpfer mit der ganzen Inbrunst ihres gequälten Herzens für diese Erlösung. Als sie dann wenige Tage später die furchtbare Wahrheit erfuhr, sagte sie nur: ›Was macht der liebe Gott jetzt mit so einem Dankgebet?‹«

Unter den Lesern des Zeugnisses der Frau von Loeben war auch der Schriftsteller und Historiker Golo Mann. Nach der Lektüre des Buches schrieb er nieder:

»Wenn man die Briefe liest, welche die Mitglieder dieser Familie untereinander tauschten, wenn man liest, was die Freunde, die Zeugen ihres Lebens und Sterbens zu sagen haben, so fällt es manchmal schwer, weiterzulesen; so schämt man sich der eigenen vergleichsweisen Sicherheit in jenen Jahren, so bleiben am Ende nichts als Bewunderung und Trauer.«

Wenden wir uns dem letzten der fünf Offiziere des Regiments zu, deren Namen im goldenen Buch des deutschen Widerstandes gegen Hitler verzeichnet sind. Major Ludwig Freiherr von Leonrod war, wie die meisten seiner Regimentskameraden höheren Dienstgrades, schon sehr früh, 1926, in Bamberg eingetreten und hatte es dort bis zum Regimentsadjutanten gebracht. Im Krieg hatte er eine Aufklärungsabtei-

Major Ludwig Freiherr von Leonrod vor seinem Blutrichter Freisler und (nächste Seite) im Moment der Urteilsverkündung.

lung an der Ostfront geführt und war schwer verwundet worden. Im Herbst 1943 hatte Stauffenberg den zu einem höheren Stab in Berlin kommandierten Regimentskameraden in die Umsturzpläne eingeweiht. Peter Sauerbruch hat seine Beteiligung am 20. Juli nach dem Kriege so dargestellt:

»Freiherr L. von Leonrod, mit dem ich 1½ Jahre die Wohnung teilte und abends über alles sprach was uns bewegte, war mein Vorgänger als Regimentsadjutant. Er stammte aus einer königstreuen bayerischen Familie und war ein tiefgläubiger Katholik. Das Regiment war seine Heimat, den Nationalsozialismus hat er weit von sich gewiesen. Jahrgangsgleich mit Stauffenberg kam er durch diesen in den Kreis der Verschwörung. Er war in der Vorbereitungszeit des Herbst 43 als Verbindungsoffizier zum Generalkommando VII, also des Wehrkreises München vorgesehen. Am Tag des Attentats hielt er sich im Bendlerblock auf, obwohl er in dieser Zeit in Krampnitz zum Lehrgang für höhere Adjutantur kommandiert war. Am Nachmittag nahm er Gen. Oberst Fromm fest und bewachte ihn nach dem Wortgefecht mit Gen. Oberst Olbricht. Stauffenberg hatte ihn im Dezember 43 zu sich bestellt und ihm erklärt, daß der Führer nicht mehr tragbar, nicht mehr zu halten sei und daher beseitigt werden müßte. In der gegenwärtigen Lage sei eine Militärdiktatur die einzige Rettung. Anfängliche Bedenken Leonrods tat Stauffenberg mit dem Hinweis ab, daß alle Gegenargumente sorgfältig erwogen seien.«

Ludwig Leonrod wurde als einer der ersten, schon am 26. August 1944, in Berlin-Plötzensee hingerichtet. Sauerbruchs Hinweis auf die »anfänglichen Bedenken« des tiefgläubigen Offiziers beziehen sich auf dessen Beziehungen zu seinem Beichtvater, dem Jesuitenkaplan Wehrle, dem er seinen Entschluß, an der Beseitigung Hitlers teilzunehmen, mitgeteilt und daran die Frage geknüpft hatte, ob es ihm als Christen und Offizier erlaubt sei, Hand an den Eides- und Kriegsherrn zu legen. Die Tragik der Beziehungen zwischen den beiden Männern ist in der Literatur ausgiebig dargestellt worden. Wehrles Verhöre vor der Gestapo, seine zynische, unerträgliche Vernehmung durch Freisler vor dem Volksgerichtshof sind eines der erschütterndsten Kapitel des deutschen Widerstandes. Beide büßten ihre Überzeugungen mit dem Tode. Leonrod, der, seiner Freude am guten Wein wegen, in Friedenszeiten den Spitznamen »Leonblau« trug, starb wie er gelebt hatte: aufrecht und gläubig.

Unter den nicht wenigen Offizieren des Regiments, die dem Regime der Nazis ablehnend gegenüberstanden, keinen Hehl daraus machten und dafür büßen mußten, sei auch des Randolf Freiherrn von Breidbach-Bürresheim aus Schwandorf in der Oberpfalz gedacht. Breidbach hatte, Jahrgang 1912, 1936 eine Reserveübung beim Kavallerieregiment

Randolf Freiherr von Breidbach-Bürresheim als Leutnant in dem Hof einer russischen Kolchose 1944.

17 in Bamberg gemacht und später in einer Aufklärungsabteilung des Regiments am Frankreichfeldzug teilgenommen. Volljurist, kam er als Referendar in die Münchner Anwaltskanzlei des Dr. Joseph Müller, damals schon eine zentrale Figur des zivilen Widerstandes gegen den Nationalsozialismus. So kam der rheinische Baron mit Leuten der Abwehr, Canaris, Oster, von Dohnanyi, in Verbindung, verfaßte später, als Verbindungsoffizier in Frankreich und Rußland, Berichte für die Münchner Widerstandszentrale, die 1943, bei der Verhaftung Müllers und seiner Freunde, der Gestapo in die Hände fielen. Man verhaftete ihn bei einer Genesungskompanie in Würzburg, wohin ihn eine schwere Gelbsuchterkrankung an der Ostfront verschlagen hatte. Aber die Vorwürfe, die das Reichssicherheitshauptamt gegen ihn erhob, reichten dem Reichskriegsgericht in Berlin nicht aus. Breidbach kam frei, wurde, nach Nichtbestätigung seines Freispruchs durch Feldmarschall Keitel, erneut verhaftet und in das Konzentrationslager Sachsenhausen verbracht. Dort erlebte er noch den Einmarsch der Russen, starb aber wenig später, am 13. Juni 1945, an Entkräftung. Seine Tochter, Huberta Riederer Freifrau von Paar, teilte uns mit:
»Mit seinem kurzen, aber erfüllten Leben und seinem Sterben leistete er seinen Tribut für die Ehre seines Vaterlandes.«
Die Ehre und das Vaterland – so steht es, in »Honneur et Patrie« übersetzt, als Devise auf den Fahnen französischer Kavallerieregimenter. Gäbe es noch eine deutsche Kavallerie, so könnte es auf der Fahne der Bamberger stehen. Denn die sechs von Bamberg gehörten in vorderster Front zu denen, die sich gegen die Schmach des Nationalsozialismus auflehnten und mit ihrem Tod die Ehre des Vaterlandes wiederherstellten. Ihr Opfer, der Tod am Galgen oder unter den Kugeln eines Erschießungspelotons, war, äußerlich schmachvoll und innerlich unerträglich, das absolut Höchste.
»Die brennende Liebe zu ihrem Volk ließ sie das Opfer ihres Lebens bringen, und bis ins Tiefste erschütternd groß waren sie auf ihrem Weg in den Tod. Denn mit einer heiligen Kraft aus einer anderen Welt erfüllte sie die Gewißheit, daß ihr Sterben aus Liebe zu Heimat und Volk sie führe zu Gott.«
Das sagte der Gefängnispfarrer Buchholz, der viele Todeskandidaten des 20. Juli auf ihrem letzten Gang begleitete, in einer Predigt nach dem Kriege. »Das letzte Urteil spricht die unbestechliche Geschichte«, schrieb Roland von Hößlin, nicht ohne ein letztes Aufbäumen aus Stolz und Trotz gegen das Schicksal, in seinem letzten Brief an seine Eltern. Die Geschichte hat ihr Urteil längst gesprochen. Bundeskanzler Helmut Kohl hat diesem Urteil seine Stimme geliehen, als er, am 12. November 1987 zum 80. Geburtstag Claus von Stauffenbergs, im Bonner Palais Schaumburg sagte:

»Stauffenberg und seine Mitverschworenen sind Zeugen des anderen, des besseren Deutschland. Sie waren mutig und handelten verantwortlich. Sie waren edel und besaßen Seelengröße. Sie sind große Tote, auf die wir uns berufen dürfen.«
Wie prophezeite doch Roland Freisler in einer seiner Urteilsbegründungen vor dem Bluttribunal des Volksgerichtshofes, die an Menschenverachtung nicht zu überbieten waren?
»Volk und Geschichte werden künftig über sie schweigen. Der Untergang in der Geschichte ist ihnen gewiß.«
Die Geschichte, die unbestechliche, hat Freisler widerlegt.

Auch der Major d.R. Wilhelm von Mallinckrodt – zuletzt, im Sommer 1944, Kommandeur der Aufklärungs-Ersatz-Abteilung 17, später der Infanterie-Reiter-Ersatz-Abteilung 2 in der Bamberger Lagarde-Kaserne, vorher im Kaukasus beim Stab des LVII. Panzer-Korps – muß zu den Offizieren gerechnet werden, die den Verfolgungen des Hitler-Regimes zum Opfer fielen. Wegen seiner »für das Offizierskorps des nationalsozialistischen Heeres untragbaren Haltung« wurde er im Dezember 1944 aus der Wehrmacht entlassen und dem »kriegswichtigen Arbeitseinsatz« überstellt. Mallinckrodt hatte seine Rekruten bei der Abstellung zur Front statt mit nazistischen Hurra-Parolen mit Hinweisen auf ihre christlich-ethische Verantwortung als deutsche Soldaten verabschiedet und seit Anfang 1944 enge Verbindung zu Stauffenberg gehalten.

KAPITEL 5

Sie blieben zusammen und pflegen die Tradition

Die Stadt Bamberg ist vom Zweiten Weltkrieg weitgehend verschont geblieben. Sie hat ihre Patina aus der Vorkriegszeit bewahrt und ist die schöne alte Bischofsstadt geblieben, die sie seit dem Mittelalter war. 1945 besetzten sie die Amerikaner und richteten sich in den Kasernen der Stadt ein. In der Lagarde-Kaserne liegt bis zur Stunde ein amerikanisches Panzerbataillon, das unlängst am Golfkrieg teilgenommen hat. Da die Amerikaner, ähnlich wie die Franzosen und Briten, die Tradition ihrer Panzertruppe auf die Kavallerie zurückführen, herrscht also auch heute noch da, wo einst die Rößer der »Bamberger« schnaubten, eine Art Reitergeist. Zwischen der Vereinigung ehemaliger Bamberger Reiter und dem US-Regiment besteht enge Freundschaft. Man nennt sich gegenseitig das »Schwesterregiment«, und als die Boys aus der Lagardekaserne an den Golf ziehen mußten, schrieben ihnen die alten Bamberger Reiter einen Brief in die saudische Wüste, in dem sie sich mit ihnen solidarisierten und Glück für die gefährliche Mission wünschten.
Auch mit der neuen deutschen Armee gibt es Verbindungen. Nach der etwas holprig angelaufenen »Traditionspflege«, denn man schämte

Beim ersten Treffen der 17er Reiter nach dem Kriege marschieren vier stramme ehemalige Kommandeure des Regiments oder einer seiner Abteilungen an der Spitze des Veteranenzuges zum Kriegerdenkmal. Von links: Generalleutnant a.D. Max Fremerey, General a.D. Gustav Frhr. von Perfall, General a.D. Rudolf Frhr. von Waldenfels, Major a.D. Georg Boxberger. Wir schreiben das Jahr 1951.

sich ja so gewaltig der Vergangenheit, bot sich das Panzeraufklärungsbataillon 4 in Roding in der Oberpfalz als Traditionstruppenteil an. Seit 1964 bestehen enge Verbindungen zwischen den »Bambergern« und den »Rodingern«, und wenn sich die Alten irgendwo zusammentun und dem Dröhnen ferner Schlachten in ihrem Inneren lauschen, sind immer die Jungen dabei. Dann ist viel von der Weitergabe des Reitergeistes die Rede, von der Verwandtschaft der Führungsgrundsätze zwischen Kavalleristen und Panzermännern, von Sattelbefehl und »Säbel auf« und schnellem Entschluß und »Augen zu und durch« – und das ist gut so. Was Franzosen, Briten und Amerikaner unter dem Kommando des deutschstämmigen US-Generals »Stormy« Schwarzkopf im Golfkrieg vorführten, mit ihrem raschen Vorstoß durch die südirakische

Oberstleutnant der Bundeswehr Alexander Frevert-Niedermein, ehemals Schwadronschef im Reiterregiment Mitte unter Boeselager, nach dem Kriege Kommandeur des Panzeraufklärungsbataillons 4 der Bundeswehr in Roding, grüßt bei der Traditionsübernahme 1964 in Bamberg die Standarten der 1. Ulanen und des Kavallerieregiments 17.

Hans Böhmer, Major a.D., Ritterkreuzträger und Vorsitzender der 17er Reiter, übergibt die Standarte des ehemaligen Kavallerieregiments 17 an Oberstleutnant Frevert-Niedermein von den Rodinger Panzeraufklärern.

Wüste zur Einsackung der Irakis in Kuwait, hätte 200 Jahre früher auch irgendein europäischer Reiterführer nicht besser vorzeigen können. Da gibt es eine direkte Linie vom Pferd zum Panzer, und darüber sind sich alle einig.

Aber die Bamberger haben nicht bis 1964 gewartet, um sich zusammenzusetzen und über ihre schweren Jahre zu sprechen. Sie kamen schon viel früher zusammen, das erste Mal nach dem Krieg im Jahre 1951. Es war der »Hubertustag« am 3. November, der Tag des Heiligen der Jagdreiterei, und man traf sich, 200 an der Zahl, im Saal der Brauerei Keesmann. Seitdem hat es fast jedes Jahr eine Wiedersehens-

Die Standarte des ehemaligen 1. Ulanenregiments übergibt A. Schiller, der erste Vorsitzende der Kameradschaft der ehemaligen Ulanen.

Oberstleutnant Frevert-Niedermein spricht mit Generalleutnant a.D. Fremerey, dem letzten Friedenskommandeur des Kavallerie-Regiments 17.

feier gegeben, und seit 1971 war der stukaturenreiche Saal im Restaurant »Harmonie« der Rahmen, den man für würdig hielt. Viele alte Offiziere, die inzwischen der Rasen deckt, sprachen dabei zu den alten Reitern, allen voran General Fremerey, der letzte Friedenskommandeur des Regiments, der sich während des ganzen Krieges um das Wohlergehen seiner Reiter gekümmert und immer wieder im »Bamberger Reiter« nach jedem seiner Offiziere geforscht hatte. Der General hatte zum Schluß eine Infanteriedivision in Dänemark geführt.
Einmal kamen sogar, es war im Jahre 1958, neun ehemalige Generale, die aus dem Regiment hervorgegangen waren, darunter als ältester der ehemalige Standortkommandant »Gustl« Perfall, der Mann, der einmal auf den Schultern seiner jungen Offiziere durchs Kasino geritten war und im Zweiten Weltkrieg seine beiden einzigen Söhne, Louis und Franz, verloren hatte. Die anderen waren Koch-Erpach, Fremerey, Freiherr von Waldenfels, Fehn, Deßloch, Luz, Harteneck und Wallner. Einige trugen voll Stolz ihre Kriegsauszeichnungen, andere, wie Luz, Dessloch und Harteneck, dachten wehmütiger an ihre reiterlichen Erfolge in Friedenszeiten zurück. General Dessloch hatte 1944 als Kommandierender einer Luftflotte die Bombardierung von Paris durch deutsche Bomber verhindert, die von Hitler als Racheakt für den Aufstand der Pariser gedacht war. Er hatte, wie Schwerterträger Kupfer, den Sattel mit dem Pilotensitz vertauscht.
Viel gefeiert wurde auch der letzte Stabsmusikmeister des Bamberger Regiments, Georg Heinlein. Er brachte es, zusammen mit einem ehemaligen Kaiserulan, auf über 82 Jahre, und als junger Trompeter war er bei Lagarde dabei gewesen. Albin Schwabe muß besonders genannt

Junge Offiziere des Panzeraufklärungsbataillons 4 der Bundeswehr in Roding, des Traditionstruppenteils der Bamberger Reiter, im Hof der Bamberger Residenz auf dem Weg zur Einweihung der Ehrentafeln im Bamberger Dom.

werden. Er war Königsulan und wohnte in der DDR. 1990, nach der Wiedervereinigung der beiden Teile Deutschlands, kam Schwabe zum ersten Mal seit dem Krieg wieder in seine alte Garnison Ansbach, um sich im Kreise der noch Übriggebliebenen umzuschauen und die alte Ulanenkaserne zu besichtigen. Er war 90 Jahre alt. Als »Cheftrompeter« war er mit 17 Jahren bei den Königsulanen unter Rittmeister Freiherr von Leoprechting zum letzten Einsatz des Ersten Weltkrieges in die Ukraine geritten. Auch er ging zu den Fliegern und beendete den

Im Bamberger Dom Mai 1990, von links: US-General Johnson, Bambergs OB Röhner, Generalmajor der Bundeswehr Reichert, Oberst der Bundeswehr Berthold Graf Stauffenberg.

2. Weltkrieg als Stabsfeldwebel bei der Luftwaffe. In Ansbach schaffte er es noch, ein altes Trompetensignal zu blasen.
1987 war ein besonderes Jahr in der langen Reihe von Wiederbegegnungen unter alten Bambergern. Man gedachte wie immer der weit über 2500 Toten des Regiments im 2. Weltkrieg und der 140 Offiziere unter ihnen. Aber diesmal gab es ein feierliches Requiem im Bamberger Dom, und anschließend daran enthüllten die Bamberger zwei Tafeln, auf denen die Namen ihrer gefallenen Kameraden für immer eingemeißelt sind. Eine große für die, die an der Front ihr Leben ließen, und eine kleinere, etwas abgesetzte, mit den Namen der fünf, die hingerichtet wurden. Die Witwe Claus Stauffenbergs, Nina, und ihr ältester Sohn Berthold, General der Bundeswehr, waren unter den Trauernden.
Und es war Elisabeth Freifrau zu Guttenberg da, die ihren Sohn Philipp Franz 1943 in Lipski bei Leningrad geopfert und ihren zweiten Sohn, Karl-Theodor, Teilnehmer am Widerstand, nach dem Krieg Bundestagsabgeordneter, durch zu frühen Tod verloren hatte. Als sie ihren Sohn Philipp Franz an einem kalten Januarabend des Jahres 1943 in Bamberg zum Zug brachte, der ihn an die Ostfront zurückbringen sollte, sagte dieser zu ihr: »Mama, wir müssen beten, daß wir diesen Krieg nicht gewinnen.« Sie fragte zurück: »Wie hältst du es da aus, deinen Dienst zu tun?« Der Offizier antwortete: »Meinen Männern zuliebe – und du weißt, jedes Opfer gilt vor Gott.« Fünf Tage später war Philipp Franz Guttenberg tot.
Elisabeth zu Guttenberg hielt am 3. Oktober 1987, dem Tag der Einwei-

Im Herbst 1987 wurden die beiden Gedenktafeln im Bamberger Dom eingeweiht, mit (oben) der Erinnerung an die Angehörigen des Regiments, die im Zweiten Weltkrieg ihr Leben ließen und (unten, nicht abgebildet) der Würdigung des Opfers der fünf Offiziere, die im Widerstand gegen Hitler standen und dafür zum Tode verurteilt wurden.

Nach einer Totenehrung im Bamberger Dom am 3. Mai 1990. Von links: Elisabeth Freifrau zu Guttenberg, Nina Gräfin Stauffenberg, Franz Graf Du Moulin Eckart. Links im Hintergrund der US-Konsul in München, Jeffrey.

hung der Gedenktafeln im Dom, im Kaisersaal der Neuen Residenz eine Rede, die keiner derer, die dabei waren, vergessen wird. Sie sprach stellvertretend für die Mütter aller Gefallenen, »die lebenden und die schon verstorbenen Mütter«, die, »die zitternden, blutenden Herzens den Opfergang dieses Regiments, den Opfergang ihrer Söhne mitgegangen sind«. Sie gedachte der vielen, die diesen Krieg innerlich nicht bejahen konnten, und »für die das Opfer doppelt schwer, aber in den Augen Gottes noch wertvoller« gewesen sei. Lassen wir die Baronin, eine wahre Zeugin ihrer Zeit, zum Schluß dieses Buches, dieses Porträts eines »außergewöhnlichen Reiterregiments«, mit ihren Worten aus der Bamberger Rede zu uns sprechen und verneigen wir uns vor dem Opfer unserer Mütter:
»›Worte des Gedenkens‹ – das ist so wenig, da unsere Herzen so erfüllt sind dieses Gedenkens. Denn wir Mütter durften es ja erleben, dieses ›Stärker als der Tod ist die Liebe‹. Ja, unsere Liebe war stärker als der Tod. Denn sie hat das Sterben unserer Söhne überlebt. In dieser lebendigen Liebe sind sie uns nahe geblieben. Und wenn wir Mütter sterben, wird uns diese lebendige Liebe zutiefst mit unseren Söhnen wieder vereinen. Denn: ›Die Liebe höret nimmer auf.‹«

Die ehemaligen Bamberger Reiter Franz Graf Du Moulin Eckart und August Graf Kageneck (v.r.n.l.) umrahmen den amerikanischen Botschafter in der Bundesrepublik, General Vernon D. Walters, in dessen Büro in seiner Bonner Botschaft, anläßlich der Überreichung eines Bildes von Claus Graf Stauffenberg am 29. Mai 1990.

Vernon A. Walters.
29 Mai 1990

Anstelle eines Nachworts:

Was ist eigentlich der alte Reitergeist?

Als die Panzeraufklärungsabteilung 4 der Bundeswehr die Tradition des ehemaligen Reiterregiments 17, der »Bamberger Reiter« übernahm, richtete deren Kommandeur Freiherr von Mirbach diese Frage an die ehemaligen Reiteroffiziere.

Die Antwort kann ausgehen von dem ersten Augenblick, das sich ein Mensch bäuchlings auf einen Pferderücken warf, sich in der Mähne festkrallte, aufrichtete und mit den Schenkeln festklammerte. Aber vielleicht begann mit dem Sprung auf den Pferderücken noch viel mehr. Dieser Sprung vor etwa 5–6000 Jahren war gleichzeitig ein Entwicklungssprung in der Geschichte der Menschheit. Seine Folgen sind vergleichbar mit dem Übergang vom Homo praesapiens zum Homo erectus, zum aufrecht gehenden Menschen. Bei ihm hatte sich mit dem aufrechten Gang das Blickfeld nach vorn und oben erweitert, das bis dahin vorwiegend auf den Boden gerichtet war. Seine Hände, von der Fortbewegung nicht mehr beansprucht, waren für neue – handwerkliche – Tätigkeiten frei geworden. Und sie entwickelten sich zu erstaunlich perfekten Instrumenten.

Die Parallele zum Menschen auf dem Pferderücken ist unübersehbar.

Von seiner höheren Warte eröffnete sich ihm ein erweiterter Horizont. Gefahren und Chancen waren nun früher zu erkennen. Mit der Schnelligkeit seines Pferdes konnte er ihnen rascher begegnen oder sie nutzen. Ihm war »Weitsicht« zugewachsen, und er verfügte über mehr Information, größere Beweglichkeit und Kraft. Die neue Lebenssituation stellte völlig neue Anforderungen. Sie waren ohne Anpassung nicht zu meistern.

Eine Eigenschaft hatte der erste Reiter bereits unter Beweis gestellt: Er war kühn. Er ließ sich spontan zu dem Wagnis hinreißen, etwas zum ersten Mal zu tun, etwas, das noch keiner vor ihm getan hatte.

Nun saß er auf seinem Pferd, das sich gegen die unbewohnte Last aufgebäumt haben mag. Er nahm eine Fülle neuer Eindrücke wahr, die verarbeitet werden mußte. Er maß seine Kräfte. Aber mit Geschicklichkeit und Draufgängertum allein war es auf die Dauer nicht getan. Nach den unerbittlichen Gesetzen der Auslese werden schwerfällig Reagierende und Zaudernde früher oder später auf der Strecke geblieben sein. Wer als Reiter überleben wollte, mußte schnell erfassen, logisch denken, reflexartig und kühn handeln. Was vorauszusehen war, mußte auch vorausbedacht werden. Irgendwann muß damals im Kopf eines Reiters erstmalig die jedem Kavalleristen geläufige Gedankenkette von der »Beurteilung der Lage« zum »Entschluß« und dem »gedachten Verlauf« aufgegangen sein. Reiten wurde zur geistigen Herausforderung.

Das war nicht die einzige Herausforderung. Da war noch das Pferd. Ein ebenso kraftvolles, wie sensibles Wesen, das jede Unsicherheit des Reiters erahnt. Zur vollen Entfaltung kann das Pferd also nur gebracht werden, wenn der Reiter mit ihm verwachsen ist, wenn Reiter und Pferd eins geworden sind. Wie lange diese Entwicklung gedauert haben mag, wer weiß es?

Auf dem Wege solchen Zusammenwachsens begegnet uns im 4. vorchristlichen Jahrhundert in Makedonien ein Pferde- und Reiterschicksal, das größte vielleicht. Wir verdanken es Plutarch, einem der großen Griechen, der Geschichte und Philosophie verband und in lebendiger Darstellung Charaktere einprägsam zeichnete.

Philipp, dem König der Makedonier wurde ein wildes, völlig ungebärdiges thessalisches Pferd zum Kauf angeboten, das aber, »keinen aus der Umgebung Philipps aufsitzen ließ, noch einen Zuspruch von ihnen ertrug, sondern alle abwarf, und Philipp darauf unwillig wurde und den Befehl gab, das Pferd als völlig wild und unbezähmbar wegzuführen, da sagte Alexander, der dabeistand: ›Was für ein Pferd ruinieren sie da, weil sie aus Unverstand und Schlappheit nicht mit ihm umzugehen wissen!‹ Zuerst schwieg Philipp dazu; als aber Alexander weiter auf ihn einredete und ganz aufgeregt wurde, sagte er zu ihm: ›Willst du älteren Leuten Vorwürfe machen, als ob du es besser verstündest und richtiger

mit einem Pferde umgehen könntest?‹ ›Mit diesem wenigstens‹, erwiderte er, ›würde ich besser umgehen als ein anderer.‹ ›Wenn es dir aber nicht gelingt, welche Buße willst du dann für deine Anmaßung leisten?‹ ›Dann will ich wahrhaftig den Preis für das Pferd bezahlen.‹ Als es darauf ein Gelächter gab, dann Wetten um das Geld abgeschlossen wurden, lief er rasch auf das Pferd zu, nahm den Zügel und wendete es gegen die Sonne, weil er offenbar bemerkt hatte, daß es scheute, wenn es seinen Schatten vor sich fallen und sich bewegen sah. Nachdem er es so ein wenig beruhigt und getätschelt hatte und nun merkte, wie es sich neu mit Zorn und Mut erfüllte, warf er leise den Mantel weg, sprang auf und faßte festen Sitz. Dann zog er ein wenig den Zaum mit den Zügeln an und ließ es ohne Schlag und Sporn ansteigen, und als er fühlte, daß das Pferd den Widerstand aufgegeben hatte, aber nun losrennen wollte, ließ er die Zügel nach und galoppierte los, indem er nun auch lauteren Zuruf brauchte und ihm die Hacken in die Weichen schlug. In der Umgebung Philipps herrschte zunächst angstvolles Schweigen. Als er aber wendete und schulgerecht stolz und froh zurückgeritten kam, da jauchzten alle anderen ihm zu, der Vater aber soll vor Freude ein wenig geweint und den Sohn, als er abstieg, auf den Kopf geküßt und gesagt haben: ›Such dir ein Reich, mein Sohn, das deiner würdig ist, denn Makedonien ist für dich nicht groß genug.‹«
So weit Plutarch. Alexander war jetzt 12 Jahre alt. Er und sein Pferd wurden unzertrennlich. Bukephalos war das schnellste, das beglükkendste und wohl auch glücklichste Pferd. Nach zehntausenden von Kilometern des Kämpfens und Siegens, nach Ritten über Gebirgsketten, durch Wüsten und Ströme endete sein Leben, alt und bedeckt von Wunden nach der Schlacht am Hydaspes im heutigen Pakistan. Der einsame Alexander gründete dort eine Stadt, die er Bukephala nannte.
Das Bild von Alexander und Bukephalos bringt mir C. F. Meyer »Ritt in den Tod« nahe: »Greif' aus, du mein junges, mein feuriges Tier, noch einmal verwachs' ich zentaurisch mit dir! ...«
Es war ein weiter Weg des Reiters und des Pferdes durch die Geschichte. Über die Jahrtausende hinweg gilt wohl ein ostasiatisches Bild von Reiter und Pferd, das ich als Geschenk empfunden habe, als ich es zum erstenmal in Händen hielt. Es stammt von einem der bedeutendsten japanischen Philosophen der als Erneuerer des Zen-Buddhismus gilt, Shin-ichi-Hisamatsu. »Auf dem Sattel ist kein Mensch, unter dem Sattel kein Pferd.«
Dieses Wort nennt das in Japan von alters her überlieferte Geheimnis des Reitens. Gegenständlich betrachtet, ist es eine offenkundige und unbestreitbare Tatsache, daß auf dem Sattel ein Mensch und unter dem Sattel ein Pferd ist. Dagegen scheint jenes Geheimnis eine bloße Erdichtung zu sein, die der Tatsache widerspricht – so meint man. Doch diese

Ansicht bleibt nur ein Irrtum, der aus einer Verwechslung des Reitens mit dem Betrachten des Reitens kommt. Das Betrachten des Reitens jedoch ist niemals das Reiten selbst. Daß auf dem Sattel kein Mensch und unter dem Sattel kein Pferd ist bezieht sich nicht auf das Betrachten des Reitens, sondern betrifft das Geheimnis des Reitens selbst.

Was das Reiten selbst angeht, so ist es um so schlechter, je mehr Mensch auf dem Sattel und Pferd unter dem Sattel ist. Das Reiten ist desto geschickter, je ungeschiedener beide Eins werden. Erst wo Mensch und Pferd Eins geworden, d. h. zur Nicht-Zweiheit gekommen sind, so daß kein Pferd neben dem Menschen und kein Mensch neben dem Pferd ist, wie jenes Geheimnis sagt, erlangt das Reiten das Äußerste seines Wesens sowie das Höchste seiner Geschicklichkeit. Dort erst vollendet sich die Übung im Reiten, dort erst wird sein freies Bei-sich-selbst-Sein gewonnen.

So verhält es sich nicht nur mit dem Reiten. Das Gleiche gilt auch von allen anderen Künsten. Die Kunst des Bogenschießens zum Beispiel erreicht erst dann das Äußerste ihres Wesens, wenn sich Schütze, Bogen, Pfeil und Scheibe zu einem vereinigt haben.

Dieses »Geheimnis des Reitens« empfinde ich als Charisma. »Erst wo Mensch und Pferd Eins geworden ... erlangt das Reiten das Äußerste seines Wesens sowie das Höchste seiner Geschicklichkeit ... dort erst wird sein freies Bei-sich-selbst-Sein gewonnen.«

Meine Erinnerung aus der Schulzeit wird wieder wach: Am Hofe des Perserkönigs Darius des Großen wurden für die Prinzenerziehung drei Ziele gefordert: Reiten, Bogenschießen, die Wahrheit sagen.

Mir will scheinen, daß wir den Reitergeist auf seinem Weg durch die Geschichte angetroffen haben. Es sind uns Erziehungs- und Ausbildungsziele begegnet, Vorbilder, die als Traditionsgut und Traditionsbewußtsein auch Eingang gefunden haben. So steht Tradition im Dienste der Erziehung.

Der Mensch der Moderne sollte den Schluß ziehen, daß Körper, Geist und Seele Eins sein müssen, daß kein Mißklang in uns bestehen darf. Tradition wurzelt also in der Geschichte. Sie ist aber nicht Geschichte. Sie dient der Erziehung und ist nur eine Auswahl aus der Geschichte. Sie sucht nach Vorbildern, nach vorbildlichen Gestalten, nach vorbildlichem Handeln. Sie sucht überzeugende Leitbilder zu gewinnen, die uns Orientierungshilfe sein können. Geschichtliches Wissen, Werte und Ordnungen können Leitbilder geben. Wir brauchen Vorbilder, um zu uns selbst zu finden. Vor allem die jungen Menschen suchen nach beispielgebenden Vorbildern.

Unverlierbar hat mir einer meiner militärischen Vorgesetzten mitgegeben: »Es gibt drei Führungsmittel. Vorbild sein ist das erste. Vorbild sein ist das zweite. Vorbild sein ist das dritte.«

Das eindringlichste und das menschlichste Wort zugleich ist mir ein Appell des Prinzen Eugen, des »Edlen Ritters« an seine Offiziere: »Meine Herren, Sie haben nur eine Lebensberechtigung, wenn Sie beständig, auch in der größten Gefahr, als Beispiel wirken, aber in so leichter und heiterer Weise, daß es Ihnen niemand zum Vorwurf machen kann.«

Die Bilder der Vergangenheit liefert die Geschichte. Es ist ja das Glück des geschichtlichen Studiums, daß wir mit Erkenntnissen der Gegenwart rückwärts schauen können. Es ist uns aber nicht erlaubt, das damalige, tatsächliche Geschehen zu unterdrücken oder gar zu verfälschen. Wir haben es aus sich selbst heraus zu erklären. Nur so kann sich dann in konfrontierendem Denken zwischen Jetzt und Damals geschichtliche Erfahrung in gegenwärtige Urteilskraft verwandeln. Wer sich aber nicht mehr aus der Geschichte zu erklären bereit ist, verliert das Verständnis für Geschichte. Denn das Leben muß zwar vorwärts gelebt, aber es kann nur von der Vergangenheit her verstanden werden. What is past is prologue.

Den Reitergeist vor Augen sollten wir wenigstens kurz ein Stück Pferdegeschichte verfolgen, mit dem der Reiter in einer unvergleichlichen Symbiose lebt. Der Mensch konnte das Pferd in die Vorstellungen von der Verwirklichung seiner Macht einfügen. Kein Tier hat dem Menschen so viel Macht verliehen wie das Pferd.

Um diese rund 6000jährige Entwicklung klarer und umfassender zu sehen, müssen wir zu der Bedeutung des Pferdes die Bedeutung des Rades hinzunehmen. Pferd und Rad haben eine neue Infrastruktur angebahnt, eine neue Dimension der Beweglichkeit. Das öffnete neue Zukunftserwartungen.

Es wurde geradezu eine Tür aufgestoßen. Aus Statik wurde Dynamik. Das Rad der Geschichte ist ohne die Geschichte des Rades nicht zu denken. Und das Pferd wurde für Jahrtausende der lebendige Motor in der geschichtlichen Entwicklung. Aus statischem Verhalten wurde dynamisches Geschehen.

Aber das Rad war zunächst ein Vollrad, wie die abgeschnittene Scheibe eines Baumstammes, vielleicht deshalb auch Scheibenrad genannt, viel zu schwer für die leichtfüßigen, freiheitsliebenden, unabhängigen Tiere der Steppe, von denen unser Pferd abstammt.

Erst als in der Bronzezeit das Rad die elegantere Form mit Radspeichen annahm, ließ sich ein zweirädriger Karren entwickeln. Der Streitwagen war geboren. Er wurde von zwei Pferden gezogen. Er bot zwei Kriegern Platz: dem Wagenlenker und dem Bogenschützen.

Wo immer in der Zeit von 1800 bis 1000 v. Chr. in Vorderasien gekämpft wurde, die Hauptmacht stellten die Streitwagenkrieger. Die Streitwagen waren die moderne schlagkräftige Waffe. Die Streitwagenkrieger haben Geschichte gemacht. In der Sahara wurden Steinzeichen gefunden, die die Pferde vor dem Streitwagen in fliegendem Galopp darstellen.

Aber wie die Pferde lenken? Die Zügel führten zu einer Zäumung, die auf den ältesten Reliefs wie Bandagen aussehen.

Um das Jahr 1000 v. Chr. wird eine Erfindung gemacht, die das kulturelle und kriegerische Bild tief verändert. Irgendwo wird die Trense erfunden. Vorher konnte man nicht reiten. Jedenfalls nicht so, wie wir es verstehen. Vorher waren die Zügel irgendwie am Pferdekopf befestigt. Man konnte den Pferdekopf nach links oder nach rechts ziehen.

Was ist schon eine Trense, könnte ein Nichtreiter fragen. Aber erst mit dieser gelenkigen, zweigliedrigen, im Pferdemaul auf der Zunge spielenden kleinen Trense wurde das Pferd zum Reittier befähigt. Und die Reiter waren beweglicher, schneller als die Streitwagenkrieger. Die Reiter lernten das Bogenschießen in der Bewegung. Die Reiter konnten die Streitwagen einkreisen. Die Reiterheere haben die Streitwagenmacht abgelöst. Der eurasische Kontinent, die damals bekannte Erde, erhält ein neues Gesicht. Die Trense veränderte die Welt.

Insbesonders zwischen dem Baikalsee und der Donau; in den südlichen Steppen des heutigen Rußlands, nördlich begrenzt durch den Waldgürtel, südlich begrenzt durch Gebirge und Meere (Hindukusch, Kaspisches Meer, Kaukasus, Schwarzes Meer) haben die Reiterheere Geschichte gemacht, Geschichte auf dem Pferderücken. Reiche zerfielen unter den Hufen schneller Pferde.

Um näher an unser geschichtliches Bewußtsein zu kommen, nenne ich nur die Reiterheere, die die Geschichte Europas mitbestimmt haben: die Skythen, Sarmaten, Hunnen, Awaren, Araber, Mongolen, Türken. Das Reiterkriegertum war geboren. » Der in der Moderne von vielen Seiten festgestellte und auch als erzieherisches Leitbild geforderte ›Reitergeist‹ weist direkt auf das Lebenskonzept des offensiven Pferdebogners hin«. So Heinz Meyer in seiner »Geschichte der Reiterkrieger«. Er charakterisiert Unverzagtheit, Draufgängertum und »Wille ins Weite« als Mannes- oder Reitergeist. »Es geht im Reitergeist um die Zivilisierung des Leitbildes und der Lebenswelt des Menschen.«

Wir haben sozusagen auf geographischem Wege über Vorderasien und über die russische Steppe den Reitergeist erfahren, oder wenigstens etwas davon. So ist der Reitergeist ein Beweger der Geschichte.

Zwei Maxime haben sich mir für das strategische Kräftespiel schon an der Schule eingeprägt:

Die erste lautet: »Geschichte ist in Bewegung gebrachte Geographie«. Sie stammt von einem großen Geographen, ich glaube von Ratzel.

Die zweite stammt von Napoleon: »Jeder Staat macht die Politik seiner Geographie.«

Medien dieser Maxime sind unter anderem der Vorwärtsdrang der Reiterheere. Urkräfte des Freiheitsdranges entfalteten sich, es waren auch die Urkräfte der Eroberung.

»Alles Wesentliche geschieht im Sturm der Geschichte.« Jaspers hat es gesagt. Raum und Zeit bewegten sich in einer wechselvollen, »geheimnisvollen Verrechnung« (Jacob Burckhardt).

Jetzt gab es die Reiter, sicher auf dem Pferd, rasch im Entschluß und todesmutig. Es waren noch nicht viele. Der Großteil der Menschheit bewegte sich weiterhin auf den eigenen zwei Beinen und wurde von den Reitern überragt. Die Reiter waren überlegen und das blieb so durch Jahrtausende. Ja, die technische Entwicklung, Trense, Sattel, Steigbügel und Hufeisen vergrößerten noch die Überlegenheit gegenüber dem gejagten Wild, oder dem zu Fuß kämpfenden Gegner. Und sie wußten ihren Vorteil zu nutzen und verstanden ihr Handwerk.

Die Reiter waren eindeutig Privilegierte. Waren sie aber damit bereits Elite? Überlegenheit verleiht Macht und Macht schließt die Möglichkeit zu ihrem Mißbrauch ein.

Kühnes Draufgängertum in allen Ehren, aber es muß von taktischer Vernunft und Verantwortung getragen sein. Kampfeswille und geschickte Waffenführung sind eine Voraussetzung. Soldatische Tugenden werden erst daraus, wenn sie für ein höheres Ziel eingesetzt werden und auch die Ritterlichkeit gegenüber dem unterlegenen Gegner einschließen. Das zu beherzigen gehört unter anderem zu dem, was zum Reitergeist gehört. Kühn und entschlossen aber klug handeln, seine Möglichkeiten voll ausschöpfen, aber die Ritterlichkeit nicht darüber vergessen.

Wenn in der deutschen Sprache die Worte Reiter, Ritter, Ritterlichkeit dem selben Wortstamm angehören, wie im Französischen Chevalier, Chevallerie und chevaleresk, so ist dies auf eine lange abendländische Tradition zurückzuführen, die das hervorgebracht hat, was wir unter Reitergeist verstehen. Equestris et nobilis. Das ist der Wahlspruch des Reiterordens Prinz Eugen in Wien – ritterlich und edel. Bis hin zum Zweiten Weltkrieg ist der Reitergeist sicher der Geist der Kavallerie gewesen, wie er durch die Jahrhunderte von den Reiterkriegern überkommen ist. Das Element der Kavallerie war ihre Beweglichkeit, vor allem im Gelände. Das befähigte zur Aufklärung der Lage beim Gegner, der Nah- und Gefechtsaufklärung und der Erkundung des Geländes. Im günstigen Falle fiel ihr der Auftrag zu, in Flanke und Rücken des Gegners anzugreifen. Die Verfolgung des weichenden Gegners war eine mitreißende Sache, z. B. die Verfolgung nach der Schlacht von Waterloo 1815. Die Einkreisung war ein schönes Ziel, Metz 1870 ein besonderes Beispiel.

Oft wird durch Sattelbefehle geführt oder durch Zeichen: Jagddurstig,

streckenkundig, sattelfest hat sich Führung und Truppe zu erweisen. Oft ist selbständiges Handeln geboten. Die Frage ist im Hinterkopf gespeichert, wie würde die Führung handeln, um dann aus eigenem Entschluß handeln zu können. Oft war die Kavallerie die schlachtentscheidende Waffe.
Im Zweiten Weltkrieg wurden die Schlachten nicht mehr von der Kavallerie entschieden. Aber der relativ hohe Anteil der Kavallerie an der Truppenstärke der Reichswehr im Weimarer Staat ermöglichte und erleichterte die Erziehung und Ausbildung im Reitergeist. Reitergeist entwickelte sich zum Panzergeist. Die Reiter saßen in Panzerspähwagen, auf Krafträdern, teilweise auch in den Panzern. Die Kavallerieregimenter stellten Schützenregimenter auf, die die gelbe Waffenfarbe trugen. Diese Schützen, später Panzergrenadiere genannt, näherten sich oft auf Panzern aufgesessen dem Feind, ließen sich vor dem Einbruch in feindliche Linien geradezu herunterschießen. Der alte Reitergeist lebte also weiter, in den Panzerdivisionen auch ohne Pferde. Der moderne Bewegungskrieg mit seinen Durchbrüchen, tief ins feindliche Hinterland, stellte die ehemaligen Reiter also vor die gleichen Anforderungen, die schon immer an sie gestellt wurden.
Dieses Bild des sich in andere Waffengattungen ausbreitenden Reitergeistes finden wir schon in der Fliegerei des Ersten Weltkrieges. Sie galt als der verlängerte Arm der Kavallerie. Man nannte die großen Jagdflieger die Ritter der Lüfte. »Wir sind die Husaren der Lüfte . . .« sangen unsere Stuka-Geschwader im letzten Weltkrieg. Oberst und Schwerterträger Dr. Ernst Kupfer, ehemals Chef unserer 8. Schwadron, war einer ihrer Besten. Im übrigen nannten sich auch die britischen Luft- und Panzerstreitkräfte air-cavalry und tank-cavalry.
Ich würde ein unangenehmes Gefühl nicht los werden, würde ich in diesem Zusammenhang nicht auch unsere heldenmütigen Seeleute in den U-Booten, Schnellbooten, Hilfskreuzern, usw. nennen. Sie waren von der gleichen treibenden Kraft in der Seele erfüllt wie sie dem Reitergeist innewohnt. Quelle und Wurzel dieser treibenden Kraft ist ein dem Menschen gnadenhaft verliehenes Ingenium, schöpferisches Agens, das sich auch in Führungs-, Forschungs-, Entdecker- usw. Kapazitäten erweist. Mut und Glück gehören zu dieser erlesenen Kombination.
Kurz vor dem zweiten Weltkrieg wurde in Verbindung mit der Errichtung des Oberkommandos der Wehrmacht in der Mitte Deutschlands ein Korps der schnellen Truppen, des XVI. Korps unter Hoeppner aufzustellen begonnen. Es war so etwas wie eine strategische Werkstatt, in der an der Gliederung der Panzerdivisionen, motorisierten Divisionen, einschl. der Kavallerieregimenter »gebastelt« wurde. Solches »Basteln« ist keine herabmindernde Bezeichnung. Die Westmächte haben es versäumt, an solchen Divisionen zu basteln. Bei uns entstand auf diese

Weise und mit den Kriegserfahrungen von Beginn des Zweiten Weltkrieges an ein neues gesichertes Traditionsbewußtsein des Reitergeistes und des Panzergeistes.
Kehren wir noch einmal zurück zur Lebensgemeinschaft von Reiter und Pferd; denn sie ermöglicht erst den Einsatz der Reiterverbände. Den Pferden gilt unsere unermüdliche Fürsorge. Das Finden des Pferdes vom Menschen her ist aber auch ein innerer Weg. Vielleicht kommt es auch uns zugute, wenn wir die Welt des Pferdes mit der Seele suchen. Tief einprägsam, was Peter Bamm 1972 in seinen Erinnerungen »Eines Menschen Zeit« schreibt: »Niemand hat bemerkt, daß in unserem Saekulum die Jahrtausende alte Epoche, in der jeder freie Mann ein Reiter war, zu Ende gegangen ist. Sonderbarerweise ist, was mit dem Pferd verloren ging, ein Stück Humanität. Wer gelernt hat, mit einem Pferd umzugehen, hat ein Stück Erziehung an sich selbst vollbracht. Er wird es immer leichter haben, Menschen richtig zu behandeln.«
Denken wir zurück an die Rittergestalten, deren Legenden in der Jugend unsere Phantasie anregte. Ihre Taten und Ideale wurden uns Vorbild. Wenn wir nacheiferten, so fühlten wir innere Gemeinsamkeiten, einen Idealismus, daß solche Ziele einmal auch durch uns verwirklicht werden könnten.
Es standen vor unserem geistigen Auge die Ritter der Tafelrunde des Königs Artus, ihre Brüderlichkeit, ihre Reinheit, ihre Treue, die Gralsritter mit Parsifal, Roland, der Neffe Karls des Großen, der als Führer der Nachhut im Kampf gegen die Araber fiel, die Kreuz- und Ordensritter. Man nennt Kaiser Maximilian I., den Großvater Karls V., den »letzten Ritter«. Seit seinem Sieg von Belgrad 1717 wird Prinz Eugen als der »Edle Ritter« besungen. In ihm erwuchs dem Sacrum Imperium im Sattel ein Feldherr und Staatsmann, der dem Reich Grenzen gegen die Türken gab, die über 200 Jahre bis nach dem Ersten Weltkrieg standhielten. Friedrich der Große nannte Prinz Eugen den »Atlas der Habsburger Monarchie« und fügte hinzu: »Wenn ich etwas tauge, wenn ich etwas von meinem Handwerk verstehe, so verdanke ich es dem Prinzen Eugen.« Und Napoleon, selbst einer der größten Soldaten der Weltgeschichte, hat Alexander den Großen, Prinz Eugen, und Friedrich den Großen zu den größten Heerführern der Geschichte gezählt. Für diesen Friedrich ritten Ziethen und Seydlitz. Blücher, der »Marschall vorwärts«, war der Garant des Sieges über Napoleon.
Und es gibt nicht zuletzt die, die das harte Los der Auserwählten erlitten, die Helden, die Märtyrer, die Heiligen, die in der Gewißheit lebten: Man muß Gott mehr gehorchen als den Menschen. Bei den Soldaten-Heiligen der christlichen Verfolgungszeit nenne ich den heiligen Georg, den der Deutsche Orden als seinen Schutzpatron verehrt und der zum Patron des englischen Königshauses wurde. Nach ihm

benannten sich ja bekanntlich eine Vielzahl der englischen Könige. Er ist auch einer der beiden Patrone des Bamberger Domes in dem die Gefallenen unseres Regiments und die Widerstandskämpfer geehrt worden sind. Hier ist auch die geistige Heimat Stauffenbergs – Märtyrer in tyrannos. Auch die Religion ist ein Symbol der Nation.
Zum Schluß die ketzerische Frage: Hat die Traditionspflege des kavalleristischen Reitergeistes im Zeitalter des Hightech-Krieges nicht ihren Sinn verloren? Wenn Reitergeist lediglich ein Merkmal des kriegerischen Handwerks zu Pferde wäre, vielleicht. Doch das war er schon im Zweiten Weltkrieg nicht mehr und der Reitergeist bewährte sich auch unter den veränderten Bedingungen. Das tat er auch nach dem Kriegsende, im Zusammenbruch, als es galt einen Ausstieg aus dem Chaos zu finden.
Das Wirtschaftswunder von 1950 wäre ohne »Reitergeist« nicht möglich gewesen. Die heimkehrenden Soldaten, die von ihm geprägt waren, faßten mit an. Reitergeist als geistiges Prinzip ist dem wirtschaftlichen Denken durchaus verwandt: Unternehmerische Initiative, Pioniergeist, Sparsamkeit im Einsatz und in der Verwendung, kräfteschonendes Führen und die Bereitschaft seinem Land zu dienen. Es zeigte sich, daß, wer in der Lage war ein militärisches Unternehmen sinnvoll zu führen, meist auch fähig war, wirtschaftlich unternehmerisch tätig zu sein.
Führungskunst und Führungstechnik sind nicht an bestimmte Berufe gebunden. Führen ist eine Aufgabe so alt wie die Menschheit selbst. Begeisterungsfähige Führungskräfte müssen es sein, mit innerer Kraft, kämpferischer Aktivität, mit Ausstrahlung, Menschen zu begeistern. Ist das nicht auch die Aura, die den Reitergeist auszeichnet? Nach dem Krieg war ein großes Führungspotential erfolgreich in der Wirtschaft tätig geworden. »Im Grunde läßt sich – vereinfacht ausgedrückt – jedes Unternehmensproblem auf ein Personalproblem reduzieren«, urteilt ein norddeutscher Unternehmer.
Wenn große Leistungen in Verantwortungsfreude, Voraussicht und Einsatzbereitschaft bis zum Opfer erbracht werden, wenn sich Entscheidungsfreude mit Unverzagtheit, Tapferkeit bis zur Kühnheit verbinden, wenn wir mit Kopf und Herz führen, im Innersten Ritterlichkeit, Edelmut, Kameradschaft beherzigen, die öfter als sonst zu echter Freundschaft führt, wenn es immer vor uns steht: vorwärts sehen, vorwärts denken, vorwärts reiten:
Wer will dann den Reiteroffizieren und ihren Soldaten das Elitebewußtsein ankreiden!

Hamburg, im Herbst 1991 Hans Salb

Anhang

Dokumente
Personenregister

Ritterkreuzträger

	Ritterkreuz	Eichenlaub	Schwerter
Prinz zu Sayn-Wittgenstein, Obstltn. 9./N.J.G. 2	2.10.42	290.	44.
geb. 14.8.16 Kopenhagen – gef. 27.6.44 Magdeburg		31. 8.43	23. 1.44
Rodt, Eberhard, Generalltn. Kdr. AA 25	26. 6.40	847.	
		28. 4.45	
Kupfer, Ernst, Dr., Oberst	23.11.41	173.	62.
Staffelkpt. Stukageschw. 2 »Immelmann«		8. 1.43	11. 4.44
geb. 2.7.07 Coburg –			
gef. 6.11.43 Gelsica-Gebirge, Griechenland			
Kock-Erpach, Rudolf, General d. Kavallerie	24. 6.40		
Kdr.8.I.D.			
Freiherr v. Waldenfels, Rudolf, Gen.Ltn.	11.10.41		
Kdr. Schtz.Rgt. 4			
Luz, Helwig, Generalltn.	15.11.41		
Kdr. S.R. 110			
Sachenbacher, Hermann, Major	14.12.41		
Chef Radfahrschw. 219			
Von Hößlin, Roland, Fhr. Pz.Aufkl.Abt. 33 (Afrika)	23. 7.42		
geb. 21.2.15 München –			
hinger. 14.10.44 Berlin-Plötzensee			
Fremerey, Max, Generalltn.	28. 7.42		
Kdr. 29.I.D. (mot)			
Zecherle, Konrad, Leutnant d. Res.	10. 5.43		
Zugfhr. 1./Pz.Aufkl.Abt. 190 (Afrika)			
Pfeuffer, Arno, Major	7. 8.43		
Kdr. Aufkl.Abt. 332			
Böhmer, Hans, Major	10. 9.43		
Kdr. Aufkl.Abt. 238			
Sauerbruch, Peter, Oberstltn. i.G.	4. 1.43		
Ib 14.Pz.Div. u. Fhr. Kampfgruppe »Sauerbruch«			
Konrad, Alfred, Owm.	8. 8.43		
Zugf. 1./Aufkl.Abt. 7			
gef. 10.1.44 im Osten			
Pollner, Georg, Ofw.	3.11.44		
Zugf. 3./Pz.Aufkl.Abt. 110			
Graf Alois, Oberst, Kdr. G.R. 1082	30. 4.45		
geb. 14.9.08 Börrstadt – gef. 8.4.45 Annaberg			
Freiherr von Thüngen, Gen.Ltn.	6. 4.43		
Kdr. 18.Pz.Div., Kom.Gen. i. Wehrkreis Berlin			
geb. 26.6.1893 Mainz –			
hinger. 24.10.44 Brandenburg-Görden			
Graf von Bose, Hilmar-Jobst, Kdr. I./I.R. 289	4.12.41		
gest. 26.3.49 (an einer Kriegsverl.) Bamberg			
Greiner, Heinz, Generalltn., Kdr. I.R. 499	22. 9.41	572. 3. 9.44	
Schmitt, Jürgen, Oberst i.G.	1943 (posthum)		
Obt. Walz, Hans, Chefl./Pz.Abt. 103	14. 4.45		

Nahkampfspange in Gold

Bleier, Michael, Fhj.Ow.	12.12.44

Ehrenblattspange

Deiler, Werner, Fdw. 2./Pz.Aufkl.Abt. 110	15. 2.45

Deutsches Kreuz in Gold

Rittmeister Gottfried Frhr. von Rotenhan	21.10.41
Wachtmeister Kurt Busch	18.10.41
Generalleutnant Max Fremerey	19.12.41
Oberst Rudolf Frhr. von Lerchenfeld	6. 1.42
Rittmeister Hellmut von Geldern	2. 1.42
Oberst Karl Rübsam	20. 3.42
Oberst Frhr. von Gebsattel, Franz	29. 1.42
Major Wilhelm Schmidt	16. 2.42
Oberst Alois Graf	26.12.41
Major Hans Böhmer	21. 2.42
Major Helmut Schmidt	7. 3.42
Rittmeister Rupprecht Frhr. von Könitz	6. 1.42
Rittmeister Rudolf Graf von Marogna-Redwitz	26. 8.42
Major Adolf Oskar Fink	24. 5.42
Hauptmann Franz Winter	14. 3.42
Major Hans Werner Bieling	16.11.42
Oberst Claus Schenk Graf von Stauffenberg	8. 5.43
Oberleutnant Josef Wendler	10. 7.43
Oberwachtmeister Hans Volkert	14. 4.43
Stabswachtmeister Alois Wagner	24. 4.43
Leutnant Kurt Schulze	1.12.43
Feldwebel Rudolf Triltsch	1.12.43
Oberstleutnant Georg Boxberger	21.11.43
Oberleutnant Gerd Wilhelm Weitbauer	10. 5.43
Oberfeldwebel Rudolf Rainer	24. 8.43
Hauptmann Herbert Bütterich	24. 4.44
Feldwebel Werner Deiler	8. 6.44
Hauptmann Max Naser	2. 7.44
Wachtmeister Michael Bleier	12.10.44
Hauptfeldwebel Hans Walz	6.11.42

Ueberblick über die zwölf Regimenter der Königlich Bayerischen Kavallerie

K. B. 1. Schweres Reiter Regiment
„Prinz Carl von Bayern"

München

Gründungsjahr 1814

K. B. 2. Schweres Reiter Regiment
„Erzherzog Franz Ferdinand von Oesterreich-Este"

Landshut

Gründungsjahr 1815

K. B. 1. Ulanen Regiment
„Kaiser Wilhelm II. König von Preußen"

Bamberg

Gründungsjahr 1863

K. B. 2. Ulanen Regiment
„König"

Ansbach

Gründungsjahr 1863

Nürnberg

K. B. 1. Chevaulegers Regiment
„Kaiser Nikolaus von Rußland"

Gründungsjahr 1682

Regensburg

K. B. 2. Chevaulegers Regiment
„Taxis"

Gründungsjahr 1682

Dieuze

K. B. 3. Chevaulegers Regiment
„Herzog Karl Theodor"

Gründungsjahr 1724

Augsburg

K. B. 4. Chevaulegers Regiment
„König"

Gründungsjahr 1744

Saargemünd

K. B. 5. Chevaulegers Regiment
„Erzherzog Friedrich von Oesterreich"

Gründungsjahr 1776

Bayreuth

K. B. 6. Chevaulegers Regiment
„Kreß"

Gründungsjahr 1803.

Straubing

K. B. 7. Chevaulegers Regiment
„Prinz Alfons"

Gründungsjahr 1905.

Dillingen

K. B. 8. Chevaulegers Regiment

Gründungsjahr 1909.

Die Regiments-Kommandeure

des K. B. 1. Ulanen-Regiments 1813–1919.

Oberst	Seckendorff, Freiherr von Georg	1813–1822

Oberst	Korb, Georg	1863–1866
„	Ysenburg, Graf von Moritz	1866–1873
Oberstlt.	Faber, Friedrich	1873–1875
Oberst	Negrioli, Albrecht	1875–1883
„	Kraft von, Karl	1883–1886
„	Trombetta, Karl	1886–1889
Oberstlt.	Poschinger von, Ludwig	1889–1892
„	Horadam, Karl	1892–1894
Oberst	Le Suire von, Günther	1894–1899
„	Bouhler, Hugo	1899–1904
„	Gebsattel, Freiherr von Hermann	1904–1907
Oberstlt.	Staudt von, Karl	1907–1910
Major	Braun, Maximilian	1910–1911
Oberst	Crailsheim, Freiherr von Eduard	1911–1915
Major	Zürn, Maximilian	1915–1918
„	Bibra, Freiherr von Bertold	1918–1919

Rittmeister der Kavallerie.

		Patent des Dienstgrades	Lt
Ludwig, Maximilian	5. Chev.R.	23.10.10	20. 1.93
Welsch, Otto	2. Chev.R.	———	27. 2.96
Ludwig Wilhelm, Herzog in Bayern, K. H.	à l. s. 3. Chev.R.	———	11. 6.01
Hammerbacher, Walter	Pers. Adj. S. K. H. d. Herzogs Ludwig Wilhelm in Bayern	3. 3.11	11. 4.96
Baumann, Hans	5. Chev.R.	7. 3.12	27. 2.96
Kobell, Ferdinand v.	1. Schw. Reit.R.	———	20. 6.96
Castell-Castell, Friedrich Gr. zu	à l. s. d. Armee	———	9.10.96
Stadelmayr, Wilhelm	3. Chev.R.	28.10.12	3. 3.97
Riedinger, Ferdinand	1. Ul.R.	———	27. 3.97
Ehlers, Heinrich	6. Chev.R.	27. 3.13	3. 3.97
Waydelin, Karl	4. Chev.R.	———	21. 5.97
Merckle, Karl	4. Chev.R.	25. 8.13	6. 3.98
Tannstein gen. Fleischmann, Karl v.	Reitl. Mil.Reitschule	———	———
Jung, Emil	1. Schw. Reit.R.	———	———
Sedelmair, Walter Ritt. u. Edler v.	2. Chev.R.	———	———
Kreß v. Kressenstein, Karl Frh.	1. Chev.R.	———	———
Kirchmair, Franz	2. Schw. Reit.R.	———	24. 8.98
Pfistermeister, Hermann Ritt. v.	6. Chev.R.	———	6. 3.98
Wolffskeel v. Reichenberg, Luitpold Gr.	1. Schw. Reit.R.	———	10. 3.99
Laur, Karl	5. Chev.R.	———	———
Rechteren-Limpurg, Friedrich Gr. v.	à l. s. d. Armee 2c.	———	21. 8.98
Scheiblein, Friedrich	7. Chev.R.	———	7. 2.99
Hirschberg, Anton Frh. v.	Reitl. Mil.Reitschule	———	10. 3.99
Angstwurm, Rudolf	6. Chev.R.	1.10.13	———

Pöller, Friedrich	1. Chev.R.	— — —	— — —
Neuß, Alfred	1. Chev.R.	25.10.13	— — —
Kühlmann, Johann v.	1. Chev.R.	— — —	— — —
Hacke, Ludwig Frh. v.	2. Chev.R.	10. 9.14	— — —
Hacke, Friedrich Frh. v.	8. Chev.R.	— — —	— — —
Kregler, Georg	6. Chev.R.	— — —	— — —
Poschinger, Robert Ritt. v.	2. Schw. Reit.R.	— — —	— — —
Keller, Gottfried	5. Chev.R.	— — —	10.11.99
Müller-Brand, Hermann	kom. als Adj. IV. Armee-Insp.	30. 9.14	7. 3.00
Defregger, Hermann	1. Chev.R.	— — —	— — —
Paraquin, Eugen	2. Ul.R.	— — —	— — —
Kipfmüller, Oskar	8. Chev.R.	— — —	— — —
Berghofer, Karl	8. Chev.R.	— — —	— — —
Kaspar, Johann	7. Chev.R.	20.10.14	— — —
Meyer, Karl	6. Chev.R.	— — —	— — —
Gietl, Otto Ritt. v.	2. Chev.R.	— — —	— — —
Pocci, Ernst Gr. v.	2. Schw. Reit.R.	— — —	21. 7.00
Hertling, Karl Gr. v.	4. Chev.R.	— — —	24.10.00
Belli v. Pino, Anton	3. Chev.R.	— — —	4. 3.01
Leoprechting, Waldemar Frh. v.	2. Ul.R.	3.11.14	— — —
Preysing-Lichtenegg-Moos, Kaspar Gr. v.	St. 7. Chev.R. ꝛc.	3.11.14	4. 3.01
Klein, Hermann	3. Chev.R.	— — —	— — —
Kreß v. Kressenstein, Karl Frh.	Adj. 1. Kav.Brig.	— — —	— — —
Mühlhäuser, Otto	2. Ul.R.	— — —	13. 9.01
Kebbel, Adolf	2. Chev.R.	— — —	4. 3.01
Straub, Johann	St. 8. Chev.R.	30.11.14	— — —
Hößlin, Hubert v.	St. 4. Chev.R., kom. Gen.St. Zentr.St.	16.12.14	9. 3.02
Lilier, Maximilian	St. 1. Ul.R.	— — —	— — —
Feßmann, Ernst	Adj. 2. Kav.Brig.	— — —	— — —
Weichs, Maximilian Frh. v.	St. 2. Schw.Reit.R., kom.Gen.St.Zentr.St.	— — —	— — —
Kreß v. Kressenstein, Franz Frh.	St. 1. Schw.Reit.R.	— — —	— — —
Teuffel v. Birkensee, August Frh.	3. Chev.R.	— — —	— — —
Xylander, Egbert Ritt. v.	1. Chev.R.	— — —	— — —
Ruttmann, Wilhelm	2. Ul.R.	— — —	— — —
Selmayr, Georg	2. Chev.R.	— — —	— — —
Hayler, Emil	8. Chev.R., kom. als Auff.Offiz. Kr.Schule	— — —	— — —
Schäzler, Siegfried Frh. v.	1. Ul.R.	— — —	— — —
Hörmann v. Hörbach, Hans	Adj. 6. Kav.Brig.	— — —	— — —
Zeyß, Hermann	Adj. 3. Kav.Brig.	22. 1.15	— — —
d'Hengelière, Adolf	2. Chev.R.	— — —	— — —
Gonnermann, Heinrich	5. Chev.R.	— — —	— — —
Kreß v. Kressenstein, Oskar Frh.	1. Schw. Reit.R.	1. 6.15	9. 3.03
Walther v. Walderstötten, Wilhelm	6. Chev.R.	— — —	— — —
Obpacher, Joseph	2. Chev.R.	— — —	— — —
Fuchs, Gottfried	Adj. Mil.Reitschule	— — —	— — —
Seyßel d'Aix, Kurt Gr. v.	1. Ul.R.	— — —	— — —
Frauenholz, Eugen	2. Schw. Reit.R.	— — —	— — —
Margerie, Rudolf	8. Chev.R.	— — —	— — —
Rizzi, Otto	2. Ul.R.	— — —	— — —
Arnold, Friedrich	7. Chev.R.	— — —	— — —
Imhoff, Alexander Frh. v.	7. Chev.R.	— — —	— — —
Hemmer, Richard	2. Chev.R.	— — —	14. 6.03
Hunglinger, Franz	8. Chev.R.	— — —	29.10.03
Perfall, Gustav Frh. v.	Flügel-Adj. S. M. d. Königs	9. 8.15	9. 3.04
Könitz, Hans Frh. v.	1. Schw. Reit.R.	— — —	— — —
Mayer, Georg	2. Schw. Reit.R., kom. Reichs-Kol.Amt	— — —	— — —
Le Suire, Walter v.	1. Ul.R.	— — —	— — —
Dittmar, Eduard	6. Chev.R.	— — —	— — —
Spreti, Rudolf Gr. v.	4. Chev.R.	— — —	— — —
Jahreis, Albrecht	6. Chev.R., kom. als Lehrer Kav.Telegr.-Schule	— — —	— — —
Lenich, Karl	5. Chev.R.	— — —	— — —

Gorup v. Besanez, Joseph Frh.	3. Chev.R.	———	———
Hauch, Bruno Frh. v.	8. Chev.R.	———	———
Podewils, Adalbert Frh. v.	2. Schw. Reit.R.	9. 8.15	9. 3.04
Pocci, Konrad Gr. v.	8. Chev.R.	———	———
Sandner, Karl	8. Chev.R.	———	———
Lotzbeck, Eugen Frh. v.	1. Ul.R.	———	———
Löwenstein-Wertheim, Alois Fürst zu	à l. s. d. Armee ꝛc.	4.11.15	26. 1.15
Weber, Wilhelm	2. Schw. Reit.R.	14. 1.16	8. 3.05
Riegelmann, Adolf	3. Chev.R.	———	———
Meyn, Karl	8. Chev.R.	———	———
Renz, Maximilian	4. Chev.R.	———	———
Zippelius, Otto	Adj. 5. Kav.Brig.	———	———
Paraquin, Arnold	3. Chev.R.	———	———
Frommel, Erwin	4. Chev.R.	———	———
Hartlieb gen. Walsporn, Richard v.	8. Chev.R.	16. 3.16	———
Leythäuser, Hermann	5. Chev.R.	———	———
Gewinner, Eugen	5. Chev.R.	———	———
Wallner, Otto	1. Ul.R.	———	———
Kreß v. Kressenstein, Sigmund Frh.	1. Chev.R.	———	———
Sigriz, Friedrich v.	2. Chev.R.	———	———
Koch, Rudolf	6. Chev.R.	19. 5.16	8. 3.06
Speidel, Karl Frh. v.	1. Schw. Reit.R.	———	———
Ammonn, Hans	8. Chev.R.	———	———
Wening, Ernst	6. Chev.R.	———	———
Klinger, Paul	Pers. Adj. S. K. H. d. Prinzen Alfons von Bayern	———	———
Gipser, Georg	2. Ul.R.	———	———
Schäfer, Oskar	3. Chev.R.	———	———
Arco-Zinneberg, Ferdinand Gr. v.	1. Schw. Reit.R.	———	———
Feilitzsch, Hans Frh. v.	1. Ul.R.	———	———
Fehn, Franz	2. Chev.R.	———	———
Kronberger, Ferdinand	7. Chev.R.	———	12. 3.06
Schilffarth, Ludwig	3. Chev.R.	———	24. 6.06
Luitpold, Herzog in Bayern, K. H.	à l. s. 1. Ul.R.	17. 8.16	30. 6.07
Spies, Herbert v.	1. Chev.R.	———	8. 3.07
Niedermayr, Richard	2. Ul.R.	———	———
Schenk Gr. v. Stauffenberg, Klemens	1. Ul.R.	27. 9.16	———
Wolf, Ludwig	6. Chev.R.	———	———
Denk, Adolf Ritt. v.	2. Schw. Reit.R.	———	9. 3.07
Harsdorf v. Enderndorf, Hans Frh.	1. Chev.R.	17. 1.17	9. 3.08
Haus-Seuffert, Ludwig	2. Schw. Reit.R.	———	———
Bonnet zu Meautry, Friedrich Frh. v.	1. Schw. Reit.R.	———	———
Sandner, Albert	6. Chev.R.	———	———
Hornig, Ewald	7. Chev.R.	———	———
Riedle, Otto	5. Chev.R.	———	———
Griasch, Eugen	2. Chev.R.	———	———
Schraut, Rudolf	2. Ul.R.	———	———
Freyberg-Schütz zu Holzhausen, Eberhard Frh. v.	1. Ul.R.	———	———
Braun, Adolf	7. Chev.R.	———	———
Quadt zu Wykradt u. Isny, Eugen Gr. v.	1. Schw. Reit.R.	———	10. 5.08
Winkels-Herding, Norbert	3. Chev.R.	———	18.11.08

Oberleutnante der Kavallerie.

		Patent des Dienstgrades	Lt
Henigst, Heinrich	2. Schw. Reit.R.	7. 1.14	8. 3.07
Bischoff, Siegfried	6. Chev.R.	19. 5.15	26. 5.09
Gebsattel, Franz Frh. v.	1. Ul.R.	———	———
Zeitz, Erich	3. Chev.R., kom. 2. Telegr.B.	———	———
Rauscher auf Weeg, Hans Ritt. u. Edler v.	1. Schw. Reit.R.	———	———
Ow auf Wachendorf, Hartmann Frh. v.	1. Schw. Reit.R.	———	———
Gise, Ernst Frh. v.	4. Chev.R.	———	———

Hutschenreuther, Viktor	3. Chev.R.	— — —	— — —
Marogna-Redwitz, Rudolf Gr. v.	1. Schw. Reit.R.	— — —	— — —
Hutschenreuther, Richard	1. Chev.R.	— — —	— — —
Hartlieb gen. Walsporn, Otto v.	4. Chev.R.	— — —	— — —
Schuh, Christian v.	1. Chev.R.	— — —	— — —
Schätzler, Manfred Frh. v.	4. Chev.R.	— — —	— — —
Streck, Karl	2. Schw. Reit.R.	— — —	— — —
Chrambach, Erich	7. Chev.R.	— — —	— — —
Brentano di Tremezzo, Franz v.	1. Ul.R.	— — —	— — —
Hermann, Eduard	1. Chev.R.	— — —	— — —
Waldenfels, Otto Frh. v.	6. Chev.R.	1. 6.15	23.10.10
Redwitz, Franz Frh. v.	Pers. Adj. S. K. H. d. Kronprinzen Rupprecht von Bayern	— — —	— — —
Dihm, Hermann	7. Chev.R.	— — —	— — —
Schinnerer, Hans	2. Chev.R.	— — —	— — —
Crailsheim, Hans Frh. v.	4 Chev.R	— — —	— — —
Praun, Arnold v.	4. Chev.R.	— — —	— — —
Oberhäußer, Eugen	8. Chev.R.	— — —	— — —
Heffels, Alfred v.	2. Schw. Reit.R.	— — —	— — —
Fillisch, Karl	5. Chev.R.	— — —	— — —
Walther, Friedrich	3. Chev.R.	— — —	— — —
Schmalschläger, Benedikt	5. Chev.R.	— — —	— — —
Pechmann, Johann Frh. v.	4. Chev.R.	— — —	— — —
Pfetten, Karl Frh. v.	2. Schw. Reit.R.	— — —	— — —
Eckel, Joseph	5. Chev.R.	9. 7.15	12.10.11
Renz, Robert	4. Chev.R.	— — —	26.10.11
Thon, Oskar	3. Chev.R.	— — —	— — —
Jütten, Alfons	2. Schw. Reit.R.	— — —	— — —
Horsting, Johann	6. Chev.R.	— — —	— — —
Voith v. Voithenberg, Robert Frh.	2. Chev.R.	— — —	— — —
Redwitz, Alfons Frh. v.	1. Schw. Reit.R.	— — —	— — —
Kassl, Adolf	7. Chev.R.	— — —	— — —
Waldenfels, Egon Frh. v.	6. Chev.R.	— — —	— — —
Heineck, Reinhard	5. Chev.R.	— — —	— — —
Niedermayr, Eugen	2. Ul.R.	— — —	— — —
Keitel, Heinrich	8. Chev.R.	— — —	— — —
Deuster, Otto v.	1. Chev.R.	9. 7.15	26.10.11
Moy, Karl Gr. v.	1. Schw. Reit.R.	— — —	— — —
Sedlnitzky-Odrowaz v. Choltitz, Ivo Frh.	2. Chev.R.	— — —	— — —
Jelmoli, Heinrich	5. Chev.R.	— — —	— — —
Bomhard, Felix v.	4. Chev.R.	14. 1.16	28.10.12
Kreitmair, Sigmund	6. Chev.R.	— — —	— — —
Schmid, Gustav	7. Chev.R.	— — —	— — —
Fasolt, Viktor	2. Ul.R.	— — —	— — —
Brentano di Tremezzo, Anton v.	2. Chev.R.	— — —	— — —
Hering, Alfons	3. Chev.R.	— — —	— — —
Pfretzschner, Karl	2. Ul.R.	— — —	— — —
Tucher v. Simmelsdorf, Hans Frh.	1. Chev.R.	16. 3.16	— — —
Lengrießer, Hans Ritt. u. Edler v.	1. Chev.R.	— — —	— — —
Niczoldi, Karl	6. Chev.R.	— — —	— — —
Hofmeier, Paul	2. Schw. Reit.R.	— — —	— — —
Pfetten-Arnbach, Hans Frh. v.	1. Schw. Reit.R.	— — —	— — —
Sandler, Ferdinand	5. Chev.R.	— — —	— — —
Haugg, Ferdinand	2. Schw. Reit.R.	— — —	— — —
Preysing-Lichtenegg-Moos, Johannes Gr. v.	1. Schw. Reit.R.	— — —	— — —
Solbrig, Maximilian	8. Chev.R.	— — —	— — —
Stöhr, Johann	6. Chev.R.	— — —	— — —
Haaß, Alfred	8. Chev.R.	— — —	— — —
Groß zu Trockau, Philipp Frh. v.	1. Ul.R.	— — —	— — —
Deßloch, Otto	5. Chev.R.	— — —	— — —
Koller, Ludwig	5. Chev.R.	— — —	— — —
Walther, Wilhelm	3. Chev.R.	— — —	— — —
Hörmann v. Hörbach, Winfried	4. Chev.R.	17. 1.17	29.10.12
Schmidhuber, Max	1. Chev.R.	— — —	— — —
Wölfel, Karl	2. Chev.R.	— — —	— — —
Fürer v. Haimendorf, Wilhelm	1. Chev.R.	— — —	— — —
Lenze, Walter	2. Schw. Reit.R.	— — —	— — —

Hübner, Kurt	6. Chev.R.	— — —
Löll, Oskar	2. Ul.R.	— — —
Zech auf Neuhofen, Emil Gr. v.	4. Chev.R.	— — —
Mauchenheim gen. Bechtolsheim, Maximilian Frh. v.	1. Schw. Reit.R.	— — —
Gohre, Ludwig Frh. v.	2. Schw. Reit.R.	— — —
Pückert, Friedrich	8. Chev.R.	— — —
Schmidt-Polex, Adolf	2. Chev.R.	— — —
Saemmer, Johann	5. Chev.R.	— — —
Spreti, Albrecht Gr. v.	1. Schw. Reit.R.	— — —
Müller, Gustav	7. Chev.R.	— — —

Leutnante der Kavallerie.

		Patent des Dienstgrades
Schmidt, Wilhelm	6. Chev.R.	28. 10. 12
Moreau, Ferdinand Frh. v.	2. Chev.R.	30. 10. 12
Krahmer, Karl	6. Chev.R.	— — —
Aretin, Albert Frh. v.	1. Schw. Reit.R.	— — —
Luz, Helwig	8. Chev.R.	— — —
Schlemmer, Karl	3. Chev.R.	— — —
Hezel, Karl	8. Chev.R.	— — —
Rappold, Albert	5. Chev.R.	— — —
Perfall, Franz Frh. v.	1. Schw. Reit.R.	— — —
Krieg, Kurt	3. Chev.R.	— — —
Bosch, Konrad	2. Ul.R.	— — —
Poschinger, Wilhelm Ritt. v.	2. Schw. Reit.R.	— — —
Dornberg, Elimar Frh. v.	1. Schw. Reit.R.	— — —
Thüngen, Karl Frh. v.	5. Chev.R.	— — —
Braun, Wilhelm	2. Chev.R.	19. 9. 14 *)
Wendler, Karl	5. Chev.R.	— — —
Heimpel, Alexander	5. Chev.R.	— — —
Rist, Ernst	2. Schw. Reit.R.	— — —
Bopp zu Oberstadt, Peter Franz Gr.	1. Ul.R.	— — —
Seefried auf Buttenheim, Tuttich Frh. v.	1. Ul.R.	— — —
Künsberg, Maximilian Frh. v.	1. Ul.R.	— — —
Pfetten-Arnbach, Franz Frh. v.	1. Schw. Reit.R.	— — —
Braun, Otto	6. Chev.R.	— — —
Schrott, Adolf	4. Chev.R.	— — —
Sartor auf Gansheim, Walter Frh. v.	2. Schw. Reit.R.	— — —
Haugg, Ludwig	8. Chev.R.	— — —
Schmalschläger, Heinrich	1. Chev.R.	— — —
Hübner, Dietrich	2. Schw. Reit.R.	— — —
Küttler, Horst	4. Chev.R.	— — —
Eitzenberger, Wilhelm	2. Chev.R.	— — —
Ulrich, Wolfgang	1. Chev.R.	— — —
Oettingen-Oettingen u. Oettingen-Wallerstein, Gr. zu Oettingen-Baldern u. Herr v. Sötern, Karl Fürst zu	à l. s. d. Armee ꝛc.	25. 1. 15
Pappenheim, Siegfried Gr. zu	à l. s. d. Armee	24. 6. 15
Fugger v. Glött, Joseph Ernst Erbgr.	à l. s. d. Armee	15. 11. 15

		Befördert ohne Patent*)
Quadt zu Wykradt u. Isny, Alexander Gr. v.	1. Ul.R.	5. 8. 14
Oettingen-Oettingen u. Oettingen-Wallerstein, Gr. zu Oettingen-Baldern u. Herr v. Sötern, Eugen Prinz zu	1. Ul.R.	11. 8. 14
Castell-Castell, Karl Erbgr. zu	1. Ul.R.	11. 1. 15
Luxburg, Guido Gr. v.	1. Ul.R.	25. 1. 15
Schöttl, Fritz	2. Schw. Reit.R.	26. 4. 15
Faber du Faur, Konrad v.	2. Schw. Reit.R.	— — —
Entres, Kurt	7. Chev.R.	— — —
Godin, Michael Frh. v.	1. Schw. Reit.R.	7. 5. 15
Raisch, Alfred	7. Chev.R.	16. 5. 15
Deininger, Hans	7. Chev.R.	— — —
Manteuffel-Szöge, Hans Frh. v.	2. Ul.R.	2. 6. 15
Manteuffel-Szöge, Wolf Frh. v.	2. Ul.R.	— — —
Boy, Eberhard	2. Ul.R.	— — —
Egloffstein, Günter Frh. v. u. zu	1. Ul.R.	12. 6. 15

Lerchenfeld, Max Frh. v.	1. Ul.R.	— — —
Stetten, Dietrich v.	1. Ul.R.	— — —
Lenk, Helmut	3. Chev.R.	— — —
Müller, Hans	3. Chev.R.	— — —
März, Otto	3. Chev.R.	— — —
Kirschbaum, Hans v.	2. Schw. Reit.R.	13. 7. 15
Müller, Ludwig	2. Schw. Reit.R.	— — —
Waldenfels, Rudolf Frh. v.	6. Chev.R.	22. 7. 15
Rehm, Lothar	2. Chev.R.	12. 8. 15
Sandler, Otto	2. Chev.R.	— — —
Scholl, Hermann	5. Chev.R.	23. 8. 15
Knopf, Willi	1. Chev.R.	— — —
Faber du Faur, Otto v.	1. Chev.R.	— — —
Arndt, Oskar	1. Chev.R.	— — —
Stetten, Ernst v.	4. Chev.R.	— — —
Hierthes, Heimo	4. Chev.R.	25. 8. 15
Merkert, Rudolf	5. Chev.R.	— — —
Harteneck, Gustav	5. Chev.R.	— — —
Schneider, Eduard	7. Chev.R.	— — —
Rodt, Eberhard	2. Ul.R.	23. 9. 15
Ziegler, Karl	8. Chev.R.	— — —
Blank, Hermann	8. Chev.R.	— — —
Schedel v. Greiffenstein, Anton	8. Chev.R.	— — —
Beckh, Richard	2. Chev.R.	11. 10. 15
Glaser, Ludwig	7. Chev.R.	— — —
Fiedler, Hans	7. Chev.R.	— — —
Stark, Rudolf	2. Ul.R.	25. 10. 15
Freudenberg, Friedrich	1. Chev.R.	24. 11. 15
Ach, Clifford	7. Chev.R.	— — —
Eyb, Albrecht Frh. v.	2. Schw. Reit.R.	17. 12. 15
Reinhard, Max	2. Schw. Reit.R.	— — —
Moreau, Konrad Frh. v.	2. Chev.R.	— — —
Enzberg, Anton Frh. v.	1. Ul.R.	5. 2. 16
Gise, Zeno Frh. v.	1. Ul.R.	— — —
Meiners, Ernst	2. Ul.R.	21. 2. 16
Thyroff, Friedrich	7. Chev.R.	— — —
Tauffkirchen zu Guttenburg auf Ibm, Max Gr. v.	2. Ul.R.	10. 4. 16
Hoenning O'Carroll, Karl Frh. v.	2. Chev.R.	23. 4. 16
Habermann, Philipp Frh. v.	1. Schw. Reit.R.	13. 5. 16
Gersonn, Kurt Frh. v.	1. Chev.R.	2. 6. 16
Waldenfels, Friedrich Frh. v.	6. Chev.R.	— — —
Pfetten-Arnbach, Maximilian Frh. v.	1. Schw. Reit.R.	24. 6. 16
Pappenheim, Ludwig Gr. zu	1. Ul.R.	12. 7. 16
Tischbein, Wilhelm	3. Chev.R.	31. 7. 16
Görz, Ludwig	3. Chev.R.	— — —
Bauch, Otto	2. Schw. Reit.R.	31. 8. 16
Donle, Eduard	5. Chev.R.	18. 10. 16
Schmidt, Ernst	6. Chev.R.	— — —
Grabner, Herbert	6. Chev.R.	— — —
Ritter zu Grünstein, Egon Frh. v.	1. Schw. Reit.R.	14. 11. 16
Manteuffel-Szöge, Heinrich Frh. v.	1. Schw. Reit.R.	— — —
Hörmann v. Hörbach, Heinrich	4. Chev.R.	25. 11. 16
Röckl, Heinrich	4. Chev.R.	— — —
Walther, Adolf	3. Chev.R.	16. 12. 16
Horsting, Albert	8. Chev.R.	— — —
Rauch, Herbert	3. Chev.R.	— — —
Thüngen, Wolfgang Frh. v.	1. Ul.R.	26. 12. 16
Abel, Herbert	2. Chev.R.	8. 1. 17
Ott, Karl	2. Ul.R.	15. 2. 17
Manz, Heinrich	2. Schw. Reit.R.	6. 3. 17
Schmid, Siegfried	5. Chev.R.	— — —
Selmair, Anton	8. Chev.R.	— — —
Leyen, Prinz Ferdinand von der	1. Schw. Reit.R.	8. 4. 17

*) Die Leutnante mit Patent vom 19. 9. 14 und die Leutnante ohne Patent sind nach der Zeit der Beförderung vorgetragen; Regelung des Ranges vorbehalten.

Ehrentafel

des

1. bayerischen Ulanen-Regiments

Kaiser Wilhelm II., König von Preußen

Von der Attacke bei Lagarde am 11. 8. 14 bis zum Gefecht bei Zaslaw am 9. 1. 19 hat das 1. bayer. Ulanen-Regiment in vielen Schlachten und Gefechten in Lothringen, Flandern, Kurland, Littauen, am Stochod und in der Ukraine mit Auszeichnung gekämpft; die siegreiche Heimkehr war ihm nicht beschieden.

Mag auch das Regiment als solches zu bestehen aufhören, so lange Erste Ulanen leben, werden sie treu zusammenhalten und in stolzer Trauer ihrer Kameraden gedenken, die den Sieg im Herzen, ihrem Schwur getreu, für Kaiser und Reich, König und Vaterland ihr Leben ließen.

Mit vielen tapferen Unteroffizieren und Ulanen fanden den Heldentod.

Generalmajor Freiherr v. Crailsheim;
Rittmeister Freiherr v. Feury auf Hilling,
" Freiherr v. Schnurbein;
Leutnant Prieger;
" Freiherr v. Syberg zu Sümmern (Paul),
" Freiherr v. Nostitz,
" Freiherr v. Rehlingen,
" Freiherr v. Lerchenfeld (Max),
" Freiherr v. Syberg zu Sümmern (Carl);
Rittmeister d. R. Freiherr v. Würtzburg,
" " " Freiherr v. Lindenfels,
" " " Freiherr v. Rotenhan,
Leutnant d. R. Freiherr v. Guttenberg;
" " " Freiherr v. u. zu Egloffstein (Curt),
" " " Petry;

mit dem Brig.-Stab beim Regte. reitend:

Rittmeister u. Adj. d. 4. bayer. Kav.-Brig. Schoeninger;

zum Regiment kommandiert:

Oberst. 4. Chev.-Regts. Ritter v. Giehl.

Im Namen des Regiments:
Freiherr v. Bibra,
Major u. Regts.-Kommandeur.

17. (bayer.)Reiter-Regt. Bamberg, den 7.3.27.
Nr. 21/27 geh Kdos.

Betr. Lanzen. Geheime Kommandosache!

Eilt!

An
Herrn Rittmeister Hübner,

Hochwohlgeboren.

Gem. 3. K.D. Abt. I a 33/27 geh Kdos. hat das Regt. der 3. K.D. zum 12.3. den Bericht eines in Ost und West erfahrenen Patrouillenreiters über die Bewährung der Lanze vorzulegen. Da E.H einer der wenigen Offiziere des Regts. sind, die noch im Osten und im Westen selbst Patrouillen geritten haben, ersuche ich E. H. um umgehende Einsendung eines solchen Berichtes gem. 3.K.D. Abt. I a 33/27 geh Kdos in dem insbesondere die Beantwortung folgender Fragen enthalten ist:

a.) Soll die Lanze abgeschafft werden? Durch welche andere Waffe soll sie bejaendenfalls ersetzt werden?

b.) Soll die Lanze nur für den Patrouillendienst beibehalten werden?

c.) Soll die Lanze auf dem Gefechtswagen abgelegt werden

d.) Haben Patrouillen nach Ablauf der ersten Kriegswoche sich gegenseitig, außer beim Zusammenprallen, anzugreifen versucht?

Ich ersuche den Bericht in zweifacher Ausfertigung einzusenden. Kh

[signature]

1932

Stand vom 1. Mai

Chef der Heeresleitung:

General d. Inf. Frhr. von Hammerstein-Equord

Oberbefehlshaber des Gruppenkommandos 2:

Gen. d. Inf. Frhr. Seutter von Lötzen

Kommandeur der 3. Kavallerie-Division: Generalmajor Knochenhauer

Befehlshaber im Wehrkreis VII: Generalleutnant Ritter von Leeb

Inspekteur der Kavallerie: Generalmajor Frhr. von Hirschberg.

17. (Bayerisches) Reiter Regiment

Kommandeur: Oberst Koch ✠1 BM4⚔mKr ÖM3Kg TL2⚔ TH BO4

Rittmeister:

Leuze ✠1 Ⓦ BM4⚔ HH EH3b⚔ ÖM3K St.O.A. Straubing
Hübner (Kurt) ✠1 BM4⚔ St.O.A. Ansbach
Luz HOH3 ✠1 BM4⚔mKr ÖM3K Chef A.
Freiherr von Thüngen ✠1 BM4⚔ ÖM3K St.
Hübner (Dietrich) ✠1 BM4⚔ Chef 4
Greiner ✠1 BM4⚔ ÖM3K St.
Rodt ✠1 Ⓦ BM4⚔ Chef 2
Rübsam ✠1 BM4⚔ Chef 6
Walzer ✠1 BM5b⚔mKr Chef 1
Freiherr von Waldenfels ✠1 BM4⚔ Chef 3
Rademacher ✠1 3

Oberleutnante:

Bresselau von Bressensdorf ✠1 Ⓦ BM4⚔ BrK2 Rgts.Adj.
Freiherr von Seefried auf Buttenheim ✠2 A.
Müller 4
Merk 2
Freiherr von Süßkind-Schwendi (Hugo) 4
Linbrunn 1
Beck 1
Schmidt 2
von Pezold St.
Freiherr von Süßkind-Schwendi (Max Theodor) St.

Leutnante:

Freiherr von Harstall 1
Waldmann 4
Graf Schenk von Stauffenberg 1
Freiherr Varnbüler von und zu Hemmingen 6
Freiherr von Leonrod 3
Freiherr Loeffelholz von Colberg 6
Boxberger 2
Häublein A.

Fähnriche:

Kupfer KS.
Frreiherr Kreß von Kressenstein KS.
Jakob IS.
von Vollard Bockelberg IS.

Fahnenjunker:

Graf zu Castell-Castell IS.

Sanitätsoffiziere:

Stabsarzt Dr. Meyer ✠1 Ⓦ BM4⚔ BS2

Veterinäroffiziere:

Oberstabsveterinär Dr Krieger ✠1 BM4⚔ St.
Stabsveterinär Dr. Gaggermeier 6
Stabsveterinär Dr. Moll 3

1933

Stand vom 1. Februar

Chef der Heeresleitung:

General d. Inf. Frhr. von Hammerstein-Equord

Oberbefehlshaber des Gruppenkommandos 2:

Gen. d. Inf. Frhr. Seutter von Lötzen

Kommandeur der 3 Kavallerie-Division: Generalleutnant Knochenhauer

Befehlshaber im Wehrkreis VII: Generalleutnant Ritter von Leeb

Inspekteur der Kavallerie: Generalmajor Frhr. von Hirschberg.

17. (Bayerisches) Reiter Regiment

Kommandeur: Oberst Freiherr von Perfall PK4 ✠1 Ⓦ HE3⚔ BM4⚔ WF3a⚔ HP3b BrK1 ÖE3K ÖF3K ÖM3K BT4b BA4 BO3

Rittmeister:

Leuze ✠1 Ⓦ BM4⚔ HH EH3b⚔ ÖM3K St.O.A. Straubing
Hübner (Kurt) ✠1 BM4⚔ St.O.A. Ansbach
Freiherr von Thüngen ✠1 BM4⚔ ÖM3K St.
Hübner (Dietrich) ✠1 BM4⚔ Chef 4
Greiner ✠1 BM4⚔ ÖM3K St.
Rodt ✠1 Ⓦ BM4⚔ Chef 2
Rübsam ✠1 BM4⚔ Chef 6
Walzer ✠1 BM5b⚔mKr Chef 1
Freiherr von Waldenfels ✠1 BM4⚔ Chef 3
Rademacher ✠1 3

Oberleutnante:

von Manteuffel ✠1 Ⓦ BrK1 Chef A.
Bresselau von Bressensdorf ✠1 Ⓦ BM4⚔ BrK2 Rgts.Adj.
Freiherr von Seefried auf Buttenheim ✠2 A.
Müller 4
Merk 2
Freiherr von Süß´nd-Schwendi (Hugo) 4
Linbrunn 1
Beck 1
Schmidt 2
von Pezold St.
Freiherr von Süßkind-Schwendi (Max Theodor) St.
Freiherr von Harstall 1

Leutnante:

Waldmann 4
Graf Schenk von Stauffenberg 1
Freiherr Varnbüler von und zu Hemmingen 6
Freiherr von Leonrod 3
Freiherr Loeffelholz von Colberg 6
Boxberger 2
Häublein A.
Kupfer 5
Freiherr Kreß v. Kressenstein 3

Fähnriche:

Jakob KS.
von Vollard Bockelberg KS.
Graf zu Castell-Castell IS.

Fahnenjunker:

Sauerbruch

Sanitätsoffiziere:

Stabsarzt Dr. Meyer ✠1 Ⓦ BM4⚔ BS2

Veterinäroffiziere:

Oberstabsveterinär Dr Krieger ✠1 BM4⚔ St.
Stabsveterinär Dr. Gaggermeier 6
Stabsveterinär Dr. Moll 3

Es bedeuten: HOH = Hausorden von Hohenzollern, PK = Preuß. Kronenorden. Die übrigen Bezeichnungen der Orden und Ehrenzeichen sind der Rangliste d-s Deutschen Reichsheeres entnommen.

Kavallerieregiment 17

H. Gru. 3
XIII. A. K.

Bamberg

Kommandeur: Oberst Fremerey	1. 4.37	(28)	
Obstlt. Freiherr von Waldenfels	1.10.38	(44)	I
Maj. Körner (K. R. 5)	1. 8.37	(40)	II

Rittm. Freiherr von Lerchenfeld	1. 4.34	(148)	3
· Freiherr von und zu Aufseß	1. 4.34	(171)	10 (schw)
Hptm. (E) Freiherr von Dungern	1. 4.34	(567)	St
Rittm. Schmidt (Gen. St. II. A. K.)	1. 2.35	(3)	1
· Fink	1. 1.36	(5)	5
· Freiherr von Leonrod	1. 3.37	(37)	4
· Boxberger	1. 1.38	(60)	11 (R)
· Schultz	1. 2.38	(12)	2
· Egger	1.10.38	(92)	8 (Rdf)
Oblt. Graf	1.10.35	(241)	7 (Rdf)
· Geldern	1. 3.36	(35)	6 (Rdf)
· von der Groeben	1.10.36	(170)	1
· Sauerbruch	1.10.37	(12)	RAdj
· von Schack	1. 8.38	(125)	9 (PzAbw)
· Freiherr von der Borch	1.10.38	(209)	1
· Wimmer	1.10.38	(347)	3
Lt. von Hößlin	1. 4.36	(305)	Adj I
· Frick, kdt. H. Reit- u. Fahrschule	1. 4.36	(827)	1
· Freiherr von Woellwarth-Lauterburg	1. 4.37	(203)	Adj II
· Elert	1. 4.37	(622n)	10 (schw)
Lt. Leuze	1. 4.37	(1179)	4
· Wieser, kdt. Aufkl. Fl. Schule Braunschweig	1. 4.37	(1279)	11 (R)
· Graf von Marogna-Redwitz	1. 4.37	(1541)	2
· Pirner	1. 4.37	(1631)	5
· Spannocchi	1. 4.37	(1662)	4
· Freiherr von der Borch	1. 1.38	(152)	6 (Rdf)
· Hahn	1. 1.38	(612)	8 (Rdf)
· Plitt	1. 1.38	(651)	1
· Freiherr von Rotenhan	1. 1.38	(1045)	3
· Then-Rüdel	1. 1.38	(1641)	7 (Rdf)
· Andrelang	1.10.38	(102)	6 (Rdf)
· Graf von Deym, Freiherr von Stritez	1.10.38	(113)	5
· Leppelmann	1.10.38	(171)	11 (R)
· Freiherr von Perfall Ern.	1. 9.38	(59)	4
· Schmidt Ern.	1. 9.38	(203)	9 (PzAbw)
· von Le Suire Ern.	1. 9.38	(470)	2
· Freiherr von Gemmingen-Hagenschieß Ern.	1. 9.38	(1586)	10 (schw)

Rgt. Vet.: Ob. St. Vet. Dr. Spechter	1. 6.35	(1)	RSt
Ob. Vet. Scholz (Gerhard) (A. R. 17)	1. 9.38	(12)	St I
Vet. Dr. Just	1.11.38	(4)	St I

Die Uniform des Regiments mit den Abzeichen eines Generals trägt:

Gen. d. Kav. z. V. Freiherr Kreß von Kressenstein 1.10.36 (4)

Geheim

A b s c h r i f t !

Stellv.Gen.Kdo. XIII. A.K. Nürnberg, den 22.12.44.
Az. 14 e / 21 a IIa/RA 2941/965

Nr. 27414/44 geh.

Betr.: Major d.R. Wilhelm von Mallinckrodt, Kav.Ers.u.Ausb.Abt. 17
geb. 31.10.96 (W.B.K. Traunstein)

Bezug: OKH PA/Ag P 2/2.Abt.b (1) Nr. 15740/44 geh. v. 13.12.44.

An

D i v i s i o n Nr. 413,
nachr. an IIa/R im Hause.

Mit Bezug erging anher:

"Major d.R von M a l l i n c k r o d t ist nach seiner Einstellung und Haltung für das Offizierkorps des nationalsozialistischen Heeres nicht mehr geeignet. Er wird daher mangels Verwendungsmöglichkeit nach § 24 (3) WG. aus dem Offz.Korps entlassen.

Die Entscheidung über das Recht zum Tragen der Uniform wird zunächst zurückgestellt und von seinem Verhalten ausserhalb des aktiven Wehrdienstes abhängig gemacht.

Die Entlassung wird mit dem Tage der Bekanntgabe wirksam. Bekanntgabe in den Personalveränderungen folgt.

v. M. ist gemäss Verfg. OKH/PA 1. Abt.Nr. 2012/44 v. 9.8.44 – falls noch nicht geschehen – dem zuständigen Arbeitsamt zum kriegswichtigen Arbeitseinsatz namhaft zu machen. Der Einsatz ist zu überwachen.

Ausserdem wird bestimmt:

1.) Zur Frage der Uniform berichtet das zuständige Wehrbezirkskommando dem OKH/PA/Ag P 2 v. 1.6.46.

2.) v. M. wird der Landwehr II zugeteilt. Er gehört zu den ehemaligen Offizieren nach Mob-Plan (Heer), Ziffer 79, Ib, für deren Wiederverwendung es der Genehmigung des Oberkommandos des Heeres bedarf.

3.) eine Weiterverwendung im aktiven Wehrdienst ist nicht beabsichtigt

4.) v. M. ist ausserhalb des aktiven Wehrdienstes zum Führen der Dienstgradbezeichnung "Major d.R.a.D." berechtigt.

Dies ist ihm bekanntzugeben.

5.) Die Benachrichtigung des zuständigen W.B.K. veranlasst W.Kr.Kdo.VII das Abschrift der Verfügung erhält."

Zusatz des Stellv.Gen.Kdo. XIII. A.K. IIa/RA.

Division Nr. 413 hat die Entlassung dem Major d.R. v. Mallinckrodt z.Zt. Jnf.Reiter-Ers.u.Ausb.Abt. 2 bekanntzugeben und durchzuführen.

F.d.R.d.A.:

Für das Stellv.Gen.Kdo.
Der Chef des Stabes:

gez. M e y e r h ö f e r.

Major u. Div.Adj.

Wiedersehenstreffen und Ereignisse der ehemaligen 17er Reiter.

1. Treffen am 3. November 1951 (Hubertustag) im Saal der Brauerei Keesmann

2. Treffen am 9. und 10. August 1952 in der Stadionfesthalle

Am 7. März 1953 Versammlung zur Wiedergründung der Vereinigung 17er Reiter im Gasthaus " Alter Eckenbüttner "

3. Treffen am 3. und 4. Juli 1953 in der Stadionfesthalle

4. Treffen am 30. und 31. Juli 1955 in der Stadionfesthalle

5. Treffen am 5. und 6. Juli 1958 in der Stadionfesthalle
auch wurde die Gedenkinschrift des Reiter Regiment 17 am Denkmal des K.B. Ulanen Regiment enthüllt.

6. Treffen am 1. und 2. Juli 1961 in der Stadionfesthalle

7. Treffen am 4. 5. und 6. Juli 1964 in der Stadionfesthalle
und Traditionsübergabe an das Pz. Aufkl. Btl. 4, in Roding auf den Maxplatz

8. Treffen am 1. 2. und 3. Juli 1967 in der Stadionfesthalle

9. Treffen am 3. 4. und 5. Juli 1971 im Restaurant " Harmonie "

10 . Treffen am 6. 7. und 8. Juli 1974 im Restaurant " Harmonie "

11. Treffen am 2. 3. und 4. Juli 1977 im Restaurant " Harmonie "
Anbringung einer Steintafel am Denkmal vom Gebäude Holzhof 1

12. Treffen am 5. 6. und 7. Juli 1980 im Restaurant " Harmonie "

13. Treffen am 2. 3. und 4. Juli 1983 im Restaurant " Harmonie "

14. Treffen am 5. 6. und 7. Juli 1986 im Restaurant " Harmonie "

15. Treffen am 1. 2. und 3. Juli 1989 im Restaurant " Harmonie "

Alle ehem. Angehörigen des

17. Reit.-Rgt. Bamberg

werden zu einem

Kameradschafts-Treffen

am Samstag, 3. November 1951, um 18 Uhr im Saale der Brauerei Keesmann, Bamberg, Wunderburg eingeladen

Fränk. Tag 27.10.51

Kameradschaftstreffen der Reiter 17

Ein Kameradschaftstreffen vereinigte am Samstag viele Angehörige des früheren Reiterregiments 17 in Bamberg. General a. D. von Waldenfels leitete die Zusammenkunft und wandte sich bei der Gelegenheit gegen jede Vereinsmeierei und Politisierung bei den einstigen Siebzehnern. Der Sinn des Treffens, Adressen festzustellen und auszutauschen, Vermißtenschicksale zu klären und sich gegenseitig weiterzuhelfen, stand über der Zusammenkunft, die im Keesmannsaal stattfand. So konnte einem arbeitslos gewesenen Angehörigen des alten Regiments der im Frankenwald lebt, durch einen Kameraden sofort eine Stelle als Kraftfahrer in Bamberg vermittelt bekommen. Die früheren Stabsmusikmeister Peter und Heinlein trugen durch die musikalische Umrahmung wesentlich zur guten Stimmung der Versammelten bei, die vielfach von weit hergekommen waren. Am Sonntag legten ehemalige Angehörige des Reiterregiments 17 am Ehrenfriedhof einen Kranz nieder. Für den Sommer des kommenden Jahres ist in Bamberg ein großes Reitertreffen geplant.

Fränk. Tag 07.07.53

General a. D. Freiherr v. Perfall beim Treffen der 17er Reiter (Mitte, in dunkler Jacke), der einstige Regimentskommandeur und spätere Standortälteste von Bamberg, im Gespräch mit General a. D. Fremerey (links daneben), seinem Nachfolger als Kommandeur. Ganz rechts General a. D. Freiherr v. Waldenfels, Kommandeur der I. Abteilung des Reiter-Regiments 17.

Zeitungskritik im Fränk. Tag über unsere 4. Wiedersehensfeier am 30./31. Juli 1955 in der Stadionfesthalle.

Alte Kameraden trafen sich

Wiedersehensfeier der 17er Reiter, Bekenntnis der Zusammengehörigkeit

Aus ganz Deutschland hatten sich am vergangenen Wochenende die Angehörigen des ehemaligen 17. Reiter-Regiments in der Stadionfesthalle zu ihrer vierten Wiedersehensfeier zusammengefunden, um die Bande der Kameradschaft zu festigen, der Gefallenen zu gedenken und die Vermißtenschicksale aufklären zu helfen. Man spürte das tiefe Zusammengehörigkeitsgefühl dieser Kameraden, die in Freud und Leid zusammenstanden zu einer festen Einheit und zu einer verschworenen Gemeinschaft zusammengeschweißt waren.

In der überfüllten Stadionfesthalle konnte Samstagabend Erster Vorsitzender Hans Böhmer den Ehrenbürger der Stadt Bamberg, Oberbürgermeister Weegmann, zahlreiche ehemalige Regimentskommandeure und die verschiedenen Traditionsverbände begrüßen. Generalleutnant a. D. Freiherr von Perfall, der zu Beginn seiner Ausführungen darauf hinwies, daß die Geburtsstunde der neuen Wehrmacht geschlagen habe, betonte unter dem Beifall der Anwesenden, daß das Schlagwort „Bürger in Uniform" nicht dazu geeignet sei, eine pflichtbewußte Verteidigungswehrmacht zu errichten.

Der neue deutsche Soldat dürfe nicht nur aus Versorgungsgründen zur Wehrmacht gehen, sondern er müsse die heilige Pflicht in sich tragen, seinem Vaterland dienen und Soldat heißen zu dürfen. „Disziplin-Geist-Kameradschaft", dies sollten die Grundpfeiler der neuen Wehrmacht sein.

OB Weegmann, der ebenfalls zu den Versammelten sprach, wurde herzlich gefeiert. Trotz der anstrengenden Tage, die er hinter sich gebracht habe, habe er sich nicht davon abhalten lassen, hier zu erscheinen. „Wir stehen heute immer noch im Zeitalter der Gefahren", so sagte der Oberbürgermeister, „und deshalb muß jeder, der sein Vaterland liebt, bereit sein, es zu verteidigen." Nur mit einem Gefühl der Sicherheit könne etwas Produktives im Volke geleistet werden.

Die frisch aufspielende Stadtkapelle Bamberg unter der Leitung ihres bewährten Dirigenten Karl Popp wurde immer wieder mit lebhaftem Beifall der nach mehreren Hunderten zählenden Anwesenden bedacht.

Um die Schicksale der noch nicht heimgekehrten Soldaten klären zu helfen, legte der Suchdienst des BRK Suchlisten des Roten Kreuzes auf. Als um 24 Uhr der Große Zapfenstreich gespielt wurde, wußte man, daß wieder ein Abend zu Ende ging, der die einstigen unzertrennlichen Frontkämpfer auch in der Heimat wieder etwas näher zusammenführte.

Im Rahmen einer erhebenden Feierstunde gedachte man am Sonntagmorgen vor dem Ehrenmal des Unbekannten Soldaten im Friedhof aller Gefallenen. Pater Wigbert Herberger, OFM, forderte als ehemaliger Garnisonspfarrer die Anwesenden auf, nicht nur die Kameradschaft zu pflegen, sondern auch die religiöse Haltung dem Herrgott gegenüber zu bewahren, denn nur von dort könne der richtige Weg zum Frieden gezeigt werden. Unter den Klängen des Liedes vom guten Kameraden legte der letzte Kommandeur des Regiments, Generalleutnant a. D. Fremerey, einen Kranz am Ehrenmal nieder. Nach einem Standkonzert auf dem Maxplatz traf man sich am Nachmittag zu einem Gartenkonzert am Stadion, wo noch einmal die alten Erlebnisse ausgetauscht wurden.

Zeitungskritik im Bamberger Volksblatt über unsere 4. Wiedersehensfeier am 30./31.7.1955 in der Stadionfesthalle.

Fest und ungebrochen herrscht der alte Reitergeist

Wiedersehensfeier des 17. Reiter-Rgts. in der Bamberger Stadionfesthalle

Zur vierten Wiedersehensfeier des 17. Reiter-Regiments war die Bamberger Stadionfesthalle am Samstag abend bis auf den letzten Platz gefüllt. Weit über 1000 ehemalige Angehörige dieser Truppe waren aus ganz Deutschland zusammengekommen, um wieder einmal im Kreis alter Kameraden und in der Vertrautheit ihrer früheren, unvergessenen Garnisonsstadt Stunden der Erinnerung, des Verbundenseins, aber auch der Geselligkeit zu verleben. Selbst Oberbürgermeister Weegmann ließ es sich nicht nehmen, diese abendliche Feierstunde durch sein Erscheinen zu würdigen.

Mit den Emblemen der 1. Bayer. Ulanen und des 17. Reiter-Regiments, mit Standarten, Lanzen und dem schwarzen Eisernen Kreuz war die Festhalle geschmückt, als der 1. Vorstand der Vereinigung, H. Böhmer, seine früheren Regimentskameraden willkommen hieß. Sein besonderer Gruß galt neben dem Oberbürgermeister dem Ehrenvorsitzenden und Schirmherrn, Generalleutnant a. D. Frhr. v. Perfall, den Generalen v. Waldenfels, Schaetzler, Harteneck, Leutze, Lutz, Ehrengast, Sander sowie allen ehemaligen Schwadronchefs. Mit ehrendem Beifall wurde die Festansprache des gerade mit Bamberg so eng verbundenen Generals von Perfall aufgenommen, der die sechseinhalb Jahre in unserer Stadt als die schönste Zeit seines Lebens bezeichnete. Mit Stolz erinnerte er daran, daß seine „Siebzehner" ihre größte Bewährungsprobe nach dem furchtbaren Zusammenbruch bestanden haben, indem sie der damals so niederträchtigen Propaganda nicht erlagen. — Trotz der hinter ihm liegenden anstrengenden Tage folgte OB Weegmann dieser Einladung, und zwar vor allem deswegen, weil er dem Treffen außergewöhnliche Bedeutung beimesse. Es sei höchst wichtig, daß die alten Soldaten den Gedanken der Wehrhaftigkeit wieder aufleben lassen.

Wie schon in den vorhergehenden Jahren umrahmte auch heuer die Stadtkapelle Bamberg unter Leitung von Stabsmusikmeister a. D. Karl Popp mit altvertrauten Märschen und Klängen das Kameradschaftstreffen, für dessen erhebenden und auch beglückenden Verlauf die Treue zum Regiment und der ungebrochene Reitergeist der alten 17er eindrucksvoll bürgten.

Am Sonntag vormittag versammelten sich die ehemaligen 17er vor dem Gefallenenehrenmal auf dem Bamberger Friedhof, um hier in würdiger Form der gefallenen und toten Kameraden zu gedenken. Als früherer Militärgeistlicher sprach Pater Wigbert OFM und gedachte mit warmen Worten der gefallenen Kameraden, die ihr Leben für die Heimat gaben. Er erinnerte auch an die vielen, die noch in Gefangenenlagern leben und denen doch bald die Freiheit beschieden sein möge. Zum Zeichen der Dankbarkeit den toten Kameraden gegenüber, wolle man in Bamberg ein Ehrenmal der 17er errichten, erklärte General Fremerey, der als letzter Regimentskommandeur der Gefallenen und Verstorbenen gedachte. Während das Lied vom guten Kameraden erklang und drei Salutschüsse donnerten, legte er einen Kranz am Soldatendenkmal nieder.

Das kameradschaftliche Beisammensein am Sonntag nachmittag diente in erster Linie auch der Klärung von Vermißtenschicksalen.

Neun Generale beim Treffen der 17er Reiter

Zwei Tage des Wiedersehens in Bamberg — Erinnerung an frohe und schwere Stunden

Zur sechsten Wiedersehensfeier des ehemaligen 17. Reiterregiments Bamberg, verbunden mit der 40-Jahr-Feier, hatten sich am Samstag und Sonntag in der alten Garnisonsstadt Bamberg aus dem ganzen Bundesgebiet und Westberlin die 17er Reiter zusammengefunden. Sowohl beim Festabend am Samstag in der überfüllten Stadionfesthalle, als auch am Sonntag nachmittag beim Gartenkonzert löste das Zusammensein echte Wiedersehensfreude aus und man erinnerte sich der frohen und schweren Stunden gemeinsamer Schicksalsjahre. Bei der Gedächtnisfeier und Kranzniederlegung am Ulanendenkmal gedachte General der Kavallerie a. D. Gustav v. Harteneck (München) der toten Kameraden beider Weltkriege und schloß in seine Gedenkworte auch diejenigen mit ein, die im Zusammenhang mit dem 20. Juli 1944 den Tod durch die Henkershand fanden. Unter den Opfern befanden sich auch vier Angehörige dieses Regiments.

Den Festabend, den die Stadtkapelle Bamberg unter Leitung von Stabsmusikmeister a. D. Karl Popp würdig ausgestaltete, eröffnete der erste Vorsitzende der Vereinigung ehemaliger 17er Reiter, Major a. D. Hans Böhmer. Er konnte in Bambergs Mauern die Generale a. D. Deßloch, Harteneck, Fremerey, Rodt, Luz, Merk, Süßkind, Koch-Erpach und v. Waldenfels begrüßen. Sein besonderer Gruß galt auch Bürgermeister Georg Grosch (MdL), der den verhind. Schirmherrn OB Dr. Mathieu vertrat. Seinen außergewöhnlichen Dank zollte Major Böhmer dem Vertreter der Bundeswehr, dem Standortältesten von Breitengüßbach, Major Krämer, für die Unterstützung, die dieser diesem Wiedersehenstreffen angedeihen ließ. Herzlich willkommen hieß er auch den Ehrenzug vom Bundesluftwaffenregiment 3 in Roth bei Nürnberg.

Der letzte Regimentskommandeur, Generalleutnant a. D. Max Fremerey, erinnerte in seiner Festansprache an die gemeinsam verlebten Stunden in Freud und Leid. In seiner militärischen Laufbahn sei die schönste Zeit die mit den 17er Reitern in Bamberg gewesen. Zwischen der Bamberger Bevölkerung und den 17er Reitern habe immer bestes Einvernehmen bestanden. Die Reitturniere seien in bester Erinnerung und die „Domreiterelf" der Handballer sei an erster Stelle der damaligen Gauliga gestanden. Er verlas ein Grußtelegramm von Generalleutnant v. Perfall, der aus gesundheitlichen Gründen am Treffen in Bamberg nicht teilnehmen konnte.

Bürgermeister Grosch bedauerte in seinen Grußworten, daß man das Traben der Hufe in Bamberg nicht mehr hören könne. Das edle und treue Pferd gerate immer mehr in Vergessenheit. Bamberg war und sei auf seine 17er Reiter stolz.

Bevor der „Große Zapfenstreich" erklang, wurden zu Ehrenmitgliedern der Vereinigung ehemaliger 17er Reiter ernannt: Generaloberst Otto Deßloch, General der Kavallerie Gustav Harteneck, die Generalleutnante Helwig Luz, Franz Fehn u. Eberhard Rodt, die Generalmajore Otto Wallner und Walter Leuze, Oberst Dr. Wilhelm Walther, Major Robert Sellier, Rittmeister Delius Walz, Hans Freih. v. Tucher, Karl Riederer, Joh. Wachter und Leo Oeser.

Gefallenehrung am Ulanendenkmal

Viele Bamberger kamen am Sonntag trotz der glühenden Hitze zur Gefallenenehrung am Ulanendenkmal an der Wunderburger Kirche, an der neben den Vereinigungen der Soldatenverbände auch der Ehrenzug des Bundesluftwaffenregiments 3 aus Roth teilnahm. In seiner Gedenkrede gedachte General der Kavallerie a. D. Gustav Harteneck jener Tage, an denen die Einheit im feldgrauen Kleid die Heimat verlassen mußte und viele nicht mehr wiederkehrten. Das vermessene Wort Hitlers, „Was sind das für Generale, die man in den Krieg treiben muß" hätte man damals auf die Masse der Soldaten anwenden können, die 1939 auszog und von der fast doppelt so viele nicht wiederkehrten wie am ersten Weltkrieg. Immer wieder stelle man sich die Frage „Für was das alles".

Wenn man heute der gefallenen 17er Reiter beider Weltkriege gedenke, so müse man auch jene Männer mit einbeziehen, die Hitlers Diktatur bekämpften und nach den Ereignissen des 20. Juli den Tod fanden. Wenn man zurückdenke in die damalige Zeit, als sich mutige Männer aufrafften, den Tyrannen zu beseitigen, dann könne man diese Opfer nicht genug würdigen. Unter ihnen waren auch vier Angehörige der 17er Reiter: Freiherr von Thüngen, Graf von Stauffenberg, die Freiherrn v. Leonrodt und v. Höslin, die am 20. Juli für Deutschlands Ehre ihr Leben gaben.

Kränze legten am Denkmal nieder für die Vereinigung 17er Reiter General a. D. Harteneck und für die Stadt Bamberg Bürgermeister Grosch. Weitere Kranzspenden widmeten die Ulanen- und die Bayerische Kavallerievereinigung. Die Feierstunde schloß mit dem Lied vom „guten Kameraden".

General a. D. Harteneck würdigt vier Bamberger Reiteroffiziere

Am 20. Juli für Deutschlands Ehre ihr Leben gegeben

17er Reiter feierten Wiedersehen — Neun Generale am Ehrentisch — Stabsmusikmeister a. D. Heinlein umjubelt

Bamberg hat seine ehemaligen 17er Reiter ins Herz geschlossen. Das 6. Wiedersehenstreffen des traditionsreichen Regiments hat dies einmal mehr bewiesen. Über 1500 frühere Regimentsangehörige aus dem ganzen Bundesgebiet und viele Bamberger erlebten gemeinsam am Wochenende frohe Stunden der Kameradschaft. Absoluter Höhepunkt war die tiefempfundene, mutige, kameradschaftliche Rede, die General der Kavallerie a. D. Gustav Harteneck am Sonntagvormittag vor dem Ulanendenkmal hielt. Wenn man der Gefallenen des Regiments gedenke, dann rechne man auch jene Kameraden dazu, sagte der General, die sich gegen Hitlers Tyrannei aufgelehnt haben und im Zusammenhang mit den Ereignissen des 20. Juli 1944 den Tod durch Henkershand fanden.

„Ich glaube, es ist an der Zeit, dies hier deutlich auszusprechen", betonte der General. Sie hatten Hitler einen Eid geschworen, aber zu einem Eid gehören immer zwei, diejenigen, die den Eid schwören und derjenige, auf den er geschworen wird.

Hitler hat diesen Eid tausendmal gebrochen. Hitler hat das Soldatentum mit heuchlerischen Worten gepriesen und es tausendmal mißbraucht.

Wenn wir dies überlegen und uns zurückdenken in die damalige Zeit, wo jene, die zu Hause und im Hauptquartier Einblick in Hitlers Gedanken hatten, sich auflehnten gegen den Tyrannen, dann können wir ihr Opfer erst recht würdigen.

Es waren unsere Kameraden Freiherr von Thüngen, Graf von Stauffenberg, Freiherr von Leonrod und von Hößlin. „Ich glaube, daß es kaum ein Regiment in der Wehrmacht gegeben hat, von dem so viele im Kampf gegen die Tyrannei ihr Leben hingaben. Damit haben vier Angehörige unseres Regiments an führender Stelle sich am 20. Juli für Deutschlands Ehre eingesetzt.

Ich glaube, wir tun recht daran, wenn wir dies heute durch Nennung ihrer Namen besonders würdigen, und ich glaube, die Stadt Bamberg kann stolz darauf sein, daß diese vier Bamberger Reiter waren."

Es sollte nicht wie in München-Bogenhausen geschehen, wo auf einer Ehrentafel für Hitlers Opfer bei drei der Toten Berufsangabe und Titel erwähnt worden sind, dagegen bei dem Oberst [illegible] ziersgrad noch das Adelsprädikat. Es wird doch nicht die Tatsache, daß Hitler diesen Offizierskameraden, wie allgemein üblich, dem Henker degradiert übergab, heute noch als rechtens anerkannt?

Eingangs der Gefallenenehrung gedachte General Harteneck der Tage, als die Bamberger Reiter 1914 im grauen Kleid die Heimat verließen, im Glauben an eine gerechte Sache in echter Begeisterung, und stellte diese Tage denen von 1939 gegenüber, als man zum zweiten Weltkrieg, nur der Pflicht gehorchend, auszog mit ernsten Gesichtern und sich doch dessen bewußt war, daß Volk und Vaterland eine Gefahr drohte, die es abzuwenden galt. Hitlers Wort über die Generale, „die man in den Krieg treiben muß", hätte man auf die Masse der Soldaten anwenden können, die 1939 auszog. Wenn man sich an einer Gedenkfeier die Frage vorlegt, für was das alles war, dann muß man sich, so sagte der General, jene vorstellen, die einem am nächsten standen. Sie wußten wozu, aber es wäre müßig, sich darüber heute zu unterhalten. Heute müßten andere Fragen gestellt werden. Heute müssen wir fragen: „Wie habt ihr, die ihr zurückgekehrt seid, unser Erbe verwaltet?"

Das Ansehen des deutschen Soldaten ist im deutschen Vaterland nicht mehr so, wie es früher war. Wenn wir unserer Gefallenen recht gedenken wollen, dann müssen wir uns geloben, daß der Wehrstand wieder das Ansehen erhält, das er in jedem gesunden Staate hat und das ihm gebührt.

Dazu genügt es nicht, sich nur in Erinnerung an vergangene Zeiten zusammenzusetzen und zu beklagen, was nicht mehr ist. Die Einsatzbereitschaft des Soldaten muß auch auf den späteren Bereich übertragen werden, muß überall auftreten und für das eintreten, was als Recht erkannt wurde.

Weitere Kranzniederlegungen erfolgten durch die Vereinigung der ehemaligen 1. Ulanen und der Bayerischen Kavallerievereinigung 07 Bamberg sowie durch Bgm Grosch im Auftrag der Stadt.

Mit der Wiedersehensfeier war am Samstagabend gleichzeitig der 40. Geburtstag des Regiments und das Treffen der 400 Mitglieder zählenden „Vereinigung ehemaliger 17er Reiter" verbunden. Vielen Vereinigungen, Soldatenbünden und nahestehenden Verbänden galt der Gruß Hans [illegible], des Ersten Vorsitzenden der 17er-Vereinigung. Ein ständiges Händeschütteln und Schulterklopfen gab es am dicht umlagerten Ehrentisch, an dem neben Bgm Grosch u. a. die Generale Deßloch, Fremerey, Frhr. v. Waldenfels, Harteneck, Rodt, Luz, Merk, Frhr. v. Süßkind und Koch-Erpach saßen. Alles klatschte im Takt, als ein Zug des Luftwaffenregiments 3 aus Roth bei Nürnberg einmarschierte und Seite an Seite mit den 17er-Veteranen Platz nahm.

Stürmisch bejubelt wurden die Grüße des krankheitshalber ferngebliebenen einstigen Regimentskommandeurs Generalleutnant a. D. Frhr. v. Perfall.

„Wir wollen das bleiben, was wir immer waren, alte Kameraden", rief Böhmer in den Saal. In der Festansprache des letzten Regimentskommandeurs Generalleutnant a. D. Max Fremerey kam noch einmal die Verbundenheit der 17er mit ihrer alten Garnisonsstadt Bamberg zum Ausdruck. „Echter Reitergeist", so sagte Fremerey, „war auf Turnieren, Renn- und Sportplätzen zu Hause, an denen die 17er früher teilnahmen." Rühmend gedachte der Redner der einstmals so beliebten Domreiterelf der 17er Handballer, die in der seinerzeitigen Gauliga ihre Triumphe feierte. Seine Schlußworte: „Es ist ein Stolz, 17er Reiter gewesen zu sein", gingen fast unter im tosenden Beifall. Bgm Grosch, der selbst über acht Jahre den Waffenrock trug, lobte die gute Kameradschaft und Beliebtheit der Bamberger Reiter, bevor er die besten Wünsche der Stadt Bamberg seinen Geleitworten anschloß.

Natürlich kamen auch die Ehrungen nicht zu kurz. 23 Angehörige der 17er-Vereinigung erhielten für 25jährige Zugehörigkeit die silberne Ehrennadel samt Urkunde verliehen. Weiter wurden 14 Ehrenmitglieder ernannt, alles hohe ehemalige 17er-Offiziere. Stürmischer Jubel galt den Stabsmusikmeistern a. D. Georg Heinlein und Otto Peter, als sie einige Bravourstücke der Stadtkapelle dirigierten. Mit dem selten gehörten Großen Zapfenstreich, von der Stadtkapelle in meisterhafter Form dargeboten, klang der Abend aus.

Hochbetrieb gab es noch einmal am Sonntagnachmittag im Garten der Stadiongaststätte. Lange saß man noch beisammen, tauschte Erinnerungen aus und schwärmte von alten Zeiten.

7. Wiedersehensfeier der ehem. 17er Reiter

und

1. Kameradschaftstreffen

mit dem Panzeraufklärungsbataillon 4, Roding

Samstag, den 4. Juli:

18.00 Uhr Gedächtnisfeier am Ehrenmal der Kaiser-Ulanen und 17er Reiter (Wunderburg) unter Teilnahme einer Ehrenkompanie des Panzeraufklärungsbataillons 4 · Ansprache und Kranzniederlegung durch General der Kavallerie a. D., Koch-Erpach

20.00 Uhr Festkommers in der Stadionfesthalle

Sonntag, den 5. Juli:

10.00 Uhr Sammeln auf dem Rathausplatz (Maxplatz) · Die Ehrenkompanie des Panzeraufklärungsbataillons 4 und des Heeresmusikkorbs (Geb. 8) stellen sich auf dem Heumarkt auf und marschieren dann zum nahe gelegenen Rathausplatz

10.15 Uhr Feldgottesdienst auf dem Rathausplatz (Maxplatz) durch unseren ehemaligen Regimentspfarrer, H. H. Geistl. Rat P. Wigbert OFM

11.00 Uhr Übergabe von Ehrenzeichen an das Panzeraufklärungsbataillon 4 durch den letzten Friedenskommandeur des Kavallerieregiments 17, Generalleutnant a. D., Max Fremerey · Anschließend gemeinsamer Marsch durch die Stadt zum Stadion

13.00 Uhr Gemeinsames Mittagessen im Garten der Stadiongaststätte bzw. je nach Witterung in der Festhalle (Feldküchenverpflegung)

Ab 14.00 Uhr Militärkonzert im Garten der Stadiongaststätte, hierzu sind alle Bamberger herzlich eingeladen · Die musikalische Umrahmung der Veranstaltungen übernimmt das Heeresmusikkorps (Geb. 8) unter Leitung von Hauptmann Zimmermann

Montag, den 6. Juli:

9.30 Uhr Gemeinsamer Ausflug mit dem Motorschiff „Moritz" nach dem unterfränkischen Weinort Zeil. Abfahrtsort: Löwenbrücke Bamberg, Rückfahrt in Zeil gegen 19 Uhr

fränkischer Tag

Samstag, 4. Juli 1964

Den 17ern zum Gruß

Wir entbieten den Teilnehmern der Wiedersehensfeier der Angehörigen des ehemaligen 17. Reiter-Regiments und des Kameradschaftstreffens mit dem Panzer-Aufklärungs-Bataillon 4 aus Roding am Wochenende in Bamberg herzlichen Gruß im Namen der alten Garnisonstadt. Beide Anlässe sollen Gelegenheit geben, daß die ehemaligen 17er wenigstens für zwei Tage sich in Bamberg wieder wie zu Hause fühlen. Hier noch einmal die wichtigsten Veranstaltungen: am Samstag um 18 Uhr Gedächtnisfeier am Ulanen-Ehrenmal in der Wunderburg mit Ansprache von General a. D. Koch-Erpach; um 20 Uhr Festkommers in der Stadionfesthalle mit einer Rede von Generalleutnant a. D. Freiherr von Waldenfels; am Sonntag um 10.15 Uhr Feldgottesdienst auf dem Maxplatz, gehalten vom ehemaligen Regimentspfarrer, Geistlicher Rat Pater Wigbert OFM; um 11 Uhr auf dem gleichen Platz Übergabe von Ehrenzeichen an das Panzer-Aufklärungs-Bataillon 4 durch den letzten Friedenskommandeur des Kavallerie-Regiments 17, Generalleutnant a. D. Max Fremerey, anschließend gemeinsamer Marsch hinaus zum Stadion; dort ab 15 Uhr im Garten der Stadiongaststätte Beisammensein mit Konzert des Heeresmusikkorps (Geb. 8) unter Leitung von Hauptmann Zimmermann.

7. Wiedersehensfeier am 4./5. Juli 1964 in Bamberg und
1. Kameradschaftstreffen mit dem Panzeraufklärungsbataillon 4, Roding

fränkischer Tag

Montag, 6. Juli 1964

Angehörige des ehemaligen 17. Reiterregiments und Ulanen schlossen mit Bundeswehr Freundschaft

Auf den Bamberger Reitergeist verpflichtet

Die besten Tugenden der alten Armee und der Wehrmacht sollen in der Bundeswehr fortleben

Die jungen Soldaten des Panzeraufklärungsbataillons 4 der Bundeswehr in Roding in der Oberpfalz wurden am Sonntag im Rahmen einer eindrucksvollen Feierstunde auf dem Maxplatz auf die Tradition der Bamberger Reiterregimenter verpflichtet. Zum Zeichen der Verbundenheit zwischen den Soldaten von gestern und heute überreichten die Bamberger Traditionsverbände ehemaliger kgl.-bayerischer Einser-Ulanen und ehemaliger 17er Reiter symbolisch ihre Standarten an die Fahnenabordnung der Rodinger Ehrenkompanie. Hinter dieser Geste stand das ehrliche Bemühen, die besten deutschen Soldatentugenden in die Zukunft hinüberzuretten.

Wie wir es ankündigten: Bamberg war am Wochenende wieder eine Reiterstadt! Hunderte von Angehörigen des ehemaligen Reiterregiments 17 waren aus allen Teilen der Bundesrepublik gekommen, um sich mit ihren Kameraden von ehedem wiederzusehen.

Wie bei den vorausgegangenen ähnlichen Treffen war die sprichwörtliche Kameradschaft, die die ehemaligen 17er verband, nahezu greifbar zu spüren.

Das Wiedersehenstreffen, das zugleich mit einem Kameradschaftstreffen mit dem Rodinger Panzeraufklärungsbataillon 4 verbunden war, begann mit einer Gedächtnisfeier am gemeinsamen Ehrenmal für die gefallenen Kaiserulanen und 17er Reiter am Ulanenplatz in der Wunderburg. General der Kavallerie a. D., Koch-Erpach, das Panzeraufklärungsbataillon 4 aus Roding, und die Bamberger Traditionsverbände legten an dem Ehrenmal Kränze nieder.

Zwei Stunden später reichte die große Stadionfesthalle nicht aus, allen 17ern Platz zu bieten, als die Standarten in den Saal getragen wurden.

Der Vorsitzende der Vereinigung ehemaliger 17er, Major a. D. Hans Böhmer, führte aus, der Sinn dieses Treffens liege in dem Zusammengehörigkeitsgefühl begründet, das alle Ehemaligen verbinde und in guten und bösen Stunden seine Bewährung gefunden habe. Alle 17er hofften, daß diese Verbundenheit auch auf die Soldaten der Bundeswehr ausgedehnt werden könne.

Generalleutnant a. D. Freiherr von Waldenfels sagte, daß vom zweiten Weltkrieg an das Pferd zwar mit dem Panzer vertauscht worden sei, daß aber die Einsatzfreudigkeit der 17er und ihr Reitergeist deswegen nicht gelitten hätten. Er erinnerte an die großen Reitturniere, die ehedem in Bamberg stattfanden, und dankte dem Reitverein, daß er bemüht sei, auch diese Tradition fortzuführen.

Oberbürgermeister Dr. Mathieu versicherte den ehemaligen Soldaten, die Stadt Bamberg freue sich wie eine Mutter, die ihre Kinder wiedersehe. Er hoffe, daß weitere Wiedersehensfeiern folgen werden.

Anschließend überreichte der Kommandeur des Rodinger Bundeswehrbataillons, Oberstleutnant Frevert-Niedermein, der vorher zusammen mit seinem Vorgänger, Oberstleutnant Gauss, die Ehrennadel der 17er verliehen bekommen hatte, an die Gastgeber eine Chronik und eine handgeschnitzte Miniatur des Bataillonszeichens.

Sonntag früh trafen sich Ulanen, die 17er und ihre Nachfolger aus Roding mit der gleichen goldgelben Waffenfarbe der Kavallerie zu einem Feldgottesdienst auf dem Maxplatz. Die drei Züge der Rodinger Ehrenkompanie standen gegenüber dem an der Rathauswand aufgebauten Altar. Pater Wigbert OFM, ehemaliger Regimentspfarrer der 17er, ging von dem derzeit so aktuellen Schlagwort der „inneren Führung“ aus. Gewiß sei es die vordringliche Aufgabe der Bundeswehr, Volk und Vaterland zu schützen; letztlich aber habe der Soldat doch geistige Güter zu verteidigen: die christliche Kultur, das Abendland. Deshalb müsse auch der Soldat sein Leben aus dem Geist Christi heraus gestalten. Dies zu tun, sei seine Bitte vor allem an die jungen Soldaten.

Während der Wandlung wurde das Kommando „Helm ab zum Gebet“ gegeben. Trommelwirbel erklang. Zum Abschluß des Gottesdienstes spielte das Heeresmusikkorps das jubelnde „Großer Gott, wir loben dich“; die Menge ringsum, etwa 2000 Personen, sangen mit.

Major a. D. Hans Böhmer sprach in der anschließenden Feierstunde zuerst. Er versicherte den Bundeswehrsoldaten, daß die Tradition der Bamberger Reiterregimenter es verdiene, wachgehalten zu werden. Ähnlich auch der Vorsitzende der Ulanenvereinigung, Hans Schiller. Er schilderte Geschichte und Geist der Ulanen und ihres Regiments und bat die jungen Soldaten, der alten Armee stets eingedenk zu sein.

Generalleutnant a. D. Max Fremerey, der letzte Friedenskommandeur der 17er, erinnerte daran, daß mittlerweile 25 Jahre vergangen seien, seit die 17er zum letztenmal mit ihrem Trompeterkorps an der Spitze durch Bamberg reiten durften.

Fremerey sprach sich für einen engen Kontakt zwischen alten und jungen Soldaten aus, auch das Bundesverteidigungsministerium hege diesen Wunsch. Als einen Beweis für die bereits vorhandenen Beziehungen zwischen den 17ern und den Panzeraufklärern in Roding wertete er die Tatsache, daß dort ein Sohn des Grafen Stauffenberg diene, dessen Vater bei den 17ern unvergessen sei.

Fremerey überreichte abschließend an Bataillonskommandeur Oberstleutnant Frevert-Niedermein eine Urkunde über die damit gegründete „Patenschaft“; Schiller übergab als Erinnerungsgabe eine Kriegsgeschichte des ehemaligen Ulanenregiments.

Dann folgte eine ergreifende Szene: Die Fahnenabordnungen der Ulanen, ergraute Männer, und der 17er marschierten auf vier junge Soldaten aus Roding zu und übergaben ihnen symbolisch die beiden Standarten.

Oberstleutnant Frevert-Niedermein dankte herzlich für diese Auszeichnung und versicherte, daß sein Bataillon die daraus resultierende Verpflichtung erkenne. Letzte Sprecher waren der Bamberger Oberbürgermeister und der Rodinger Landrat. Dann zogen die 17er mit ihren neugewonnenen Freunden hinaus zum Stadion, wo die Eberner Bundeswehrköche in ihren Feldküchen bereits das Mittagessen zubereitet hatten. Im Garten der Stadiongaststätte klang das Treffen in bester Stimmung aus.

»Fränkischer Tag« – Samstag, 27. Juni 1970

Sein Leben der Musik gewidmet

Ehrenpräsident des Nordbayerischen Musikbundes, Georg Heinlein, 85 Jahre

Georg Heinlein, Stabsmusikmeister a. D. und Ehrenpräsident des Nordbayerischen Musikbundes, Bamberg, Amalienstraße 12, feiert am Sonntag in der ihm eigenen sprichwörtlichen Rüstigkeit seinen 85. Geburtstag. Wir gratulieren dazu herzlich.

Georg Heinlein, zwar längst in Bamberg zu Hause, ist in Zirndorf bei Nürnberg geboren worden. Bereits mit sechs Jahren erlernte er sein erstes Instrument. 1902 trat er als Freiwilliger in das berühmte Musikkorps

Allen Bambergern ein Begriff: Stabsmusikmeister a. D. Heinlein

des bayerischen 5. Infanterieregiments unter Musikmeister Georg Fürst, dem Komponisten des weltbekannten Badenweiler Marsches, ein. Später studierte er sechs Semester an der Staatl. Akademie der Tonkunst in München, wo zu seinen Lehrern u. a. Felix Mottl, der weltberühmte Dirigent der Richard-Wagner-Festspiele zählte.

Sein Kapellmeisterexamen bestand der junge Militärmusiker mit Note eins mit Auszeichnung. Da Heinlein anschließend sofort zum Musikmeister ernannt und mit der Leitung des Trompeterkorps des 8. Chevauleger-Regiments in Dillingen beauftragt wurde, war er im Alter von 25 Jahren der jüngste Musikmeister der Deutschen Armee.

1913 kam Heinlein nach Bamberg zurück und erhielt die freigewordene Musikmeisterstelle der Bamberger Kaiser-Ulanen. Mit diesem Regiment zog er auch in den Kreig.

Einen Tag, den der Jubilar wohl nie vergessen wird, war der 11. August 1914: Heinlein blies das Angriffssignal zur großen Reiterattacke der bayerischen Ulanenbrigade bei Lagarde.

Nach dem Weltkrieg konnte Heinlein als einer der wenigen Musikmeister beim 100 000-Mann-Heer bleiben. Er wurde mit der Leitung des Trompeterkorps des neuaufgestellten 17. Reiterregiments in Bamberg beauftragt.

1927 kommandierte ihn die oberste Heeresleitung zur Schweizer Armee ab, damit er dort die Musikkapellen nach deutschem Muster ausbilden und bei den berittenen Kapellen die Kesselpauken zu Pferd einführen konnte.

Nach dem zweiten Weltkrieg faßte Heinlein die damals aufgelösten Musikkapellen zusammen und

gründete 1952 zusammen mit anderen Musikfreunden den Fränkischen Musikbund, der später im Nordbayerischen Musikbund aufging. Heinlein wurde sein Präsident.

Der jetzt 85jährige führte die großen nordbayerischen Musikfeste ein, er bildete junge Dirigenten aus und dirigierte selbst ungezählte Konzerte, wodurch seine Beliebtheit und Volkstümlichkeit weiter stiegen. 1961 verlieh im Bundespräsident Lübke ob seiner Verdienste um die volkstümliche Musik das Bundesverdienstkreuz Erster Klasse. Als Heinlein schließlich 1963 sein Amt niederlegte, wählte ihn die Generalversammlung einstimmig zum Ehrenpräsidenten.

fränkischer Tag
Montag, 5. Oktober 1987

Im Gedenken an gefallene Kameraden und Widerstandskämpfer

Ehrentafel für Reiterregiment 17 im Dom geweiht

Werte der Tradition betont – Röhner: Schicksal der Gefallenen Verpflichtung zum Frieden

Als ein „historisches Ereignis" betrachtete der Erste Vorsitzende Dr. Franz Graf Du Moulin die Einweihung der Ehrentafeln am Samstagabend im Bamberger Dom: Mit diesen beiden Tafeln gedachte die Kameradschaftliche Vereinigung der Offiziere des ehemaligen Reiterregiments 17 sowohl der im Zweiten Weltkrieg gefallenen Kameraden, als auch der hingerichteten Widerstandskämpfer des Regiments; der wohl bekannteste unter ihnen war Claus Schenk Graf von Stauffenberg. Der Einweihung und dem Hochamt, das von Erzbischof Dr. Elmar Maria Kredel zelebriert wurde, ging am frühen Nachmittag ein Festakt im Kaisersaal der Neuen Residenz voraus. Für die musikalische Umrahmung sorgte die Capella Antiqua Bambergensis.

Oberbürgermeister Paul Röhner erinnerte daran, daß die Bamberger mit den „17ern", die seit ihrer Aufstellung 1920 die Tradition der Kaiserulanen fortgeführt haben, unverändert verbunden seien. Mit der Geschichte dieses Regiments sei, bei allem Stolz auf die lange Tradition, viel persönliches Leid verbunden.

„Gerade das Schicksal der Gefallenen und der Widerstandskämpfer verpflichtet uns, für einen gerechten Frieden in Freiheit in der Gegenwart und in der Zukunft tatkräftig einzutreten", folgerte Röhner. Die Gedenktafel solle sichtbar daran erinnern, damit dies nie in Vergessenheit gerate.

Diese Einweihung erweise aber nicht nur den Gefallenen einen Dienst der Ehrfurcht und des Gedenkens, so der Militär- und Erzbischof Dr. Elmar Maria Kredel, sondern auch der jungen Generation. Denn diese müsse an die Vergangenheit erinnert werden, um aus ihr Kraft für die Zukunft zu schöpfen.

Kredel betrachtete die Probleme, die manche mit der Vergangenheitsbewältigung hätten, als eine „Schwäche unserer Zeit"; ohne eine Verwurzelung in der Vergangenheit entstünde seiner Ansicht nach Verwirrung.

Für das Panzeraufklärungsbataillon 4, das die Tradition des Reiterregiments 17 fortsetzt, sprach Brigadegeneral Scriba. Er sei stolz, in der von den „17ern" gegründeten Tradition stehen zu dürfen: Denn bis dato sei der Soldat nicht gefragt worden, ob er den Gebrauch der Waffe für berechtigt halte oder nicht. Die neue Tradition dagegen gebiete, das Gewissen zu prüfen und Widerstand gegen die Verletzung der Grund- und Menschenrechte zu leisten.

Bisher, so der Brigadegeneral Berthold Graf von Stauffenberg, sei die Bundeswehr von der „letzten Bewährungsprobe" verschont geblieben.

Zwar sei die Existenz des Soldaten in Frieden und Freiheit nur dann berechtigt, wenn er nicht nur zur Verteidigung fähig, sondern auch zum Kampf bereit ist; es sei aber undenkbar, über den Frieden zu klagen.

Äußeres Zeichen der Erinnerung an ein Regiment, das mit Bamberg eng verbunden war: die Traditionsfahnen

Foto: FT-Rudolf Mader

Versetzt in die damalige Lage, stelle sich dem Soldaten die Frage, ob er das leisten werde, was von ihm verlangt wird. „Es ist leichtfertig, ohne Zögern diese Frage mit ja zu beantworten", so die Ansicht von Stauffenbergs.

Hilfreich sei hierbei die Tradition; allerdings sei sie nicht befehlbar, sie müsse vielmehr übernommen und akzeptiert werden, „von jedem einzelnen Soldaten", wie der Brigadegeneral betonte.

Es sei recht und billig, für die Soldaten, die sich im Zweiten Weltkrieg hervorragend geschlagen haben, eine Ehrentafel zu errichten, betonte der Ehrenvorsitzende, Hugo Freiherr von Süsskind-Schwendi. Leider gebe es viele,

die kein Verständnis für die Errichtung der Tafel an dieser Stelle haben. Sie hätten keinen Sinn für Tradition und würden, so der Ehrenvorsitzende, „den materiellen Dingen huldigen, die den Keim des Untergangs in sich tragen". Es sei wichtig, das Gesunde und Wahrhaftige festzuhalten: die Treue und den christlichen Glauben.

Stellvertretend für alle Mütter sprach abschließend Elisabeth Freifrau von Guttenberg: Sie erinnerte an die „Mütter mit zitternden Herzen", die das Sterben ihrer Söhne erlebt haben. Für viele seien die Tränen, Schmerzen und das Leid noch stärker gewesen, da sie den Krieg nicht bejahen konnten: Diese Opfer, so folgerte sie, sei in den Augen Gottes ein noch größeres. -rah

17. Bayer. Reiter-Regt.
1920

Dezember 1988

Vereinigung 17er Reiter

TRADITIONSVERBAND DES EHEM. 17. BAYER. REITER-REGIMENTS
(KAVALLERIE-REGIMENTS 17)

Kgl. B. Ulanen-Regt.
1863

PzAufkl.Btl. 4
1956

Sammeln
zum
17er-Treffen
1. bis 3. Juli 1989
in
Bamberg

Im Rahmen von Ausstellungseröffnung im Historischen Museum

Ehrenbuch der 17er Reiter übergeben

Zweiter Band in Vorbereitung – Bilddokumente der Garnison Bamberg

Eine Ausstellung über das königlich-bayerische 1. Ulanen-Regiment „Kaiser Wilhelm II. – König von Preußen" (1863/72 – 1981) und das 17. Reiter-Regiment (1919–1945) in Bamberg (siehe auch gesonderten Bericht auf dieser Seite) eröffnete Bürgermeister Rudolf Grafberger im Historischen Museum. In diesem Rahmen übergab Dr. Franz Graf Du Moulin Eckart den ersten Band des Ehrenbuches der gefallenen Kameraden des ehemaligen 17. Reiterregimentes (RR).

Die aktive Mithilfe seiner Offiziere in bezug auf den Zweiten Band, der bereits in Bearbeitung ist, sicherte Oberstleutnant Helmut von Maltzahn, der Kommandant des Panzeraufklärungsbataillons IV. in Roding zu.

„Die Tradition nicht nur der Kavallerie, sondern von ganz Deutschland" beleuchte Ehrenbuch und Ausstellung, betonte Brigade-General a. D. Rolf Koch, Erbach.

Seiner Meinung nach ist das Geschichtsbewußtsein der heutigen Jugend mangelhaft.

Die Ausstellung zeigt neben historischen Bilddokumenten der Garnison Bamberg Alltagsgegenstände der Soldaten des Ulanen- und des RR 17. Mit vierzehn goldblinkenden Messingknöpfen, Schulterklappen auf rotgrünem Gewand läßt die Uniform eines Bamberger Leutnants des königlich bayerischen Ulanenregimentes um 1910 erahnen wie „fesch" er aussah. Ein Stadtplan verdeutlicht die Standorte der Kasernen ab 1872 in Bamberg:

Die Klarisserkaserne auf dem Gebiet des heutigen Flurbereinigungsamtes; die Dominikanerkaserne an der Kasernstraße; die Koppenhof- (im Volksmund heute Ulanen-)kaserne in der Nürnberger Straße und die Karmelitenkaserne, heute wieder Kloster.

1891 wurden die beim Königsmanöver Ehrendienst Leistenden durch Kaiser Wilhelm II. ausgezeichnet, ein Reitdiplom des 1. Bayerischen Ulanenregimentes dokumentiert das Motto: „Deutschland gegen die ganze Welt". Im 1. Weltkrieg wurden die Kaiserulanen durch die Attacke bei Lagarde 1914, die letzte erfolgreiche der Kriegsgeschichte, bekannt. 1919 setzte man nach dem „Gesetz über die Bildung einer vorläufigen Reichswehr" in Bamberg eine Freiwilligeneskadron zum Schutz der nach Bamberg geflohenen bayerischen Regierung ein. Die bayerischen Kavallerie-Regimenter wurden zum Reiterregiment 17 zusammengefaßt, das ab 11. Mai 1920 die Tradition weiterführte. Bamberg verblieb der Stab sowie die 1. und 5. (Ausbildungs-)Schwadron.

Ein Foto eines Offizierslehrganges des RR 17 in Grafenwöhr 1926 erinnert,

daß Freiherr Graf von Stauffenberg, Widerstandskämpfer des späteren national-sozialistischen Regimes dem Corps der 17er Reiter angehörte. „Als Bamberger gibt es für mich keinen Namen, auf den ich mehr stolz sein könnte" beteuerte Bürgermeister Grafberger.

1934 war Bamberg der alleinige Standort des RR 17 in Bayern. Mit der Mobilmachung 1939 hört das RR 17 auf zu bestehen. -do

Personenregister